U0901112

南宁统计年鉴

NANNNING STATISTICAL YEARBOOK

2023

南宁市统计局 编

图书在版编目（CIP）数据

南宁统计年鉴. 2023 = Nanning Statistical Yearbook 2023 / 南宁市统计局编. -- 北京 : 中国统计出版社, 2023.10
ISBN 978-7-5230-0251-3

Ⅰ. ①南… Ⅱ. ①南… Ⅲ. ①统计资料－南宁－2023－年鉴 Ⅳ. ①C832.671-54

中国国家版本馆CIP数据核字(2023)第179803号

南宁统计年鉴2023

作　　者/ 南宁市统计局
责任编辑/ 罗　浩
装帧设计/ 黄沛明　韦　丹
出版发行/ 中国统计出版社有限公司
地　　址/ 北京市丰台区西三环南路甲6号
邮政编码/ 100073
电　　话/ 邮购（010）63376909　书店（010）68783171
网　　址/ http://www.zgtjcbs.com
印　　刷/ 南宁日报社印刷厂
经　　销/ 新华书店
开　　本/ 890mm×1240mm　1/16
字　　数/ 420 千字
印　　张/ 21.75
版　　别/ 2023年10月第1版
版　　次/ 2023年10月第1次印刷
定　　价/ 300.00元

如有印装差错，由本社发行部调换。

《南宁统计年鉴2023》编辑委员会及编辑人员

编 者 说 明

一、《南宁统计年鉴2023》是一本经济信息资料性年刊。本书全面系统地汇集了2022年南宁经济数据，以及历史重要年份的主要统计数据，是党政领导和各部门了解市情，进行定性定量分析、预警预测、宏观规划、宏观调控、科学决策的重要依据；是研究机构和各企业事业单位了解社会经济基本情况、进行微观策划的重要依据；也是社会各界了解南宁经济状况的指南。

二、本年鉴内容分两大部分。（一）特辑：包括政府工作报告、统计公报。（二）统计资料：内容分为12个篇目，1.综合；2.国民经济核算；3.人口、劳动力和职工工资；4.农业；5.工业；6.运输、邮电；7.固定资产投资；8.能源购进、消费与库存；9.商业、旅游、物价；10.服务业、科技；11.财政、金融、保险；12.广西及省会城市主要统计指标。为方便读者使用资料，附有主要统计指标解释。因政府工作报告、统计公报为年初发布，故使用的是初步统计的快报数，如有冲突，以第二部分统计资料的数据为准。

三、本年鉴所采用的广西及各省会城市数据均为年快报数。

四、本年鉴历年全市口径数据中，2000年以后均为现行行政区划的数据，其余年份数据统计口径请注意各页的注脚。

五、本年鉴中符号使用说明：表内“空格”表示该项统计数据不详或无该项统计数据；“…”表示该数据不足本表最小计量单位数；“#”表示其中项。

六、本年鉴中由于小数位四舍五入，某些指标分项合计数与总计数尾数略有出入。

七、《南宁统计年鉴》公开出版以来，得到广大读者的关心和支持，对此我们深表谢意。限于时间仓促和水平有限，年鉴中的纰漏和不足之处在所难免，恳请广大读者给予批评指正，同时竭诚欢迎对本年鉴的结构、指标体系提出宝贵意见。

地区生产总值总量（亿元）

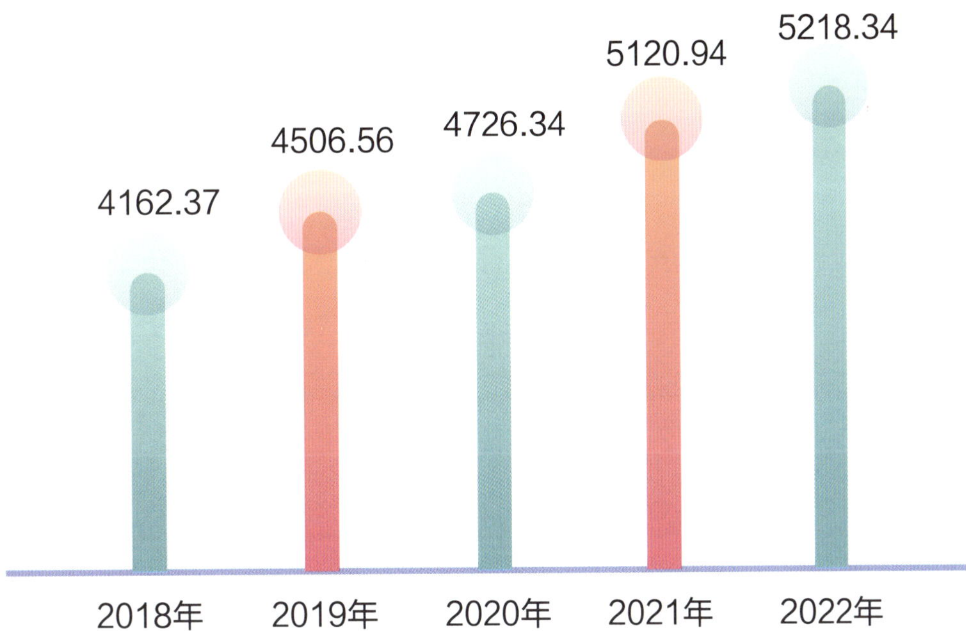

地区生产总值指数（以上年为100）

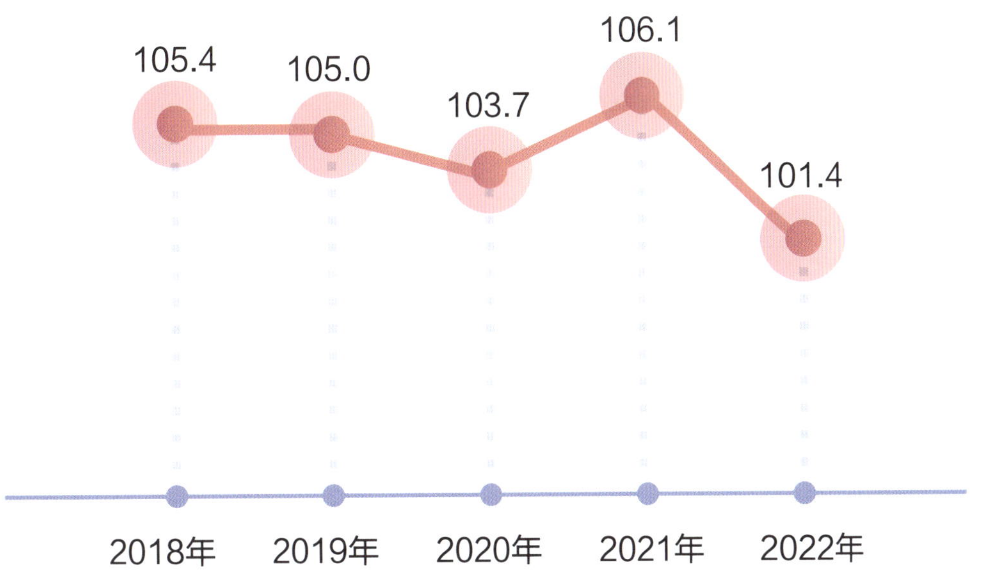

三次产业增速（%）

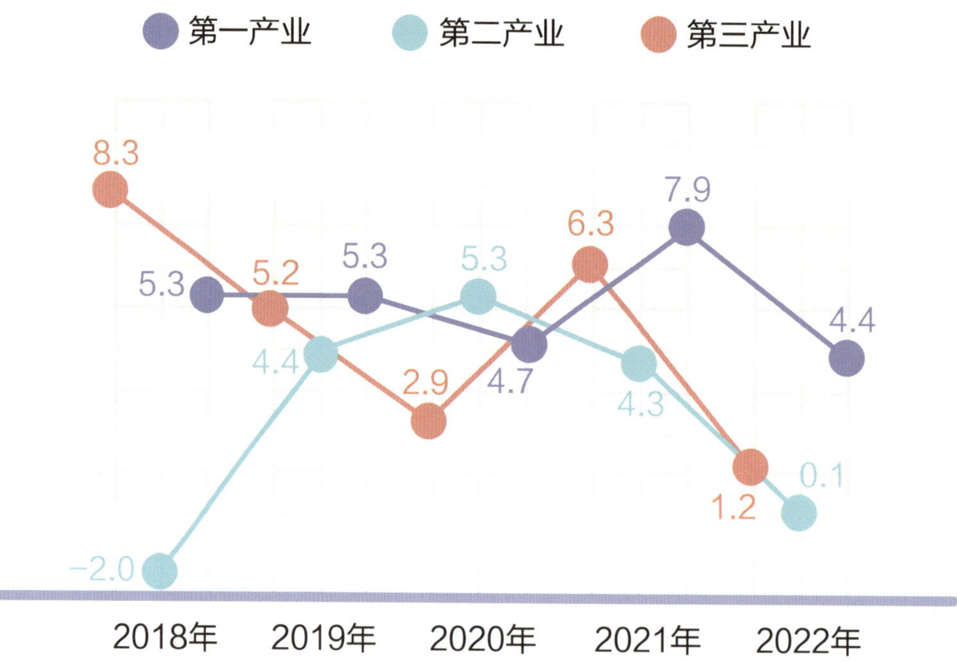

三次产业构成（%）

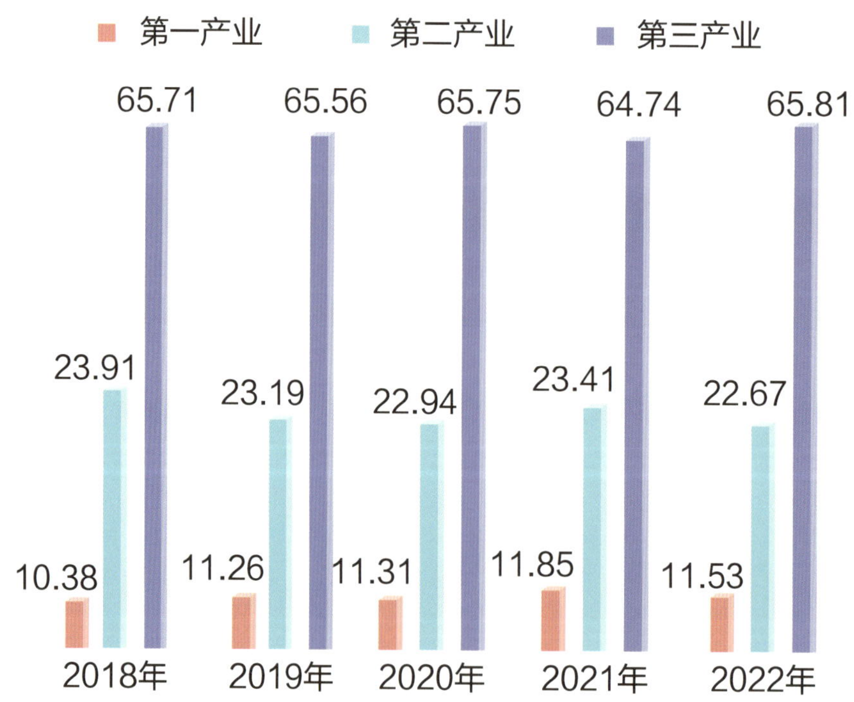

一般公共预算收入（亿元）

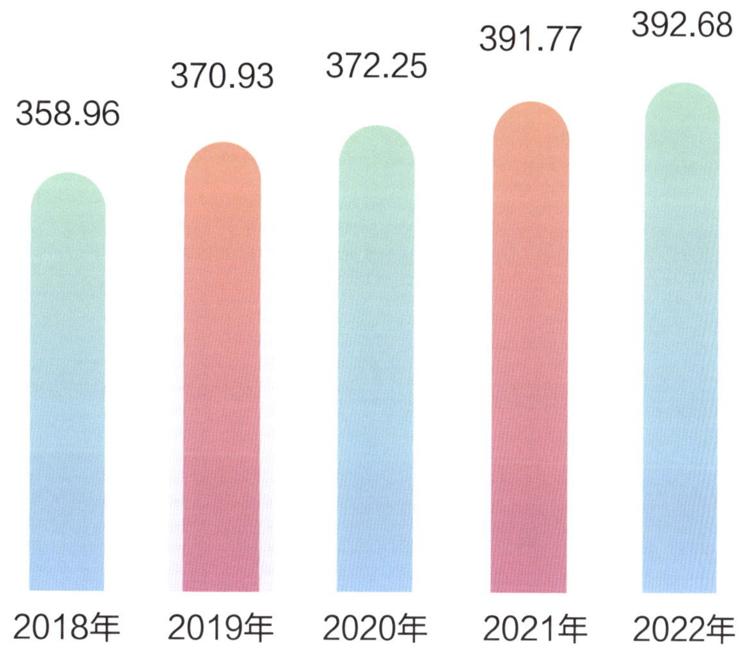

农林牧渔业总产值（亿元）

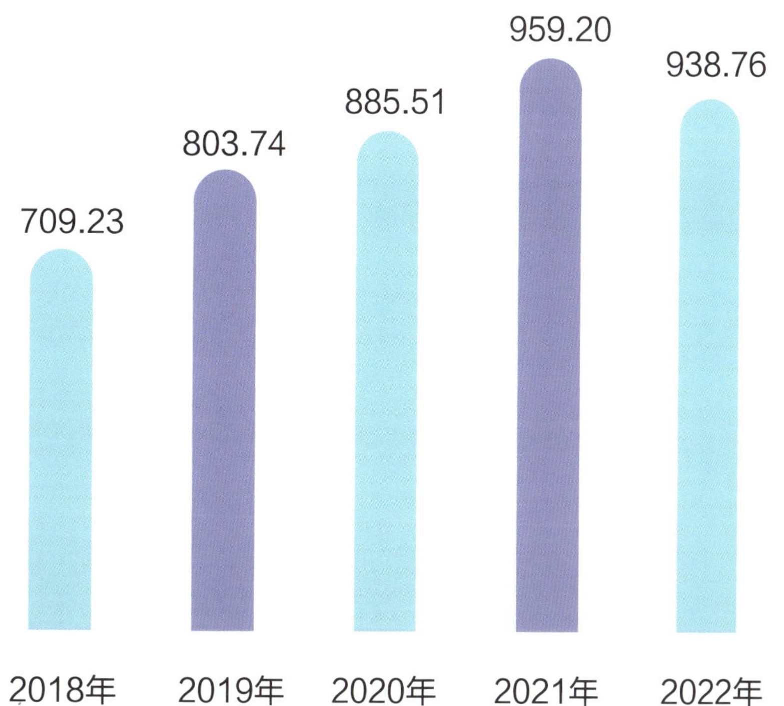

农林牧渔业总产值构成（%）

农业 林业 畜牧业 渔业 农林牧渔服务业

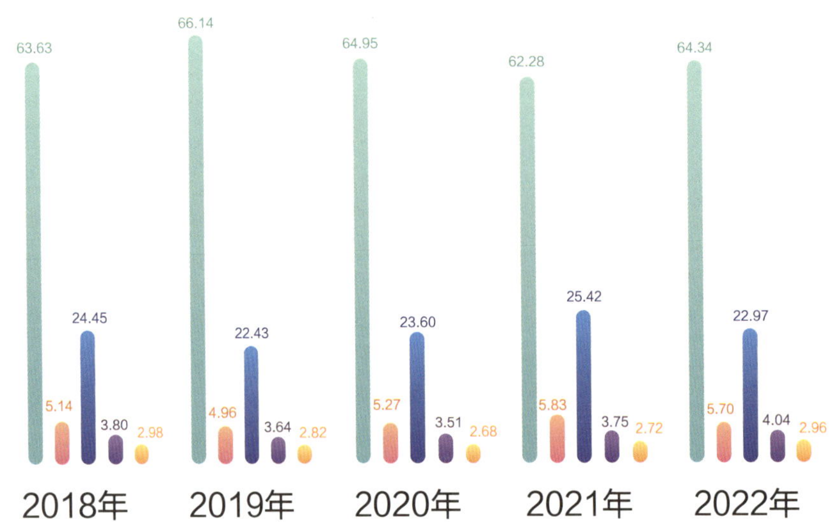

全部工业增加值（亿元）

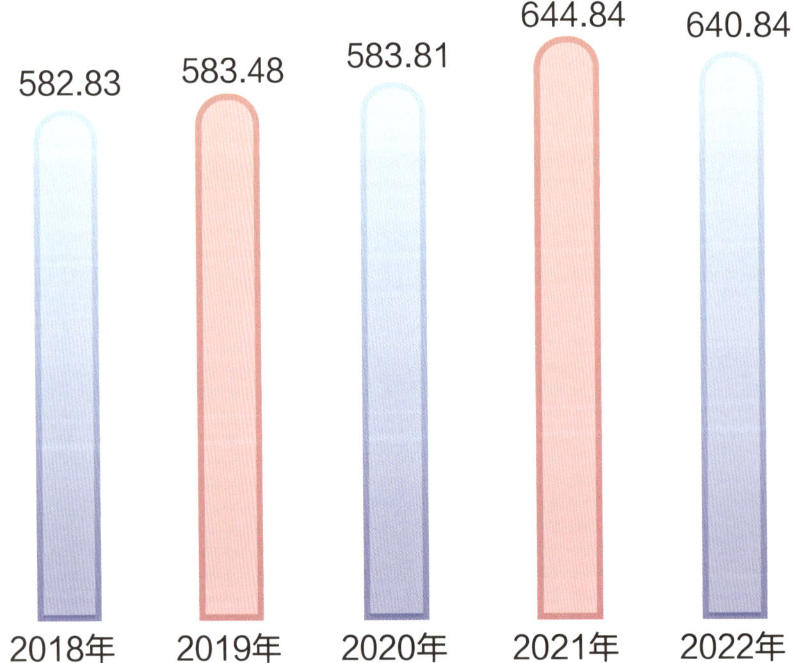

全部工业增加值指数（以上年为100）

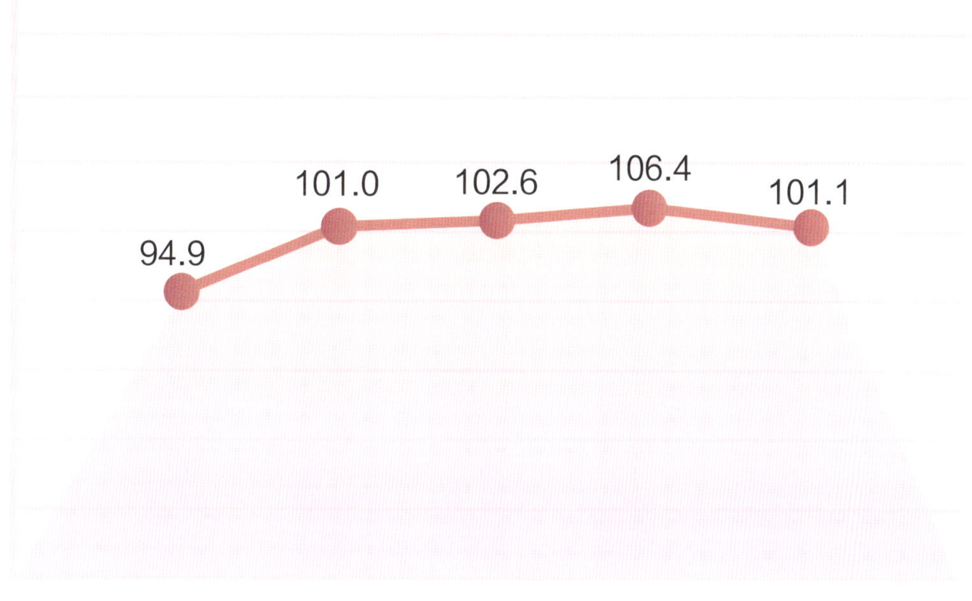

固定资产投资增长速度（%）

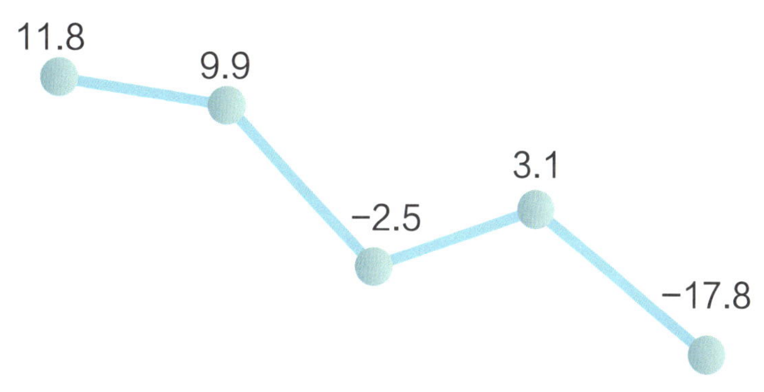

社会消费品零售总额（亿元）

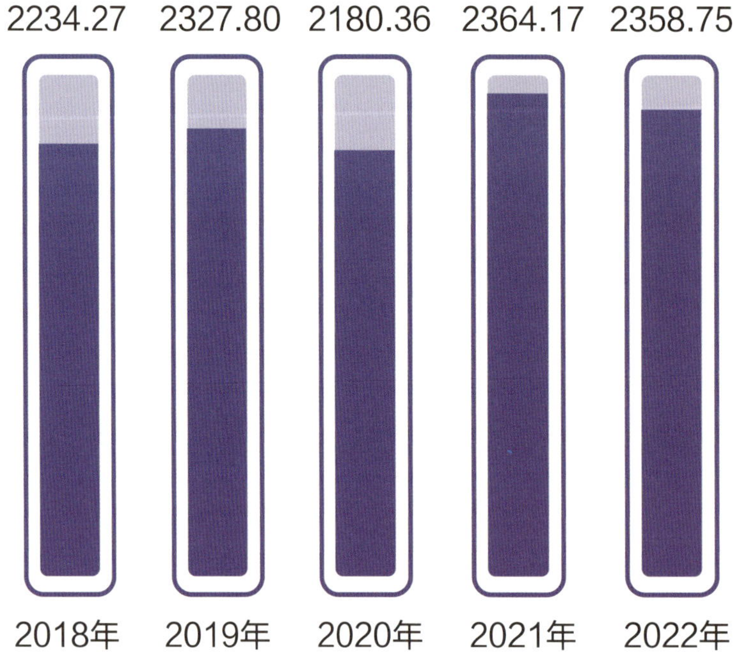

进出口总值（亿元）

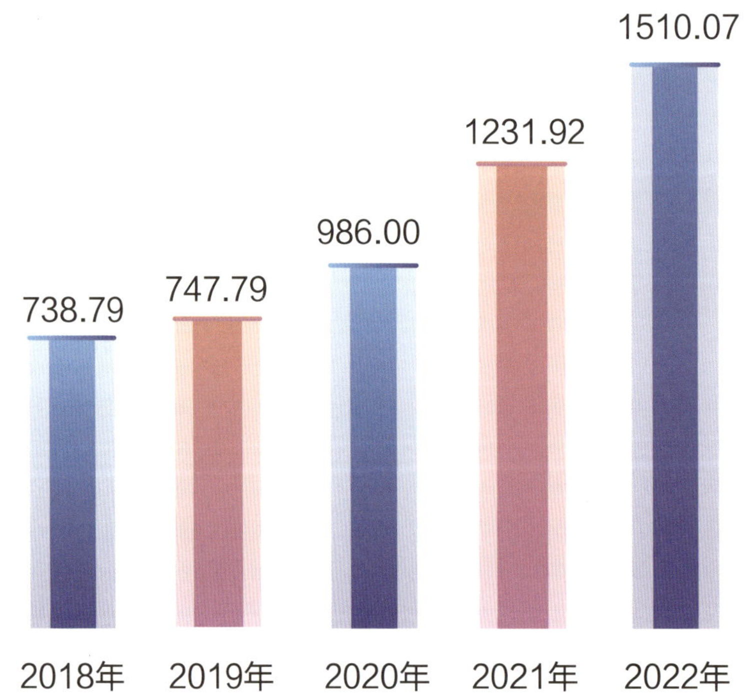

城镇化率（%）

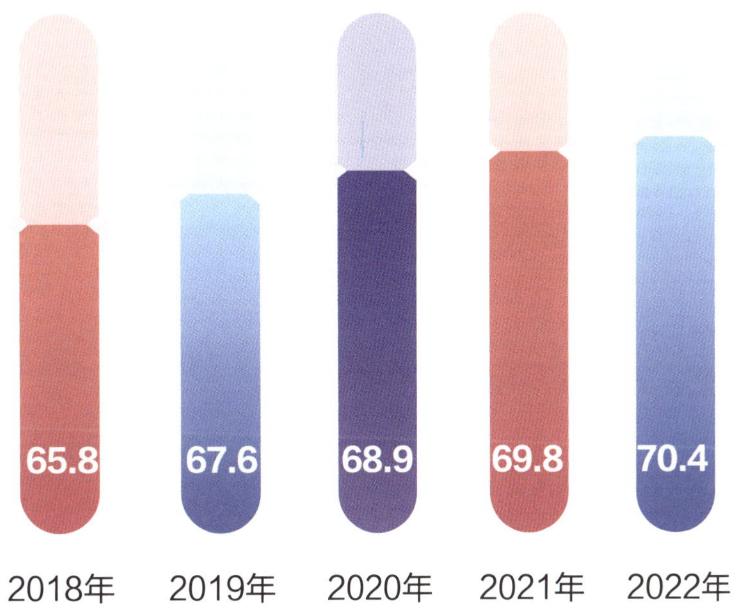

旅游人数（万人次）

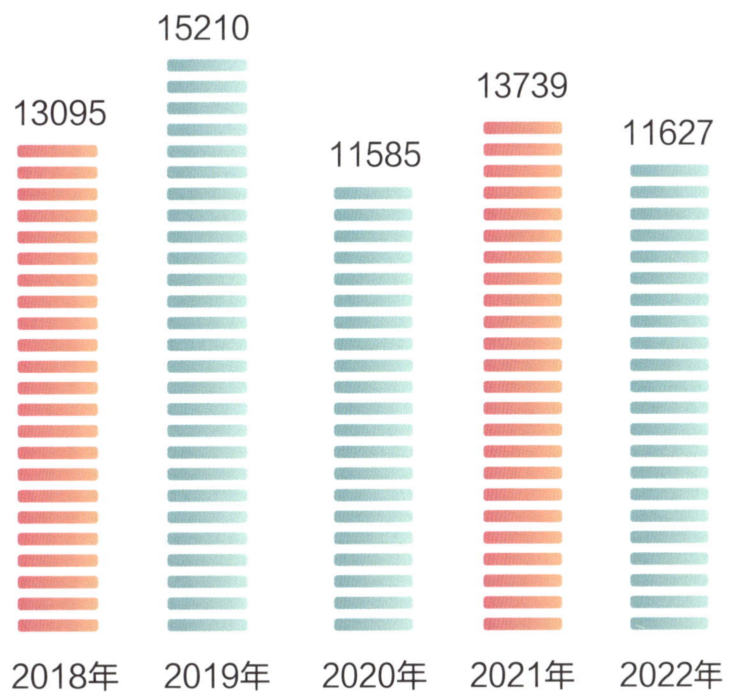

入境旅游人数（万人次）

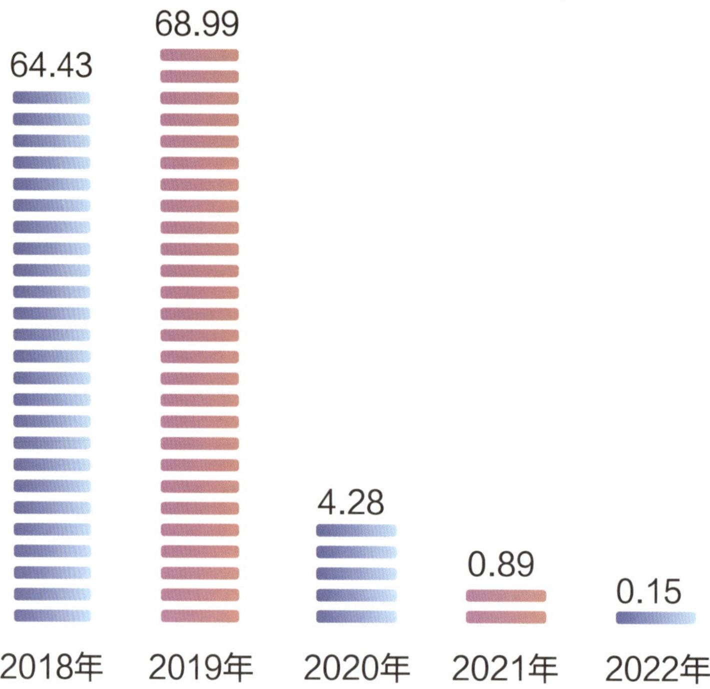

旅游收入（亿元）

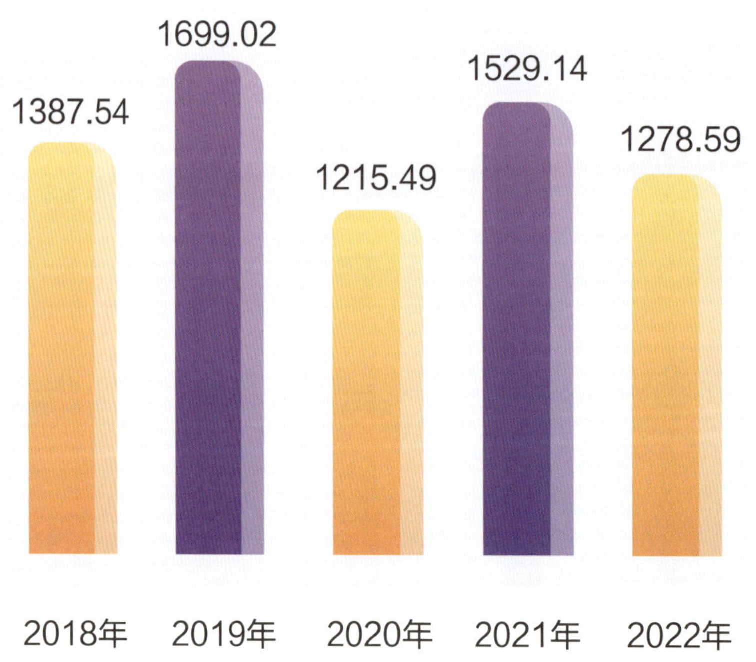

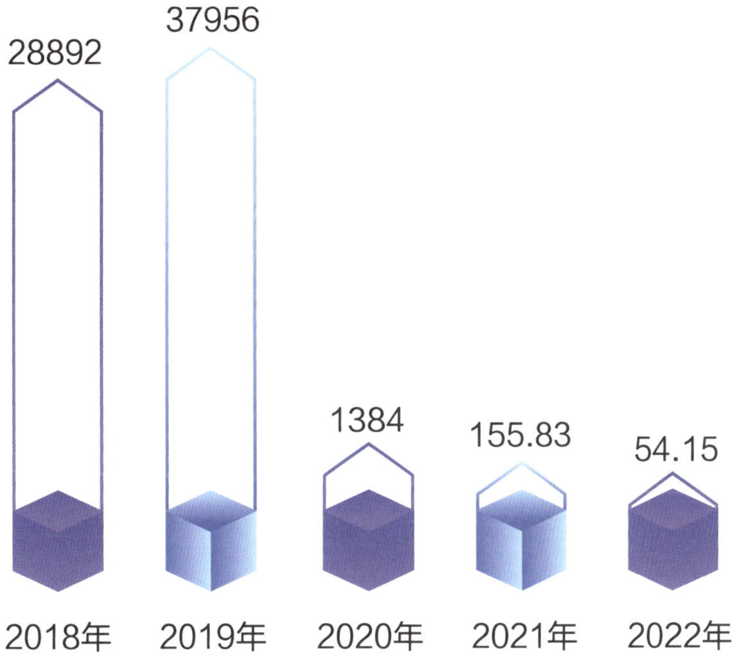
国际旅游收入（万美元）
28892
37956
1384
155.83
54.15
2018年
2019年
2020年
2021年
2022年

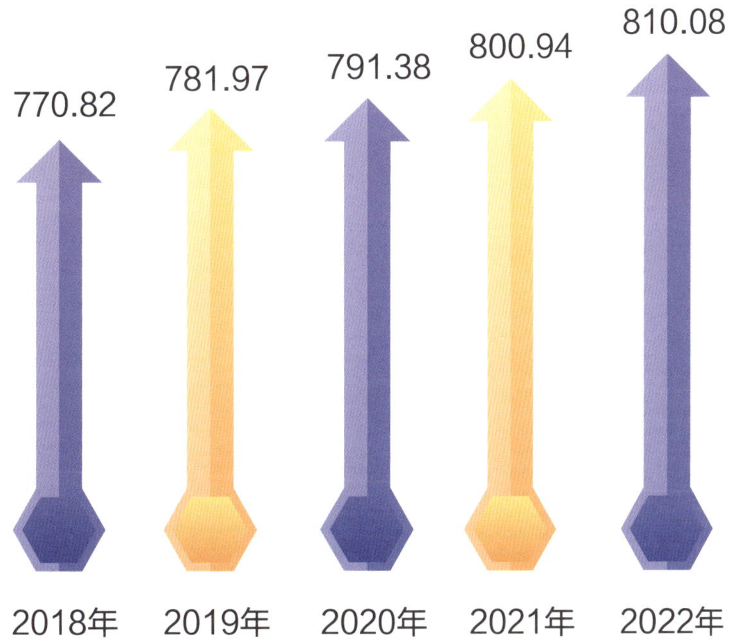
年末户籍人口（万人）
770.82
781.97
791.38
800.94
810.08
2018年
2019年
2020年
2021年
2022年

居民消费价格指数（以上年为100）

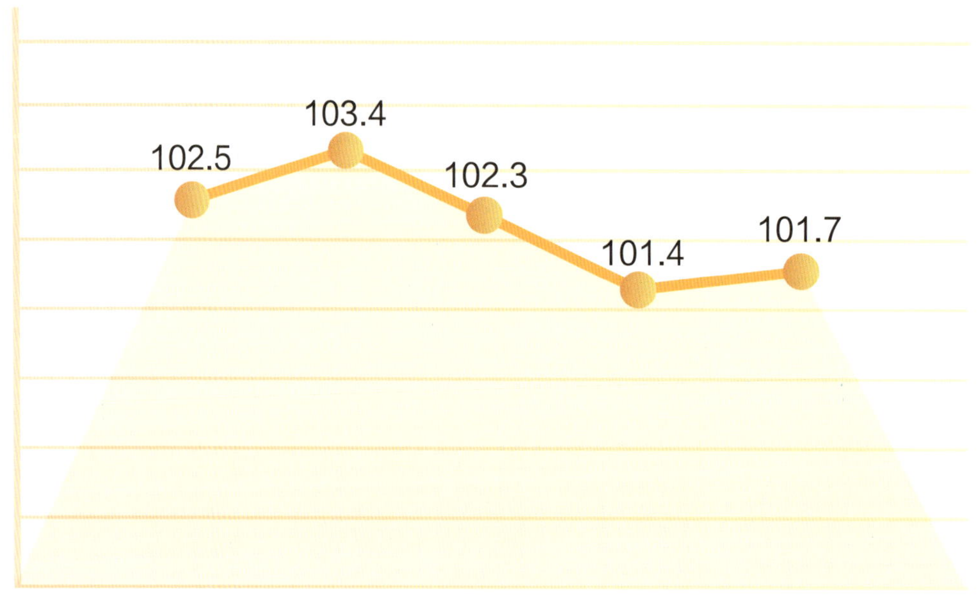

粮食总产量（万吨）

甘蔗产量（万吨）

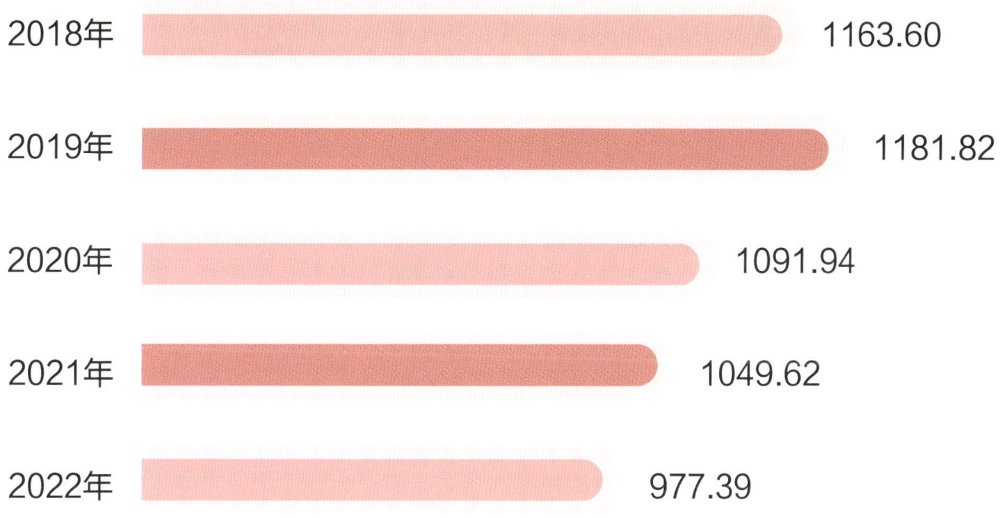

园林水果产量（万吨）

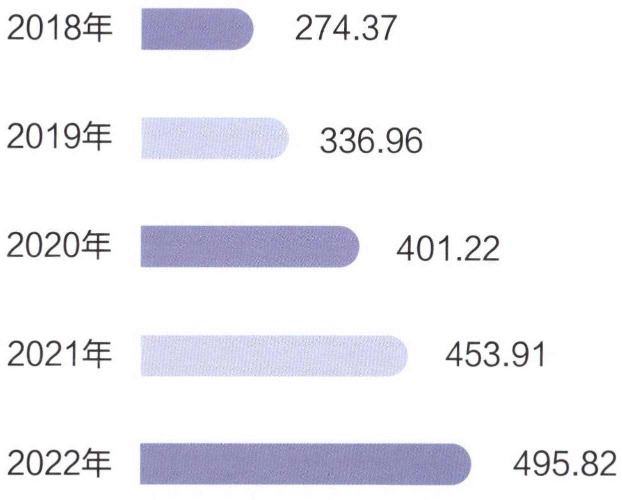

蔬菜及食用菌产量（万吨）

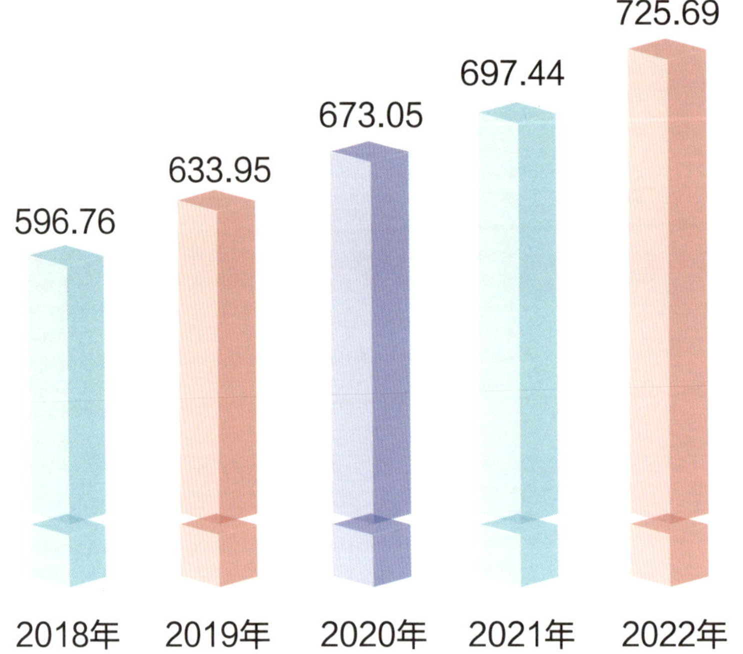

肉类总产量（万吨）

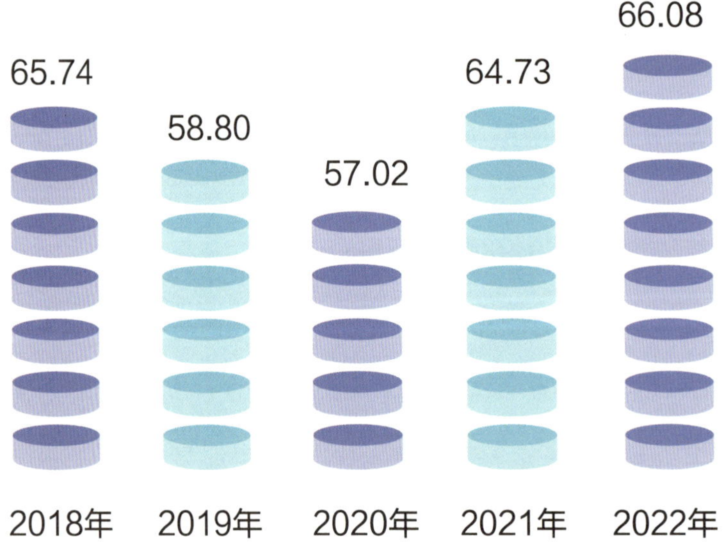

水产品产量（万吨）

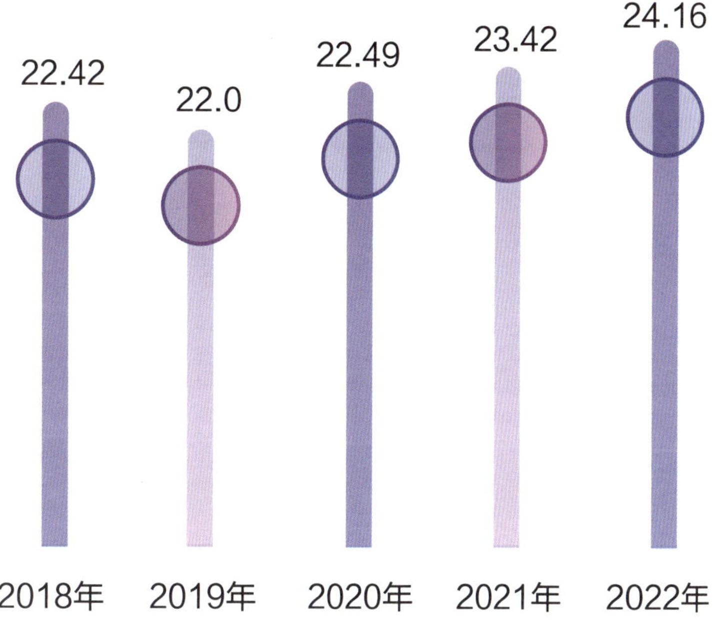

规模以上工业发电量（万千瓦时）

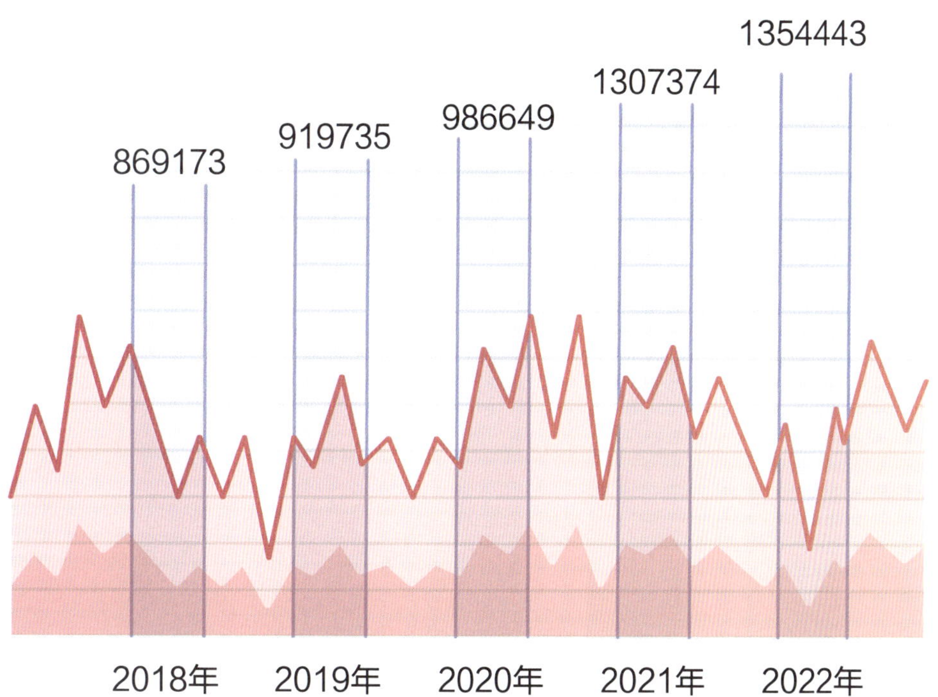

成品糖（万吨）

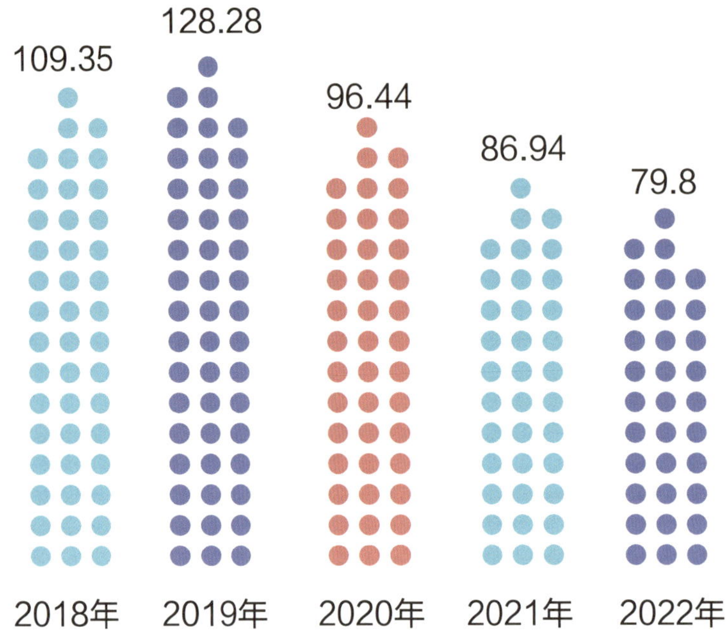

人均GDP（元）

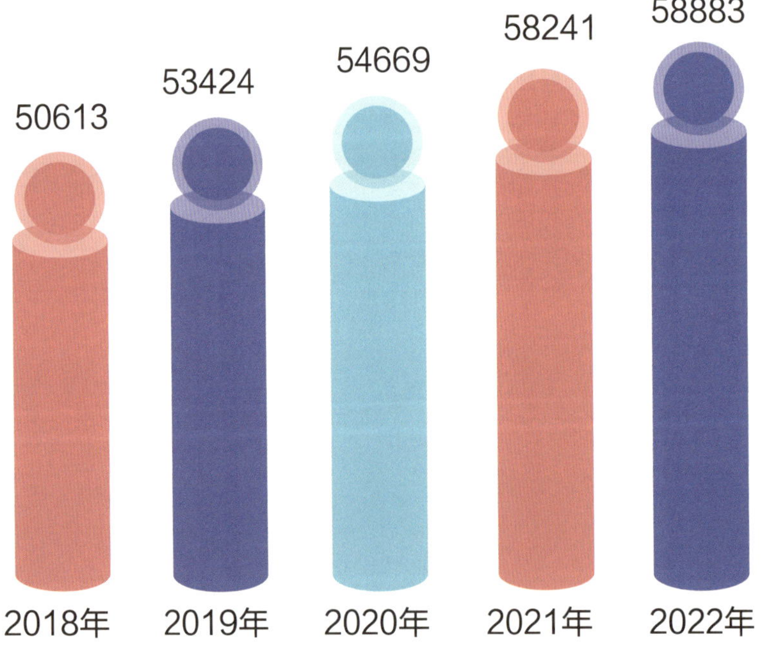

人均生产总值指数（以上年为100）

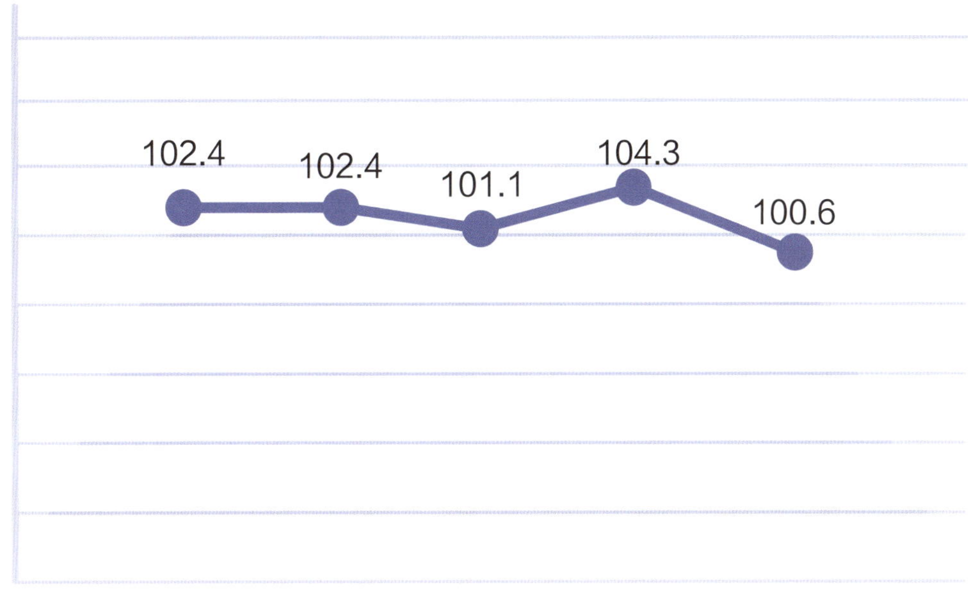

在岗职工年平均工资（元）

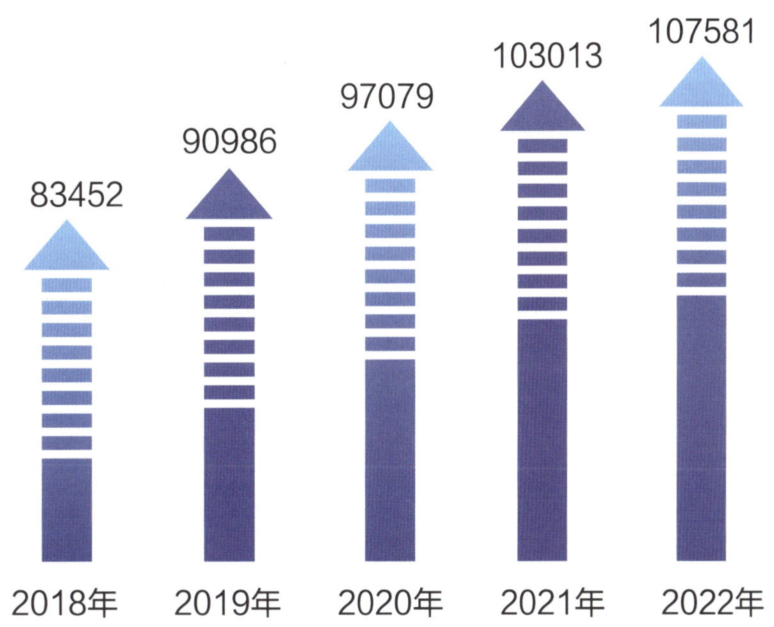

城镇居民人均可支配收入（元）

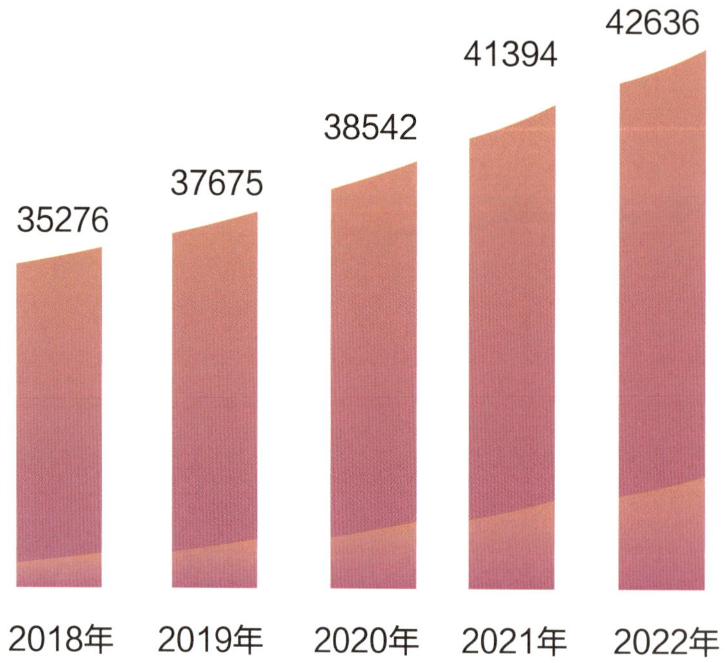

农村居民人均可支配收入（元）

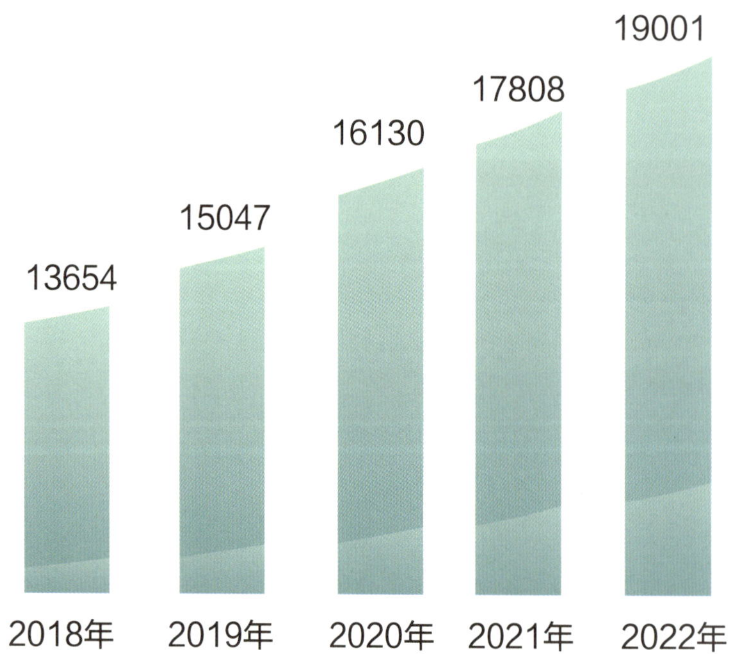

目　录

第一部分　特　辑

第二部分　统计资料

一、综　　合

二、国民经济核算

三、人口、劳动力和职工工资

四、农　　业

五、工　　业

六、运输、邮电

七、固定资产投资

八、能源购进、消费与库存

九、商业、旅游、物价

十、服务业、科技

十一、财政、金融、保险

十二、广西及省会城市主要统计指标

第一部分 特辑

政府工作报告

一、2022年工作回顾

2022年是党的二十大胜利召开之年，也是南宁发展进程中极不平凡的一年。我们坚持以习近平新时代中国特色社会主义思想为指导，坚决贯彻落实党中央“疫情要防住、经济要稳住、发展要安全”重要要求，深入贯彻落实自治区党委、政府和市委的决策部署，高效统筹疫情防控和经济社会发展，统筹发展和安全，在多目标平衡中突出主线、守住底线、追求高线，全力向上突围、向前奋进，为新时代南宁现代化建设开局起步奠定了坚实基础。

这一年，我们念好“稳”字诀、奏响“进”行曲，经济大盘稳住，经济大势向好，保持了首府社会大局稳定。全市实现生产总值5218.34亿元、增长1.4%，规上工业增加值增长1.9%，一般公共预算收入扣除留抵退税因素后增长7.54%，居民消费价格指数上涨1.7%，外贸进出口总额增长22.9%。巩固拓展脱贫攻坚成果，牢牢守住了不发生规模性返贫底线。打好疫情防控阻击战，最大程度保护了人民群众生命安全和身体健康，最大限度减少了疫情对经济社会发展的影响。

这一年，我们立足稳当下、着眼谋长远，补短板打基础，强创新促转型，吹响了建设国际化大都市的号角。

肩负起国家战略新使命。国家重要政策文件明确，支持南宁建设面向东盟开放合作的国际化大都市，探索建设中国—东盟跨境产业融合发展合作区，首府战略地位更加凸显。建立“智库+地方+上级部门+产业界”的“四位一体”工作机制，科学制定国土空间总体规划，加快规划建设东部新城，推进临空经济示范区与南宁国际铁路港协调联动，构建“一体两翼”产业格局，推动国家战略落地落实。

结构调整迈出重要一步。市本级工业用地（不含武鸣区）成交面积占全部“招拍挂”出让土地71.6%，比前五年平均占比提高36个百分点。工业投资增长53.2%，投资增速和总量均排全区第一，增速创近21年来新高。工业投资占全部投资比重25.1%，比上年提高11.7个百分点。用地和投资结构发生积极变化，工业千亿元重点产业加速培育，产业发展和科技创新成为经济增长新动力，经济循环从“房地产—基建—金融”向“产业—科技创新—金融”新循环转变。

工业快速发展其势已成。开工亿元以上工业项目124个，其中百亿元项目7个、超过前三年总和。竣工投产亿元以上工业项目32个。新增列入自治区“双百双新”项目库项目31个，居全区第一。竣工投产或开工建设新能源电池项目5个，总产能超100GWh，在新能源和新能源汽车等产业新赛道上抢占了一席之地。

投融资改革实现大突破。设立产业高质量发展基金、城市更新基金、房地产平稳基金，盘活国有存量资产1453.63亿元，加快市属国有企业产业化、市场化转型，拓宽投融资渠道，有效解决重点产业发展、城市建设资金不足难题，提振房地产市场信心。

科教创新取得重大进展。新增汽车芯片设计、新型电池材料等领域新型研究机构5家，成功与中南大学合作共建高水平研究平台，引进桂林电子科技大学成立南宁研究院。高新技术企业保有量达1581家，新增国家级创新创业平台6家、国家级专精特新“小巨人”4家。获批国家知识产权强市建设示范城市。

过去一年，南宁发展经历了十分艰难的过程，经受了“需求收缩、供给冲击、预期转弱”三重压力，疫情反复、房地产下行等不利因素对经济社会发展造成较大影响。全市上下主动作为、奋力拼搏，全力以赴打好“稳中求进攻坚年”十一场攻坚战，付出了艰苦努力。

（一）全力稳工业强链条，开创工业振兴新格局。理清工业发展思路，编制重点产业布局全景图，把新能源汽车及零部件、电子信息、金属及化工新材料、铝精深加工等产业列为千亿元重点产业加快培育，推动新能源汽车及零部件产业垂直整合发展。加大财政工业投入，通过一般公共预算安排、争取上级资金和政府专项债券等方式，筹措100亿元以上资金支持工业发展。推进建链补链强链，引进附加值高、产业链长、绿色智能的太阳纸业等一批百亿元项目，总投资超800亿元。引进比亚迪布局70GWh电池等项目，已投产25GWh，带动电池正负极材料、隔膜等产业链上下游企业相继落地，南宁成为比亚迪全球最大、国内建设速度最快的电池生产基地。拓展工业发展空间，东部新城完成3万亩集中连片工业用地规划，推进65个基础设施项目建设，六景化工园区获自治区批准设立，“两港一区”基础设施建设加快。打好产业园区基础设施大会战，完成征地面积3.5万亩，形成标准厂房建设实物面积130万平方米，30个项目获得自治区专项债资金50.05亿元。加强企业梯度培育，落实市领导和工业振兴特派员联系服务企业机制，产值超亿元工业企业426家，亿元企业产值增长8.2%，高于全市平均增速6.8个百分点，新增规上企业158家，其中新建入规73家。

（二）全力稳脱贫促增收，绘就乡村振兴新画卷。守好粮食安全“责任田”，完成粮食种植面积639.24万亩，粮食总产量212.54万吨、实现“三连增”，播种面积和产量均稳居全区第一，马山县玉米、水稻制种面积超万亩。筑牢防返贫“保护墙”，筹措各级财政衔接资金23.96亿元，重点实施乡村建设和产业发展项目2493个，实现1.48万易地扶贫搬迁户每户至少1人就业，深化粤桂协作，巩固“三保障”和饮水安全保障，脱贫人口人均纯收入增长12.6%，宾阳县大陆村入选全球减贫优秀案例。深入实施乡村振兴“6+6”全产业链建设行动，沃柑、茉莉花、火龙果等产业规模稳居全国第一，在全国率先发布预制菜地方标准，新增入选广西农业品牌目录9个，新增广西现代特色农业示范区21个，横州市获批国家级农业现代化示范区，上林县通过国家级水产健康养殖和生态养殖示范区复核。持续开展农村人居环境整治提升行动，获评全国首批“四好农村路”建设市域突出单位，建成市级乡村振兴（生态综合）示范村45个，“厕所革命”整村示范项目完工率100%。

（三）全力稳投资扩消费，积蓄经济发展新动能。突出项目建设增后劲，出台项目为王“1+5”系列文件，成立项目策划领导小组，实行项目库库长负责制，策划储备项目1012个，项目总投资1.35万亿元。实施区市层面统筹推进重大项目1204个，完成投资1296.79亿元、增长18.5%。新开工五象水厂一期、南宁南过境线公路等项目884个，竣工南宁空港综合交通枢纽工程、南宁至平果高速公路、西津水利枢纽二线船闸工程等项目390个。开展产业链招商、驻点招商、专题招商，新签约5000万元以上招商引资项目325个，区外境内到位资金1015亿元、增长15.2%，实际利用外资增长29.5%。强化政策扶持挖潜力，出台促消费、稳地产等系列政策措施共110条，举办“消费购物节”、房博会等促销活动，零售业商品销售额增长5.1%，商品房销售面积1324.72万平方米，接待国内外游客1.2亿人次、实现旅游总收入1219.2亿元。

（四）全力稳外贸扩开放，构筑“南宁渠道”新优势。外贸进出口总额增速高于全国15.2个百分点、全区11.6个百分点，与东盟进出口总额增长64.2%，与RCEP成员国进出口总额增长45.9%，全市跨境电商进出口交易额增长77.4%。加快培育跨境快速物流通道，吴圩机场在飞国际货运航线11条，国际货邮吞吐量7.31万吨、增长2倍以上，机场口岸出口货物实现1小时内通关。南宁国际铁路港开行南宁至河内跨境集装箱班列265列，初步实现中国南宁至越南北宁、北江铁路24小时、公路12小时“厂对厂”通达。高质量服务第19届中国—东盟博览会、商务与投资峰会，有力保障了109场重大活动成功举办。推动自贸试验区南宁片区提档升级，91项国家改革试点任务全部实施，形成制度创新成果56项，新设立企业1.64万家。推进面向东盟的金融开放门户南宁核心区建设，中国—东盟金融城新增金融机构（企业）126家，全市本外币存贷款余额3.3万亿元、增长9.5%，跨境人民币结算量是2021年的1.8倍、占全区近七成，获批数字人民币和本外币合一银行账户试点。国际“朋友圈”不断扩大，新增越南北宁、北江两个国际友好交往城市。

（五）全力稳主体惠实体，激发经济增长新活力。出台落实国家稳经济33项政策、19项接续政策方案，推出超260条助企纾困举措。建立服务企业“直通车”机制，推动政策“免申即享”，实施包容审慎涉企监管，新登记市场主体16.51万户、增长2.18%，总量92.95万户。累计新增减税降费及退税缓税缓费超230亿元，其中为9487户纳税人办理留抵退税164.9亿元，为制造业中小微企业办理缓缴税费10.99亿元。拨付财政贴息资金6.02亿元，撬动“桂惠贷”投放资金737.08亿元，惠及1.98万户市场主体，为企业减少融资成本14.48亿元，政府性融资担保业务为企业节约融资担保费用约2.2亿元。创新“企业身份码”改革，集成70个许可事项，实现企业准入即准营。

（六）全力稳生态促转型，拓展“中国绿城”新内涵。开工建设老旧小区252个，开街运营“老南宁·三街两巷”二期。南宁轨道交通第三期建设规划获批，开工建设轨道交通6号线华南城东站，打通长湖路北延长线等3条断头路，新建电动汽车充电桩5314个，施划电动汽车专用停车位2416个。获评国家公交都市建设示范市、全国绿色出行创建达标城市。持续打好蓝天、碧水、净土保卫战，市区环境空气质量优良率96.7%，空气质量在全国168个重点城市中排名第十六，在全国省会城市中排名第六，主要流域地表水水质优良比例为100%，市县两级饮用水水源水质达标率保持100%，入选全国首批农村黑臭水体治理试点城市、国家“十四五”无废城市和废旧物资循环利用体系重点城市建设名单，完成中央生态环境保护督察反馈意见整改年度目标任务，完成23个山水林田湖草生态保护与修复工程，生活垃圾分类工作在全国考核中位列前十。强化“两高一低”项目清单管理，投产并网风力、光伏、生物质、垃圾焚烧等发电项目164万千瓦。

（七）全力稳就业保民生，增进人民群众新福祉。一般公共预算支出七成以上投入民生领域。完成自治区和市本级共58项为民办实事项目。城镇、农村居民人均可支配收入名义增长3.0%、6.7%。城镇新增就业7.44万人，吸引高校毕业生来邕留邕就业11.8万人。分配各类保障性住房1.57万套，惠及4.7万名困难群众。基本养老保险、失业保险和工伤保险总参保754.52万人次，基本医疗保险（含生育保险）参保率98.43%。城乡最低生活保障标准分别提高至每人每月810元、每人每年6800元。养老服务工作获国务院督查激励。建成投入使用公办中小学校18所、新增学位3.13万个，公办幼儿园27所、新增学位8850个。医疗机构新增床位数1891张、执业医师和执业助理医师1304人、注册护士1628人。“老南宁·三街两巷”获评国家级旅游休闲街区，东盟文化和旅游片区入选第二批国家夜间文化和旅游消费集聚区，邕剧《拦马过关》、粤剧《未央宫》入选2022年全国地方戏精粹展演。南宁籍运动员在第51届世界体操锦标赛等国际重大赛事中获6金2银2铜好成绩，南宁市代表团参加自治区第十五届运动会实现金牌总数、奖牌总数、团体总分“三个第一”。

（八）全力稳大局保平安，提升安全发展新高度。坚决落实中央、自治区决策部署，因时因势优化疫情防控措施，投入大量的人力物力财力，打赢30多场疫情阻击战，实现由防到治转换，平稳度过疫情高峰。强化交通运输、建筑施工、矿山、消防等重点领域安全风险防控，深入开展危化品、城镇燃气、自建房“三个集中治理”。食品药品安全、生产安全、能源安全形势总体稳定，自然灾害综合防范能力全面提升，信访积案化解专项工作扎实推进，扫黑除恶斗争进入常态化，做好房地产、金融等领域风险防范化解，首府社会大局保持安全稳定。

一年来，民族、宗教、保密、档案、退役军人、审计、统计、林业、人防、粮食和储备、机关事务管理、地方志、公共资源交易、供销、海关、海事、出入境边防检查、侨务、台湾事务、贸促、税务、气象、调查、水文、文史、决策咨询、哲学和社会科学等工作扎实推进，妇女、儿童、老龄、残疾人、公益慈善、红十字等事业健康发展。

一年来，我们坚持把党的政治建设摆在首位，坚决落实全面从严治党要求，坚定捍卫“两个确立”，坚决做到“两个维护”，始终把党的全面领导贯穿政府工作各领域全过程。巩固提升法治政府建设成果，提请市人大常委会审议地方性法规草案7件，出台政府规章5件，修改、废止规章9件。依法接受人大及其常委会的监督，自觉接受人民政协的民主监督，共办理市十五届人大二次会议交办的代表议案10件、建议227件，满意率和基本满意率100%；政协提案569件，其中，市政协十二届一次会议交办的提案满意率和基本满意率99.65%、市政协十二届二次会议交办的提案满意率和基本满意率100%。扎实推进党史学习教育常态化长效化，严格落实中央八项规定精神，力戒形式主义推动“三要”重要要求落实，政府自身建设持续加强。

各位代表！事非经过不知难，成如容易却艰辛。回首2022，我们经历的每一件大事喜事、力推的每一件急事难事、办成的每一件实事好事，都是首府南宁抢抓机遇、乘势而上奏响的精彩音符，都是干部群众辛勤付出、倾情投入谱写的华丽乐章。这些成绩的取得，根本在于习近平新时代中国特色社会主义思想的科学指引，在于以习近平同志为核心的党中央的坚强领导，是自治区党委、政府和市委正确领导的结果，是市人大、市政协监督支持的结果，是全市各族人民团结拼搏的结果。在此，我代表市人民政府，向全市各族人民，向人大代表、政协委员，向各民主党派、工商联、无党派人士和人民团体，向驻邕部队、武警官兵、政法干警、消防救援队伍，以及所有参与、关心和支持南宁发展的各界人士，表示衷心感谢，并致以崇高敬意！

在看到成绩的同时，我们也清醒地认识到，经济社会发展还面临不少的困难和问题：受国际环境复杂多变、疫情反复等不利因素影响，去年房地产和基建投资降幅明显，固定资产投资严重下滑，经济增长动力不足，主要经济指标完成情况与年初确定的预期目标存在较大差距。同时，南宁仍处于转型发展的阵痛期，产业基础仍然薄弱，县域经济不强，交通、水利等基础设施还需改善，教育、医疗卫生等领域优质资源仍不足，老百姓还有不少急难愁盼的事亟待解决，等等。对这些问题，我们知难不避难，越是艰险越向前，将采取更加有力的措施，切实加以解决。

二、2023年工作安排

2023年是全面贯彻党的二十大精神的开局之年，是南宁加快建设面向东盟开放合作的国际化大都市、中国—东盟跨境产业融合发展合作区的起步之年。做好今年政府工作的总体要求是：坚持以习近平新时代中国特色社会主义思想为指导，全面贯彻落实党的二十大精神和中央经济工作会议精神，认真学习贯彻习近平总书记对广西“五个更大”重要要求，深入贯彻落实习近平总书记视察广西“4·27”重要讲话和对广西工作系列重要指示精神，按照自治区党委十二届五次全会暨经济工作会议、市委十三届五次全会暨经济工作会议部署，坚持稳中求进工作总基调，完整、准确、全面贯彻新发展理念，积极服务和融入新发展格局，着力推动高质量发展，更好统筹疫情防控和经济社会发展，更好统筹发展和安全，全面深化改革开放，大力提振市场信心，把实施扩大内需战略同深化供给侧结构性改革有机结合起来，突出做好稳增长、稳就业、稳物价工作，有效防范化解重大风险，推动经济运行整体好转，实现质的有效提升和量的合理增长，推动新时代南宁现代化建设开好局起好步。

今年我市经济社会发展的主要预期目标是：地区生产总值增长5%左右，一般公共预算收入增长5%，规模以上工业增加值增长6%，建筑业总产值增长14%，固定资产投资增长7%，社会消费品零售总额增长7%，外贸进出口总额增长8%，节能减排降碳控制在自治区下达目标内，居民人均可支配收入与经济增长基本同步，居民消费价格指数涨幅控制在3%左右，城镇调查失业率控制在6%以内。

提出上述目标，体现了稳中求进工作总基调，兼顾了需要和可能，既积极又稳妥，“跳起来够得着站得稳”。在不确定难预料不利因素增多、区域竞争愈加激烈的情况下，实现目标需要付出更艰苦努力。躺平不可取、躺赢不可能、奋斗正当时。我们要抓政策、抢机遇，拼经济、搞建设，稳定社会预期，提振发展信心，以满格状态、顶格标准加力实现开局之年的各项目标任务。

（一）更高站位落实国家战略

国家赋予新定位新使命，这是南宁发挥比较优势、实现跨越发展前所未有的重大历史机遇。要落实“四位一体”工作机制，把政策红利转化为发展实效，推动国家战略落地生根、开花结果。

规划建设国际化大都市。加强面向东盟开放合作的国际化大都市战略规划研究，找准符合南宁实际的实现路径，确定建设国际化大都市的指标体系。推动国土空间总体规划落地实施，构建“一主三副”都市区空间格局，围绕建设国际化大都市总体目标，加快打造面向东盟的国际交往中心、先进制造中心、科技创新中心、服务贸易中心、交通物流中心、消费中心、金融中心。加快培育壮大南宁都市圈，强化与周边城市的协同发展，统筹推进都市圈资源要素合理布局。依托平陆运河建设，加快东部新城建设，谋划平塘港区综合开发，完善城市向海交通体系、物流体系、产业体系，推动向海而兴、向海图强。

启动建设融合发展合作区。高起点高标准高水平编制好中国—东盟跨境产业融合发展合作区建设方案，争取国家支持，按照“一体两翼”空间布局，加速推进合作区建设。以五象新区为主体，谋划布局生产性服务业高端化融合化发展，加快发展面向东盟的金融结算、工业设计、工程技术、信息咨询、大数据、检验检测、法务等专业服务业，积极布局知识产权、节能环保等新型服务模式，推动现代商贸等产业提升品质，着力打造生产性服务业高地和面向东盟的科技创新中心。以东部新城和“两港一区”为两翼，东部新城要围绕“临港产业新城”发展方向，加快培育新能源汽车、金属及化工新材料、林浆纸等大进大出临港产业，加快建设面向东盟和共建“一带一路”国家新能源汽车产业集聚区的重要基地，着力打造向海经济先行示范区。“两港一区”要发挥铁路港与空港联动开发优势，加快综合保税区整体迁建，重点布局电子信息、先进装备制造等跨境产业，服务好已在南宁与越南设厂的企业，支持更多企业通过“一企两国两厂”的模式推进产业链供应链分工互补，打造跨境产业融合发展合作区重要承载地。

（二）更大气魄推进工业振兴

拼经济强产业，工业必须扛大旗、挑大梁。要树牢大抓产业大抓工业的理念，深入实施“工业强市”战略，围绕传统产业升级、新兴产业壮大“两个方向”，走好内部培育、外部招引“两条路子”，推动工业数字化网络化智能化转型发展，年内工业总产值突破3000亿元。

全力推进重大工业项目建设。统筹安排一般公共预算资金、政府性基金和政府专项债券等资金共100亿元以上支持工业发展，力争工业投资增长40%。开展“制造业项目建设年”活动，加强重大项目谋划储备，推动一批项目列入自治区增产增效、补链强基、高端化智能化绿色化改造“3个500”项目清单，推动一批项目列入自治区“双百双新”项目计划。加强项目开竣工节点管理，开工建设龙电华鑫等项目300个，竣工投产比亚迪青秀项目等项目180个，持续推进潮力新能源电池铝箔等一批重大项目，实施技术改造300项以上。加强“项目为王”产业链招商，紧紧围绕千亿元重点产业，瞄准国内行业前10名、关键零部件前20名和国家级专精特新企业实施精准招商，力争引进投资5000万元以上制造业项目160个。

加快发展千亿元重点产业。锚定主攻方向，深化应用产业布局全景图，坚持全产业链发展思维，加快补链强链延链，打造千亿元重点产业。新能源、新能源汽车及零部件产业，大力引进新能源整车项目及关键零部件项目，推进比亚迪45GWh电池、汽车综合测试场等项目，打造面向RCEP的新能源汽车生产基地。电子信息产业，加快推进瑞声科技南宁系列项目、世纪创新智慧显示二期等重大项目建设，推动光学声学、半导体、新型显示等产业与东部地区和东盟国家融合发展，把握电子信息产业在新能源、新基建领域的增长点，加快培育壮大汽车电子、光伏、信创产业。金属及化工新材料产业，加快建设六景电池新材料产业园、六景化工园，围绕新能源电池产业引进和建设碳酸锂、正负极材料、电解液、隔膜等上下游项目，加快打造国内重要的电池新材料制造基地。铝精深加工产业，加快建设铝精密加工、铝铸造、再生铝三大专业产业园，积极引进国内再生铝和铝精深加工企业，实施南南铝加工价值链提升工程，打造铝精深加工部件研发制造产业基地。高端装备制造产业，推动轨道及车辆配套大部件、牵引信号控制系统及零部件等延链补链项目落地，打造轨道高端装备产业链。规划跨境物料处理装备产业园，推动美斯达重工灯塔工厂及配套项目加快建设。发展水污染处理、固废处理等环保环卫装备产业，支持博世科等企业开拓市场。林产品加工产业，以太阳纸业为龙头，引进高端纸制品加工企业及配套企业，构建“原材料及造纸助剂—木浆、竹浆、蔗渣浆—纸制品—包装印刷”造纸全产业链，打造横州高端纸制品产业园。开工建设爱阁工房绿色家居智造园等项目，引进家具家居头部企业，构建“原材料—人造板—高端绿色家居”木材加工全产业链。食品加工产业，推进红牛饮料、海天调味品生产基地、农夫山泉天然水生产线等项目建设，壮大调味品、肉制品、预制菜等产业，打造特色鲜明的食品产业基地。

深入实施产业园区基础设施大会战。探索运用“地方+央企+整体推进”模式，全市工业园区基础设施投资完成300亿元以上。加快建设“两港一区”，建设疏港大道和临港大道，抓好“两港一区”交通衔接，完善园区各类基础设施，确保满足产业发展需求。加快推进东部新城供排水、供气等基础设施建设，完善教育、医疗、文体、公园、商业等设施配套，加快主城与新城的快速通道建设，启动张六大道改扩建项目，把新城与主城连成一片，让新城企业员工愿意来、留得下、发展好。

大力扶持企业做大做强。建立市级龙头企业培育库，新增1家产值超百亿元工业企业。实施中小企业培育“三个一”工程，创建自治区级以上中小企业特色产业集群，培育市级以上专精特新企业100家。加强企业上规入统工作，建立临规企业培育库，加强要素保障和服务指导，力争新增上规入统工业企业150家以上。

南宁加快高质量发展、推进现代化必须振兴工业，唯有此路别无他途。我们要倾尽全力、久久为功，跑出工业“加速度”，构建经济新循环！

（三）更快速度推动服务业回升

三产兴则城市活。要促进消费快速回补、大幅增长，推动服务业企稳复苏、提质增效，力争新增限额以上商贸业企业400家、规模以上其他营利性服务业企业115家、社会消费品零售总额突破2500亿元，力争获批国家服务业扩大开放综合试点。

加快提振大消费。开展“食在南宁”“惠民购车”“供销大集”等促消费行动，实施电商造节，举办网上年货节、“三月三”电商节等线上促销活动，鼓励电商直播，形成“季季有品牌、月月有活动、周周有促销”的浓郁消费氛围。引进国家级品牌展览，培育消费类展览。打造数字化交易平台，加快线上线下消费融合发展。恢复市场信心，提高住房品质，支持刚性和改善性住房需求，吸引外地人士来邕置业，扩大住房消费。瞄准90后、00后等年轻群体特别是东盟青年群体，大力发展时尚经济、首店经济、首发经济、品牌经济。积极引进国际知名消费品牌，壮大更多本土消费品牌，鼓励山姆会员店、奥特莱斯等做大业务，引进京东家电超体店等项目。布局和提升一批夜间经济、重点商圈和特色街区，发展食、游、购、娱、文、体等创新业态，打造更多消费新场景、新地标，特别要大力发展夜经济，唱响“中国不夜城 浪漫夜南宁”，让南宁这座“晚睡的城市”，越夜越精彩。

加快发展大物流。完善跨境物流体系建设，力争南宁面向东盟的航空、铁路货物运输做到定点、定线路、定班次、定时间、定价格“五定”。推动建设南宁高铁物流基地，加快南宁国际铁路港综合交通枢纽建设，提升农产品交易中心、吴圩机场等物流枢纽功能，力争开辟1—2条国际货运航线，吴圩机场全年完成国际货邮吞吐量突破10万吨。围绕平陆运河内河I级可通航5000吨船舶标准，提升平塘江口至六景水路配套通航能力。降低物流综合成本，大力发展跨境运输和多式联运，扩大中越班列、中欧班列、南钦班列、西江集装箱航线、两广班列开行规模，提升公、铁、水多式联运质量，重点打通粤港澳大湾区经南宁至东南亚的运输通道，努力打造面向东盟的“公铁海空”多式联运货物集散中心。

加快发展大金融。加强项目筹融资策划和服务，力争促成有效融资2000亿元以上。推动企业直接融资，开展企业上市攻坚行动，在规范改制、要素资源、财政奖补等方面加大支持，力争上市（挂牌）企业1家、在审企业3家、进入辅导企业4家、纳入自治区后备库企业35家以上。提升国有企业主体信用评级，拓宽信用债券入邕渠道，扩大“绿色债”“科技创新债”等创新债券发行。推动“基金+产业”“产业+科技+金融”融合发展，加快设立各类子基金并招引各类优质企业落地。做大做强金融开放门户南宁核心区，深入推动跨境金融发展，积极开展本外币合一银行结算账户体系、数字人民币等试点，支持龙头企业设立跨境资金结算中心，推动富邦华一银行设立分支机构，引进一批金融配套服务机构落地，力争中国—东盟金融城新增金融机构（企业）80家以上。持续创建供应链金融示范区，推动建设供应链金融产业园及供应链金融公共服务平台，深入推进绿色金融改革创新示范区和保险创新综合示范区建设，推动“保险+服务+物联网”电梯责任保险模式等保险创新项目落地。

加快发展大文旅。以承办好2023年广西文化旅游发展大会为契机，实施文化旅游提升年行动，加快建设国家旅游枢纽城市和国际旅游消费中心城市，打造“中国绿城　老友南宁”世界级文化旅游品牌。实施首府文化品质提升工程，加强非物质文化遗产和红色资源保护利用，创新举办“壮族三月三”和第24届南宁国际民歌艺术节，提升中国—东盟（南宁）戏剧周、“文化走亲东盟行”和“绿城歌台”等文化品牌影响力，创作排演现代邕剧《茉莉花开》、舞剧《山水之约》、邕剧《天香》等精品剧目。实施文化惠民工程，推进基本公共文化服务均等化。加快三街两巷—水街—中山路一体化工程、牛湾文化旅游岛、民歌湖改造提升等重点文旅项目建设，积极推动百里秀美邕江·园博园等创建国家5A级景区。举办40个大型文化旅游体育活动、23个旅游节庆、200场文化旅游进商圈文艺演出、200个文旅惠游主题等系列活动，发放1500万元文旅消费券，促进商文旅深度融合。

（四）更强担当落实“项目为王”

项目是扩投资稳增长的重要抓手。要坚持服务围着项目转、要素跟着项目走，以招商引项目、以项目促投资，发挥投资关键作用，支撑长远发展。

全周期管理加强项目统筹。力争区市级层面统筹推进重大项目完成投资1250亿元以上，推动300个以上项目列入自治区统筹推进重大项目、“双百双新”项目等自治区级项目计划。提升项目策划质效，做好“专家包装项目”“专家引进项目”文章，聚焦国家政策重点策划项目，策划项目1000个以上、储备项目400个以上。紧紧围绕2025年基本建成西部陆海新通道总体目标，全盘梳理涉及我市尚未开工的项目、尚未打通的瓶颈，抓紧开展项目前期工作，推动项目早开工、堵点早疏通。强化项目要素保障，优先保障重大项目用地、用林、用能以及基础设施配套，积极争取中央预算内资金、专项债券、政策性开发性金融工具、制造业中长期贷款等资金支持。优化重大项目审批绿色通道，开展基础设施项目征地拆迁攻坚战，落实“两榜两挂钩一问责”考评制度，加强项目全生命周期管理。

全领域投资推进项目建设。加快基础设施投资，力争基础设施投资增长5%以上。争取6月底前开工建设南宁机场T3航站区及配套设施项目，12月底前建成通车南宁至贵阳高铁、南宁至湛江高速公路、岑溪—大新公路横州至南宁段、G80广昆高速公路南宁至百色段改扩建工程一期。加快推进南宁站改扩建项目、五象火车站前期工作，加快建设上林至横州、六景至大塘等高速公路项目。开工建设武鸣太平30万千瓦农光储能一体化光伏发电、宾阳20万千瓦风电场等能源项目，建成马巢河流域治理工程、仙葫水质净化厂一期工程等项目。抓紧新基建投资，新建5G基站3000座，5G网络覆盖80%行政村，5G用户普及率超过40%。统筹新能源汽车充电设施规划布局，推进充电设施进小区进乡镇。着力稳房地产投资，用好用足中央政策工具箱，完善准备销售或开工房地产项目基础设施和公共服务设施配套，推动已出让住宅用地项目大规模开工建设。

全过程服务扩大招商引资。变招企业为引产业，力争引进投资5000万元以上项目200个以上，招商引资项目到位资金、实际利用外资高于自治区下达目标任务。强化市投资促进委员会统筹协调作用，做到全市招商“一盘棋”。开展资本招商、产业链招商、常态化驻点招商、大数据招商，推动深邕“飞地园区”落地建设，挖掘开放平台外资招商潜能，鼓励国有企业多种形式利用外资，支持海外中介机构开展外资招商，组团赴东盟等国家开展海外招商。加强招商项目全程跟踪服务，健全市领导联系协调、行业主管部门牵头推进、市县联动实施机制，推进签约项目快落地、快投产。落实“项目为王”招商政策，调动中介招商、以商招商积极性，激发招商活力。

（五）更广领域扩大开放合作

南宁的优势在开放，潜力也在开放。要主动融入和服务国家开放战略，提升“南宁渠道”竞争力、影响力、辐射力，在助力广西打造服务国内国际双循环市场自由便利地中实现更大发展。

以平台驱动开放。服务好第20届东博会、峰会，推动东博会、峰会从服务“10+1”向服务RCEP及“一带一路”国家和地区拓展，提升东博会和峰会经贸合作、项目引进实效。高标准建设自贸试验区南宁片区，在贸易投资、金融开放等方面开展系统集成制度创新，推动“区港联动”跨境电商商品集货多式联运试点等改革事项取得成果，协同跨境电商综试区放大政策叠加效应。健全外商投资服务体系，服务好处于跨境产业链供应链关键环节的企业和项目。加快设立自贸试验区协同发展区，最大程度发挥自贸试验区制度创新优势。建设面向东盟的海关AEO互认观摩实训基地，引导进出口企业享受更多AEO互认国的便利通关措施。高质量推进中国—东盟信息港南宁核心基地建设，运营中国—东盟人工智能计算中心，建设中国—东盟卫星数据服务中心、中国—东盟地理信息系统技术区域协同发展创新中心，聚焦千亿重点产业开展工业“沃土计划”，以智用、智算、智联推动“新基建”数字底座建设，试点建设智慧工厂。打造10个广西面向东盟的数字化示范性标杆项目和服务平台。

以通道联动开放。加快建设南宁—越南河内经济走廊，推动经济走廊政策沟通、设施联通、贸易畅通、资金融通、民心相通。推进“硬联通”，加快打造中越跨境物流快速通道，支持本土企业到越南投资建设场站、物流园区等物流基础设施，力争尽快恢复中越跨境公路“直通车”，推动国际铁路港常态化开行南宁至越南快速通关班列。推进“软联通”，完善沟通合作机制，加强与越南友好城市交往，建立南宁与北宁、北江、海防等城市常态化会商机制，深化经贸合作，促进人员互访、信息互通和文化互鉴。用好友城奖学金项目，深化青年学生交流。

以贸易带动开放。扩大进出口贸易，支持供应链头部企业在南宁开展业务，支持企业建设跨境电商枢纽仓、在东盟布局海外仓，发展跨境电商零售出口、B2B出口业务。提质升级加工贸易，加快建设国家加工贸易产业园，实施自治区加工贸易新项目“快进优选”计划。探索大宗商品交易期现联动，做大做强现有大宗商品交易平台，力争大宗商品交易突破1100亿元。先行先试跨境服务贸易负面清单管理制度，培植外贸新主体，支持企业开展产品国际认证、海外商标注册，促进更多企业实现外向型发展。

以环境推动开放。打造市场化法治化国际化营商环境，使南宁成为外资投资热门之地。加强与区内外城市政务服务一体化建设，拓展“跨省通办”“跨城通办”事项，积极融入全国统一大市场。深化政务服务便民利企“微改革”“全链通办”改革，特别是对企业和个人全生命周期涉及面广、办理量大、办理频率高、办理时间相对集中的政务服务事项，加快推进“一件事一次办”。运行“邕易办”系统，完善“一站通”系统功能，实现政务服务“网上办”“掌上办”“就近办”。畅通“办不成事”反映渠道，建立快速响应机制，发挥市领导联系服务企业等机制作用，常态化走访服务市场主体，主动帮助解决实际困难。优化司法保障，建立健全公平竞争审查制度，强化市场主体权益法律救济。扎实推进信用体系建设，争创国家信用体系建设示范区。

（六）更足干劲推进乡村振兴

强国必须强农，农强方能国强。我市作为全区农业大市，要聚焦建设农业强市目标，落实好中央一号文件精神，抓好以乡村振兴为重心的“三农”工作，加快推进农业农村现代化，建设宜居宜业和美乡村。

巩固拓展脱贫攻坚成果。围绕农民增收和政策落实，加强防止返贫动态监测帮扶，坚决守住不发生规模性返贫底线。发展壮大马山黑山羊、上林大米、隆安中草药等特色富民产业和新型农村集体经济，健全联农带农利益联结机制，力争对有发展意愿和条件的脱贫户产业帮扶全覆盖。做好重点企业用工服务保障，合理开发乡村公益性岗位，推广以工代赈项目，落实“雨露计划+”就业促进行动，推进乡村工匠培育，力争脱贫人口就业26.6万人以上。深入推进“万企兴万村”行动，大力实施消费帮扶，强化定点帮扶，推动脱贫群众稳步增收。巩固提升“三保障”和饮水安全保障，持续加强易地扶贫搬迁安置点后续扶持。深化粤桂协作，推进“圳品”评价，支持农产品“供深基地”和“菜篮子基地”建设，利用协作平台扩大招商引资成效。

夯实打牢粮食安全根基。强化粮食安全党政同责，全面落实田长制，严格遏制耕地“非农化”，严格管控耕地“非粮化”。落实新一轮粮食产能提升行动，新建高标准农田11.7万亩，改造提升6.8万亩，稳定粮食播种面积在639万亩以上。以横州、宾阳、上林等粮食主产区为重点，开展水稻玉米高产攻关行动，确保粮食产量不低于212.5万吨。优化粮食储备规模和布局，推进绿色化、智能化仓储设施建设，健全粮食应急保障体系，把首府粮仓守好守牢。健全种粮农民收益保障机制，加大化肥、农药等农资稳价保供力度，让种粮不吃亏、能赚钱、有奔头。

做优做强现代特色农业。加快打造乡村振兴“6+6”全产业链，继续做好菜篮子工程，发展设施蔬菜、渔业等设施农业，力争蔬菜（含食用菌）产量785万吨以上、肉产量66万吨以上、水产品产量增长3%。实施“桉退蔗进”行动，稳定糖料蔗生产保护区种植面积。加快推进南宁国家农业科技园区建设。高标准建设广西·南宁顶蛳山现代农业示范区，力争新创建自治区级现代农业产业园2个、现代特色农业示范区6个，建成一批自治区级林源中药材基地和“定制药园”。支持马山等有条件的县（市、区）大力发展现代种业。提升农产品精深加工水平，大力发展预制菜产业。持续推进绿色食品、有机产品认证和监管，培优壮大“邕”系农业品牌。发展适度规模经营，力争新增市级以上农业产业化龙头企业10家。

全面激发县域经济活力。突出“一县一策”发展措施，加快差异化特色化发展。振兴县域工业，各县（市、区）要围绕产业龙头和链主企业上下游配套开展精准招商，形成市级主导、县区配套、产供销紧密衔接的产业链供应链。加强县域工业发展考核，促进工业产值、上规入统工业企业、工业投资等主要指标有较大增长。推进县域一二三产融合发展，加快马山、青秀自治区级农村产业融合发展示范园建设。提高县域经济贡献度，强化考核评价激励，对标全区县域经济高质量发展分类考核，优化县（市、区）综合绩效评价指标体系，鼓励为全市经济作出更大贡献。

系统实施乡村建设提升行动。持续推进农村人居环境整治提升，续建11个农村供水保障项目，确保不发生整村连片饮水安全问题，推进“厕所革命”、生活污水治理、村容村貌整治和农村黑臭水体治理，开展秸秆集中收集处理和农村生活垃圾分类试点，加强水电气、通信等农村基础设施建设。持续巩固“四好农村路”示范创建成果，加快乡镇通三级公路、乡村产业路建设。实施农村公路安全设施提升工程，推行农用车辆使用安全反光标识。开展水利基础设施建设管理体制改革。持续推进农田水利和水库移民基础设施建设，加快建设五化、六冯、六蓝等大中型灌区重大水利项目，争取邕北灌区、伶俐水库及灌区、屏山水库及灌区纳入全国项目规划盘子。持续推进水美乡村和幸福河湖建设，开展大王滩水库等病险水库水闸除险加固和中小河流治理。建设县级物流配送中心、中心乡镇寄递物流中转站、行政村寄递物流综合服务站，完善县、乡、村三级物流配送体系。加强历史文化名镇名村和传统村落保护利用。统筹开展乡风文明建设，推广应用“积分制、清单制、数字化”制度，深化移风易俗专项治理。加强法治乡村建设，增强农村普法针对性和有效性，依法化解村民矛盾纠纷，及时解决乡村违法违规的突出问题。

（七）更实举措提升绿城品质

以“绿城”之名践行人民城市人民建、人民城市为人民理念，制定实施绿色空间、绿色生产、绿色生活、绿色交通等绿城建设指标体系，不断提升绿城宜居韧性智慧安全水平，让城市更具质感、更有温度，用充满希望的“绿色”述说城市发展的故事。

实施治堵畅通行动。强化机场、高铁、地铁、公交等运输方式的有效衔接，提升主城和副城新城道路通行效率。推进轨道交通线网建设，强化TOD站城一体化综合开发，开工建设轨道交通6号线一期工程，加快4号线一期工程剩余节点工程建设。推进绕城高速与城市主干道互通节点建设，力争开工建设伶俐西互通等互通立交工程。打通3条以上“断头路”“瓶颈路”，新（改）建人行过街天桥3座以上。巩固“美丽南宁·整洁畅通有序大行动”成果，加强城市道路交叉口精细治理，规范设置交通设施，完善路口智能设备，优化路口交通信号控制，缓解交通拥堵，消除安全隐患，让“小电驴”与机动车各行其道、人与车各畅其行。

实施治水扩绿行动。开工建设良庆河、楞塘冲全流域系统治理工程一期以及相思湖综合整治工程，加快推进西明江、凤凰江、二坑溪等河道示范段建设工程。落实河湖林长制，严格水域岸线空间管控，推进山水林田湖草湿地系统保护和治理，完成168平方公里以上新增水土流失治理任务，完成植树造林38万亩、森林抚育60万亩。改造提升邕江沿岸风貌，在五象新区建设球类运动、山地户外运动、儿童体育运动、拓展康体运动、东盟特色体育运动、民族特色体育运动等6个体育公园，加快建设经开区通源、兴宁区三塘、西乡塘区明秀、武鸣区定罗湖、东盟经开区岜循山等体育公园，加快牛湾郊野公园、动物园改建工程及口袋公园等项目建设，打造道路网红绿化景观，塑造园林绿化特色路网。

实施智管安全行动。拓展全国文明城市创建成果，提升市民文明素养和城市文明程度。推动城市治理数字化转型，持续建设城市运行管理服务平台，探索城市运行“一网统管”。深入实施供电供水、燃气、排水、通信、综合管廊等管网改造提升，完善城市地下生命线。统筹防洪和排涝，推进中心城区易涝积水点改造，建设邕江防洪排涝泵站改扩建工程、石埠堤改扩建工程。续建五象水厂、石埠水厂，加快实施邕江上游二期引水和应急引水工程、临空水厂、伶俐水厂项目，推进环北部湾广西水资源配置工程中的郁江那凤干线、南宁分干线、郁江宾阳干线等重点水源工程建设。有序推进城市更新，疏解老城区人口，持续实施背街小巷道路修复、空中线缆整治及临街立面修复，加快完整社区试点建设，继续推进棚户区改造，科学谋划、储备并滚动实施165个“三旧”改造项目计划，新开工298个老旧小区改造，改出旧城新颜值、改出居住好环境。

实施治污降碳行动。深化大气污染治理，加强污染物协同控制，推动重要江河湖库生态保护治理，狠抓土壤污染源头风险管控，推进六景和宾阳焚烧厂等垃圾处理设施建设，深入推行生活垃圾分类，扎实推进“无废城市”、废旧物资循环利用体系重点城市建设，加大力度推进中央生态环境保护督察反馈意见整改。落实碳达峰“十大行动”，坚持“四最”用能导向，推动高耗能行业节能降碳改造，加快绿色能源发展，重点发展光伏、风能、生物质等新能源发电，建设抽水蓄能、化学储能等项目，加快建设南宁抽水蓄能电站。参与国家低碳试点示范工作，试点推动林业碳汇资源项目开发。深入开展绿色家庭、学校、建筑、社区等绿色生活创建行动。

（八）更深层次推进重点改革

用好用足改革这个关键一招，着力破解制约经济社会发展的痛点堵点难点，让国企敢干民企敢闯外企敢投，让发展桎梏得以解除、前进动力充分迸发。

深化财税体制改革。聚焦重点税源、重点行业、涉房涉土等方面加强税源建设，促进税收收入平稳协调安全持续增长。理顺市以下财政管理体制，合理并清晰界定市以下各级财政事权和支出责任划分，完善县（市、区）、开发区财政考核激励机制，充分激发县（市、区）、开发区拼经济的积极性。加强财金联动，用好金融工具，大力发展政府性融资担保，以财政资金撬动银行资金，使首府成为全区融资成本最低的城市。有序推进重点专项基金运作，用活产业高质量发展、城市更新、房地产平稳三大基金和国家制造业转型升级基金，通过“以投带引”再撬动千亿元以上资金，推动“基金+产业”融合发展。

深化开发区体制改革。按照“小管委会+大平台”

模式，实施大部制扁平化管理，建立放权赋能、用人用编新机制，逐步剥离国家级开发区管理机构非必要社会事务管理职能，集中力量聚焦经济发展主责主业。推进国家级开发区扩量提质，高新区、东盟经开区要与东部新城建设联动，经开区要统筹临空经济示范区、南宁国际铁路港协调发展，三大开发区规上工业总产值平均增长20%以上。

深化国有企业改革。支持国有企业市场化转型，推动市属国有平台公司债务化解。加大市本级和县（市、区）存量资产盘活力度，积极盘活国家储备林、水利项目、产权移交住房和国有农业用地等各类资产共2000亿元以上。将优质国有资产、资源注入市属平台公司，提高信用等级和融资能力，重点支持1—2家国有企业实现AAA信用评级。

支持民营经济壮大。严格落实平等对待国企民企的要求，综合采用PPP、片区综合开发等模式，鼓励和引导民间资本参与国有资产盘活，引进有实力的企业参与城镇、园区基础设施以及补短板等项目建设，把符合条件的民间投资项目纳入市级层面统筹推进。依法保护民营企业产权和企业家权益，用心用情回应民营企业关心关切，帮助民营企业提振信心、稳定预期、更好发展。推动政策、资金、要素直达企业，打通政策落实“最后一公里”。开展“我帮企业找市场”等行动，帮助企业稳生产、推项目、增融资、拓市场，支持企业从疫情影响中快速恢复、快速发展。推进大众创业、万众创新，推行柔性监管服务，培育发展地摊经济、小店经济，支持小摊小店活起来、旺起来。

（九）更好统筹推进科教振兴

科技是第一生产力，人才是第一资源，创新是第一动力。要深入实施科教兴市、人才强市战略，统筹教育、科技、人才工作，不断塑造竞争新优势。

分层级办好人民满意教育。秉持首府首善标准，擦亮“品质教育　学在南宁”品牌。召开全市教育高质量发展大会。全面实施学前教育发展提升行动计划，扩大普惠性学前教育资源供给，新建、改扩建幼儿园15所，确保公办幼儿园在园幼儿占比不滑落。加快义务教育优质均衡发展，继续推进义务教育“双减”工作，持续推动城市更新同步完善学校建设，重视农村教育资源的合理调配和综合利用。加快推进教育基础设施大会战，完成10所中小学校新建、改扩建项目。推进高中阶段教育多样化有特色发展，深化高考综合改革和普通高中新课程新教材实施国家级示范区建设。建设“三名”工作室，深入实施“三名”工程，培育100所“品质课堂”建设示范学校和1000名“品质课堂”建设优秀教师。推广优质教育，力争教育集团达到40个以上，打造15个优秀教育集团，做到每个县（市、区）、开发区都有“好学校”“好学区”“好教育集团”，积极引进教育部部属高校附中等优质教育资源到我市办学，创造条件让孩子们不仅“有学上”，更要“上好学”。

跨领域提升科技创新能力。做实创新平台，支持桂电南宁研究院打造服务RCEP的高水平“产学研用”中心，推进厦门大学在我市设立东盟研究院，拓展新型电池产业技术研究院等产业研究平台效应，深化南宁・中关村创新示范基地建设，支持龙头企业与高校、科研院所共建创新平台，助力攻关电子信息、新能源汽车等产业“卡脖子”技术难题。全市新增各类创新创业平台30个。壮大创新主体，构建科技型中小企业、高新技术企业、瞪羚企业的梯度培育体系，力争高新技术企业保有量超过1600家。优化创新生态，落实科技投入稳定增长机制，采取“揭榜挂帅”等方式组织实施重大科技项目10项和科技成果转化项目150项。深入推进国家知识产权强市建设示范城市工作。

多层次强化人才智力支撑。落实好我市人才新政23条，加快建设中国—东盟人才城。与粤港澳大湾区等地区开展“人才飞地”建设，引进和培育高层次科技人才（团队）35人（个）。加强新型智库建设，选好用好第四届南宁市专家咨询委员会咨询专家。举办第六届中国・南宁海（境）外人才创新创业大赛和第八届南宁市创新创业大赛。完善南宁教育园区配套设施。推进南宁学院申报硕士学位点、南宁职业技术学院专升本工作，推动市属院校和驻邕高校结合重点产业发展用工需求，设置对应相匹配的特色专业，与企业共建产教融合实训基地和现代产业学院。打造面向东盟的职业教育合作区，推广“中文+职业技能”项目，支持在邕职业院校、科研院所加入中国—东盟产业和技术研究智库联盟，鼓励更多学校和东盟学校缔结“姊妹学校”，办好华侨实验高中“东盟班”，统筹城乡职业教育发展，打造“留学南宁”品牌，把南宁建设成为东盟学生留学中国的目的地。

（十）更厚情怀增进民生福祉

牢记国之大者，紧紧抓住群众最关心最直接最现实的利益问题，采取更多惠民生、解民忧、暖民心的举措，不断提高人民生活品质。

落实落细就业优先政策。发展数字经济、电商平台等新就业业态，加大企业新增岗位政策支持，从源头上创造就业机会。实施分类化、精细化就业帮扶，大力促进高校毕业生、农民工、退役军人、就业困难人员等重点群体就业。建立健全城乡产业工人信息库，加强企业高技能人才和产业紧缺人才培训，推动终身职业技能培训，年内新增高技能人才2000人以上。实施“服务企业用工，促进农民增收”专项行动，年内“点对点”直接促进群众到重点企业重大项目就业1万人以上。强化就业兜底保障，开展就业援助专项活动，稳定公益性岗位规模，实现城镇零就业家庭100%动态清零。

提高社会保障水平。推进社会保险参保扩面，持续推进南宁市长期护理保险制度试点工作。提升医养结合服务能力，积极创建全国第一批医养结合示范县（市、区）和医养结合示范机构。完善住房保障体系，新开工保障性租赁住房1.6万套，扩大住房公积金制度覆盖面，解决好新市民、青年人等住房难题。加强“一老一小”服务供给，发展社区居家养老服务，拓展50个“长者饭堂”，为1.5万名城市“五类”老年人提供居家养老服务，推进3000张家庭养老床位建设；创建全国婴幼儿照护服务示范城市，推进公办示范普惠托育机构建设，鼓励幼儿园开设托班，0—3岁托位数力争增加到3.3万个，积极争创国家第二批儿童友好城市。推动老有所养、幼有所育，守护最美“夕阳红”，呵护最亮“祖国花”。

推进健康南宁建设。统筹推进“三医联动”改革，建设心脑血管、针灸等特色品牌专科医院。深入开展“优质服务基层行”活动和社区医院建设提升工程，全面提升社区卫生服务机构和村级卫生室服务保障能力。深入推进城市医疗集团和县域医共体建设，构建整合型医疗卫生服务体系。服务推进中山大学附属第一医院广西医院等国家区域医疗中心建设，加快推进市公共卫生临床中心、市妇幼保健院东院区等重点项目建设。深化中医药综合改革，推动中医药传承创新发展，建设中国—东盟心脑血管、朱琏针灸、眼科等基地。加强重大疫情防控救治体系和应急能力建设。深入实施健康南宁19个专项行动，推进健康影响评估试点，深入开展爱国卫生运动，迎接“国家卫生城市”复审考评，确保顺利实现国家卫生城市“五连冠”。广泛开展全民健身运动，扎实做好第一届全国学生（青年）运动会承办筹办有关工作。

抓好安全稳定工作。深入开展平安南宁、法治南宁建设。建立各级党政领导干部安全生产履职清单和年度工作清单，开展企业主要负责人履职尽责和安全生产风险隐患专项整治。抓实防灾减灾救灾工作，试点开展气象防灾减灾第一道防线先行示范市建设。推进公安数字化改革，常态化开展扫黑除恶斗争，严厉打击电诈、传销等各类违法犯罪，争创全国禁毒示范城市。保障基层派出所业务用房，逐步解决“无房派出所”问题。深入实施“八五”普法，加大公共法律服务供给。防范化解住房、金融等领域风险。做好市场保供稳价，加强重点民生商品常态化监测。争取获评国家食品安全示范城市。深入开展《信访工作条例》落实年活动，畅通群众诉求表达、利益协调、权益保障通道，加强矛盾纠纷源头化解，深化诉源治理。以铸牢中华民族共同体意识为主线，巩固提升“全国民族团结进步示范市”成果。做好退役军人服务保障工作，争创自治区双拥模范城“十连冠”。全面落实国防动员体制改革任务，深化全民国防教育。扎实做好第五次全国经济普查。

办好为民实事。实施教育、健康、文化、敬老等10个方面惠民工程，着力解决与群众生产生活息息相关的痛点堵点难点。

民生无小事，枝叶总关情。我们要尽力而为、量力而行，把更多的财力、更实的政策、更优的服务向民生领域集聚，让群众生活更美好！

三、全面加强政府自身建设

落实全面从严治党主体责任，坚持把党的领导贯穿政府工作各领域各环节，建设高效有为、人民满意政府。

始终对党忠诚。坚持以政治建设为统领，深入学习贯彻党的二十大精神，坚持不懈用习近平新时代中国特色社会主义思想凝心铸魂，深刻领悟“两个确立”的决定性意义，增强“四个意识”、坚定“四个自信”、做到“两个维护”，紧跟伟大复兴领航人踔厉笃行。加强工作前瞻性思考、系统性谋划、整体性推进，确保中央、自治区和市委决策部署落实落地、终端见效。

坚持依法行政。深入贯彻落实习近平法治思想，坚持在党的领导下谋划推进法治建设，强化法治政府建设督察。忠诚履行宪法和法律赋予的职责，把政府工作全面纳入法治轨道。深化全国法治政府建设示范市建设，加强重点领域立法，全面推进严格规范公正文明执法。依法接受人大及其常委会的监督，自觉接受人民政协民主监督，主动接受社会和舆论监督，加强审计监督。

提高履职能力。坚持真抓实干，严格落实中央八项规定精神，力戒形式主义官僚主义，带头抓落实、善于抓落实、层层抓落实，让干部敢为、地方敢闯、企业敢干、群众敢首创，提振全市上下拼经济搞建设的精气神。建立落实领导联系重点项目机制、领导联系规上企业服务机制、重大项目工作专班机制、重大问题解决工作机制“四个机制”，提升项目策划、招商引资、基金运作、产业链构建等专业化能力，提高“马上就办、办要办好”执行力。

坚守清正廉洁。发扬彻底的自我革命精神，把严的基调、严的措施、严的氛围长期坚持下去，扎实推进清廉政府建设。坚持过紧日子，把艰苦奋斗、勤俭节约作为预算收支安排的基本原则，厉行节俭办一切事业。建立节约型财政保障机制，精打细算，严控一般性支出，严控支出政策随意扩面提标。加强对重大工程、重点领域、关键岗位的监督制约，持续整治群众身边腐败和不正之风。保持“不敢腐”的高压震慑，强化“不能腐”的综合治理，筑牢“不想腐”的思想堤坝，努力实现政治清明、政府清廉、干部清正、社会清朗。

各位代表！东风浩荡满征帆，铆足干劲再出发。让我们更加紧密地团结在以习近平同志为核心的党中央周围，坚持以习近平新时代中国特色社会主义思想为指导，乘时代大势、拼美好未来，为加快建设面向东盟开放合作的国际化大都市，奋力谱写新时代南宁现代化建设新篇章而努力奋斗！

2022年南宁市国民经济和社会发展统计公报

南宁市统计局

2022年，面对严峻的国际环境和疫情反复等多重超预期因素冲击，全市各级各部门坚持以习近平新时代中国特色社会主义思想为指导，全面贯彻落实党的二十大精神，深入贯彻落实习近平总书记对广西“五个更大”重要要求、视察广西“4· 27”重要讲话和对广西工作系列重要指示精神，深入贯彻落实党中央、国务院，自治区党委、政府和市委、市政府的决策部署，全力以赴打好“稳中求进攻坚年”十一场攻坚战，全市经济运行承压前行，发展质量稳步提升，经济社会大局稳定。

一、综合

初步核算，全年全市地区生产总值5218.34亿元，按可比价格计算，比上年增长1.4%。三次产业中，第一产业增加值601.51亿元，增长4.4%；第二产业增加值1182.81亿元，增长0.1%；第三产业增加值3434.03亿元，增长1.2%。

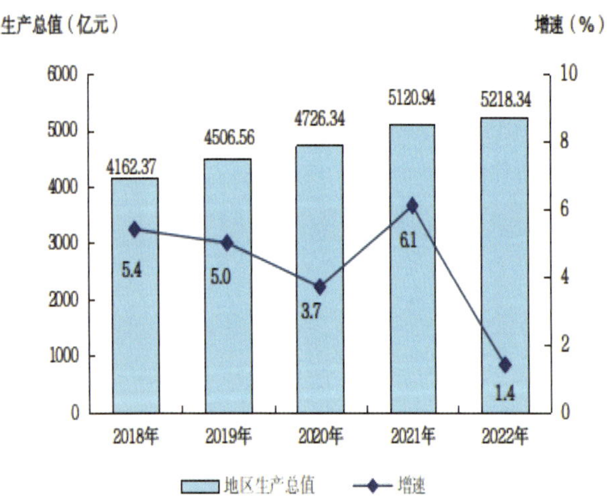

图1　2018年-2022年南宁市地区生产总值及增长速度

三次产业的比重为11.5：22.7：65.8。与2021年比较，第一产业比重下降0.4个百分点，第二产业比重下降0.7个百分点，第三产业比重上升1.1个百分点。

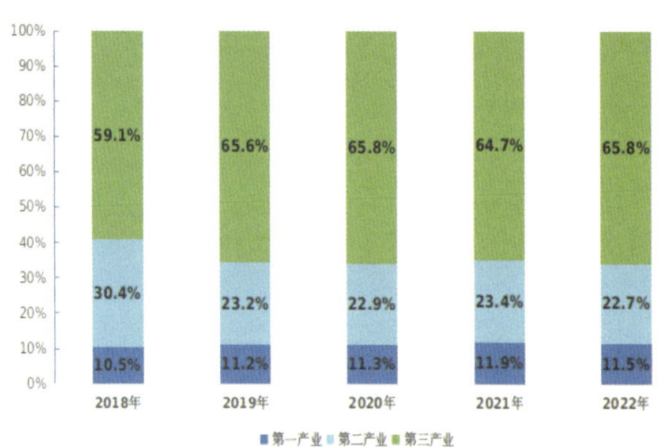

图2　2018-2022年南宁市三次产业增加值占全市地区生产总值比重

年末户籍人口810.08万人，比上年增加9.14万人，增长1.1%，其中市区人口430.35万人，增加10.37万人，增长2.5%。年末全市常住人口889.17万人，比上年末增加5.89万人，其中城镇人口625.62万人，常住人口城镇化率为70.36%，比上年末提高0.57个百分点。全市人口出生率为7.3‰，比上年下降1.3个千分点；人口死亡率6.6‰，比上年上升1.4个千分点；人口自然增长率0.7‰，比上年下降2.67个千分点。

全年居民消费价格比上年上涨1.7%，分类别看，八大类消费价格指数“六升两降”（见表1）。

表1　2022年南宁市居民消费价格指数

指　　标	2022年	比上年涨跌（%）
居民消费价格总指数	101.7	1.7
食品烟酒	102.1	2.1
衣着	99.5	-0.5
居住	100.6	0.6
生活用品及服务	101.6	1.6
交通和通信	104.5	4.5
教育文化和娱乐	102.6	2.6
医疗保健	99.1	-0.9
其他用品和服务	103.1	3.1

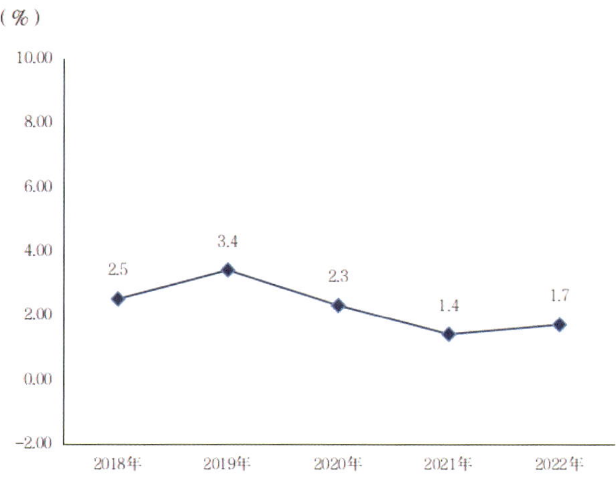

图3　2018-2022年南宁市居民消费价格涨跌幅度

二、农　业

全年实现农林牧渔及服务业总产值933.29亿元，比上年增长4.8%。其中，农业产值570.81亿元，比上年增长5.0%；林业产值49.87亿元，比上年增长2.1%；畜牧业产值247.83亿元，比上年增长5.2%；渔业产值36.98亿元，比上年增长3.1%；农林牧渔服务业产值27.80亿元，比上年增长4.7%。占农林牧渔及服务业产值的比重分别为：农业61.2%，比上年下降3.2个百分点；林业5.3%，比上年下降0.5个百分点；畜牧业26.6%，比上年上升3.6个百分点；渔业4.0%，与上年持平；农林牧渔服务业3.0%，比上年上升0.1个百分点。

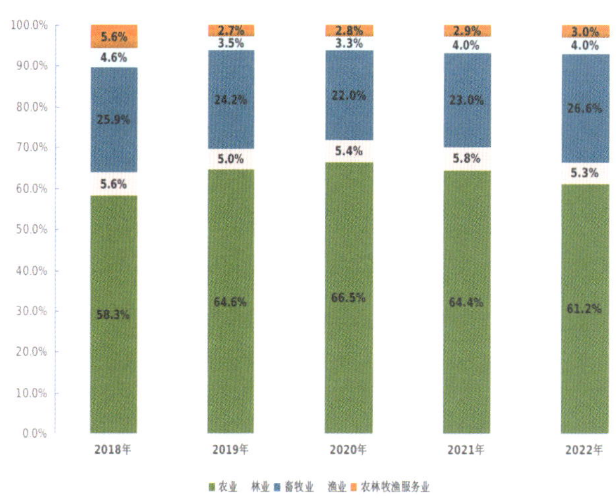

图4　2018年-2022年南宁市农林牧渔及服务业总产值构成（%）

全年农作物播种面积1474.52万亩，比上年增长1.1%。其中，粮食种植面积639.24万亩，比上年增长0.1%；经济作物种植面积835.28万亩，比上年增长1.8%，其中，甘蔗种植面积182.85万亩，比上年下降2.0%；油料种植面积71.65万亩，比上年下降2.7%；蔬菜种植面积437.66万亩，比上年增长5.1%。经济作物种植面积占农作物总播种面积的比重为56.6%，粮食作物和经济作物的种植面积比例为1∶1.3。

全年粮食总产量212.54万吨，比上年增长0.5%；蔬菜产量729.69万吨，比上年增长6.7%；水果产量508.75万吨，比上年增长12.1%；甘蔗产量1009.86万吨，比上年下降3.8%；花生产量14.62万吨，比上年下降2.2%；木薯产量18.77万吨，比上年下降5.3%。

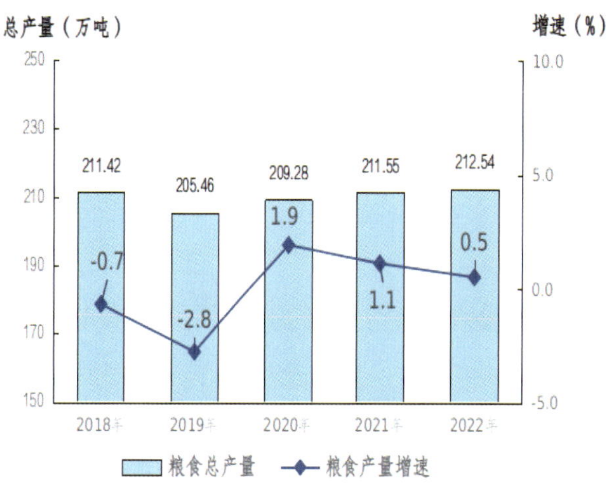

图5　2018年-2022年南宁市粮食总产量及增长速度

全年肉类产量66.08万吨，比上年增长2.1%，其中，猪肉产量36.52万吨，比上年增长6.8%；全年生猪出栏462.92万头，比上年增长7.1%；生猪存栏276.78万头，比上年增长4.2%；禽蛋产量3.74万吨，比上年增长25.7%；牛奶产量0.85万吨，比上年下降34.6%；水产品产量24.23万吨，比上年增长3.5%。

全年社会木材采伐量697.19万立方米，比上年增长1.3%。

三、工业和建筑业

全年全部工业增加值比上年增长1.1%，规模以上工业增加值比上年增长1.9%。在规模以上工业增加值中，分经济类型看，国有企业比上年增长11.3%，集体企业比上年增长20.7%，股份制企业比上年增长1.9%，外商及港澳台投资企业比上年增长1.9%；分轻重工业看，轻工业比上年增长4.8%，重工业比上年下降0.5%，轻工业增速快于重工业5.3个百分点。

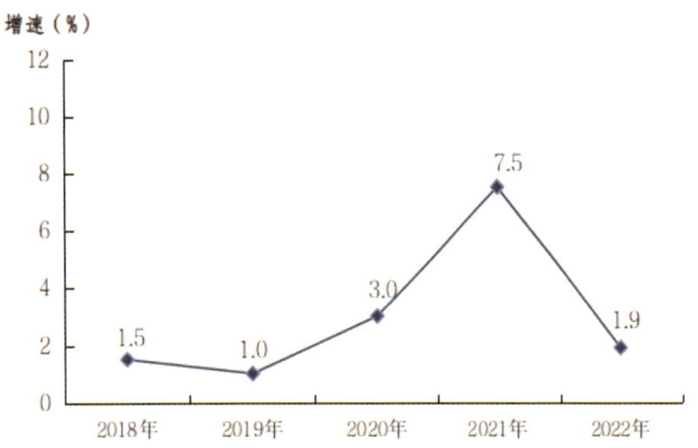

图6　2018年—2022年南宁市规模以上工业增加值增长速度

全年全市规模以上工业中，烟草制品业增加值比上年增长7.4%；计算机、通信和其他电子设备制造业增加值比上年增长5.7%；非金属矿物制品业增加值比上年下降11.2%；农副食品加工业增加值比上年增长2.3%；电力、热力生产和供应业产值比上年增长8.3%；木材加工和木、竹、藤、棕、草制品业增加值比上年下降1.1%。

全市规模以上工业企业营业收入2783.48亿元，比上年增长2.8%；利润总额84.79亿元，比上年下降26.8%。全年规模以上工业产销率96.9%，比上年下降0.4个百分点。

年末拥有规模以上工业企业1406家，比上年增加132家。其中工业产值超亿元的企业426家。

表2　2022年南宁市规模以上工业主要工业产品产量及增长速度

产品名称	计量单位	产量	比上年增长(%)
饲料	万吨	628.65	-3.3
成品糖	万吨	79.8	-8.2
乳制品	万吨	14.39	10.1
啤酒	千升	265654	-1.5
饮料	万吨	268.93	34.3
卷烟	亿支	359.14	0.2
人造板	万立方米	960.16	-0.2
纸浆	万吨	34.33	11.6
机制纸及纸板	万吨	25.92	-14.8
合成复合肥料	万吨	96.27	7
化学试剂	万吨	8.6	5.1
塑料制品	万吨	27.95	1.2
硅酸盐水泥熟料	万吨	999.73	-0.9
水泥	万吨	1490.76	-1.1
商品混凝土	万吨	2000.28	-28
平板玻璃	万吨	1268.2	0
钢材	万吨	60.65	-26.1
铝材	万吨	32.8	26.1
新能源汽车	辆	6706	1297.1
电力电缆	千米	36.7	26.9

年末具有资质等级的建筑企业575个，比上年增加30个。全市建筑企业完成施工产值2976.98亿元，比上年增长12.4%。

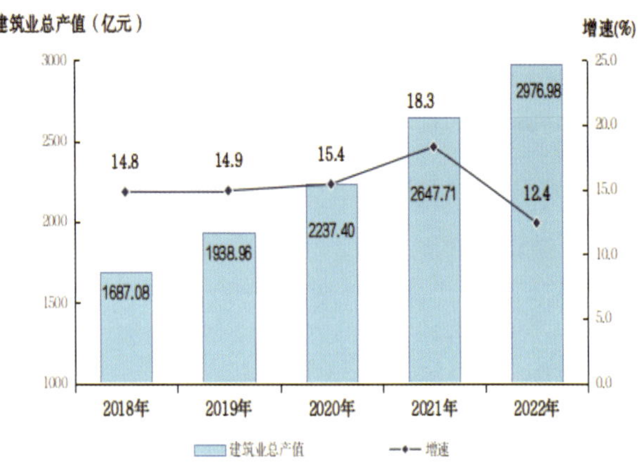

图7　2018年-2022年南宁市建筑业总产值和增长速度

四、服务业

全年批发和零售业增加值422.94亿元，比上年下降0.7%；交通运输、仓储和邮政业增加值296.04亿元，下降3.5%；住宿和餐饮业增加值134.65亿元，下降0.6%；金融业增加值652.97亿元，增长6.5%；房地产业增加值516.13亿元，下降5.4%。全年规模以上服务业企业营业收入比上年增长7.1%，利润总额下降33.3%。

全年公路货物发送量3.64亿吨，比上年下降4.6%；水路货物运输量4554.3万吨，比上年下降1.2%；航空货邮吞吐量15.2万吨，比上年增长22.48%。

全年公路旅客发送量2815.5万人，比上年下降22.6%；水路旅客运输量13.63万人，比上年下降28.1%；航空客运吞吐量666万人，比上年增长20.1%。

年末实用公共汽（电）车营运3433辆，其中，新能源公共汽车2220辆。公共汽车客运总量1.8亿人次。年末轨道交通运营线路总长度128.2公里，轨道交通客运总量7517万人次。

全年完成邮政业务总量68.71亿元，比上年下降4.6%。邮政业全年完成邮政函件业务804.93万件，包裹业务7.88万件，邮政寄送服务收入2.16亿元。

全年完成电信业务收入108.9亿元，比上年增长9.4%。

五、固定资产投资

全年固定资产投资比上年下降17.8%。其中，第一产业投资比上年下降18.6%；第二产业投资比上年增长50.4%，其中工业投资比上年增长53.2%；第三产业投资比上年下降29.5%。民间投资比上年下降27.4%。

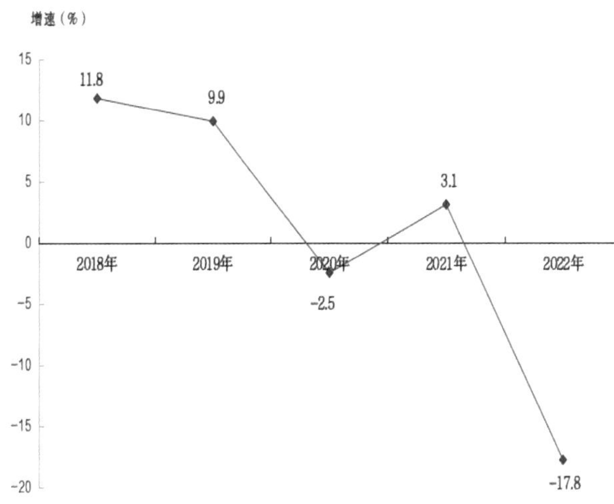

图8　2018年–2022年南宁市固定资产投资增长速度

分投资主体看，国有经济投资比上年下降7.4%，集体经济投资比上年增长40.2%，私营个体投资比上年下降29.2%，港澳台商投资比上年下降36.7%，外商投资比上年增长0.5%，其他经济投资比上年增长6.9%。

表3　2022年南宁市分行业固定资产投资增长速度

行业	比上年增长（%）
固定资产投资	-17.8
农、林、牧、渔业	8.8
采矿业	206.5
制造业	59.3
电力、燃气及水的生产和供应业	28.9
建筑业	1.7
批发和零售业	22.9
交通运输、仓储和邮政业	-15.2
住宿和餐饮业	-26.6
信息传输、软件和信息技术服务业	3.0
金融业	-52.5
房地产业	40.3
租赁和商务服务业	-23.7
科学研究和技术服务业	8.9
水利、环境和公共设施管理业	-19.5
居民服务、修理和其他服务业	-33.7
教育	-15.7
卫生和社会工作	19.1
文化、体育和娱乐业	130.4
公共管理、社会保障和社会组织	-49.8

全年房地产开发投资743.83亿元，比上年下降45.3%。其中，住宅投资526.85亿元，比上年下降46.0%；办公楼投资30.69亿元，比上年下降42.1%；商业营业用房投资45.7亿元，比上年下降45.9%。商品房销售面积1324.72万平方米，比上年下降11.3%（见表4）。

表4　2022年南宁市房地产开发和销售主要指标及增长速度

指　　标	单　位	绝对数	比上年增长(%)
房地产开发投资	亿元	743.83	-45.3
其中：住宅	亿元	526.85	-46.0
房屋施工面积	万平方米	10381.45	-7.7
其中：住宅	万平方米	6762.03	-7.8
房屋新开工面积	万平方米	629.37	-53.8
其中：住宅	万平方米	440.03	-53.2
房屋竣工面积	万平方米	1043.52	6.8
其中：住宅	万平方米	746.70	5.7
商品房销售面积	万平方米	1324.72	-11.3
其中：住宅	万平方米	678.52	-39.7
本年资金来源	亿元	1007.17	-45.8
其中：国内贷款	亿元	133.87	-56.7
个人按揭贷款	亿元	185.37	-40.3

全年各类保障性住房完成投资19.1亿元，比上年下降1.8%，其中，公共租赁住房完成投资3.63亿元，比上年下降48.9%。全年分配公租房9738套。

六、国内贸易

全年社会消费品零售总额2358.75亿元，比上年下降0.2%。按经营单位所在地统计，城镇消费品零售额2181.21亿元，比上年下降0.3%；乡村消费品零售额177.55亿元，比上年增长0.1%。按消费形态统计，商品零售额2155.71亿元，比上年增长0.1%；餐饮收入203.05亿元，比上年下降3.5%。

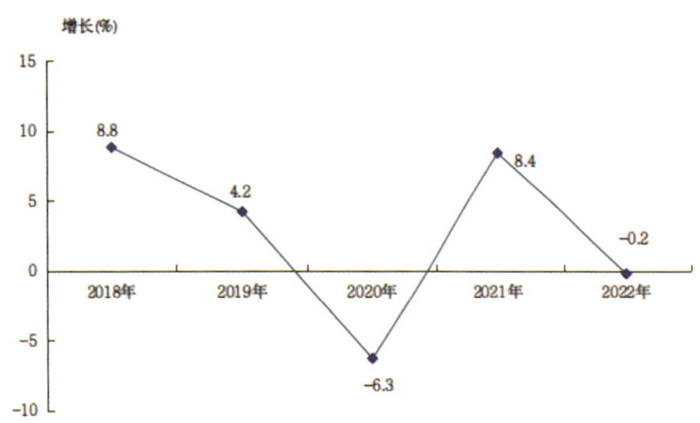

图9　2018年-2022年南宁市社会消费品零售总额增长速度

在限额以上单位商品零售额中，汽车类零售额比上年增长7.4%，家用电器和音像器材类比上年下降10.9%，通讯器材类比上年增长4.9%，体育娱乐用品类比上年下降9.1%，文化办公用品类比上年下降6.1%，家具类比上年增长23.4%，建筑及装潢材料类比上年下降9.7%，日用品类比上年增长1.7%，粮油、食品类比上年增长3.9%，饮料类比上年下降18.7%，烟酒类比上年增长10.2%，服装、鞋帽、针纺织品类比上年下降21.6%，化妆品类比上年下降3.2%，金银珠宝类比上年下降37.5%，中西药品类比上年增长12.4%。

七、对外开放

全年外贸进出口总值1510.07亿元，比上年增长22.9%。其中，出口总值742.68亿元，比上年增长27.6%；进口总值767.40亿元，比上年增长18.6%。

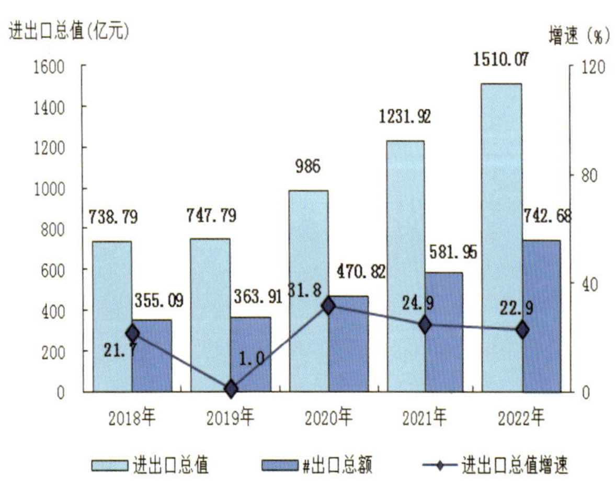

图10　2018年-2022年南宁市进出口总值及增长速度

全年招商引资实际到位资金1015.08亿元，比上年增长15.2%。全年实际利用外资7.49亿美元，比上年增长29.5%。

八、财政和金融

全年一般公共预算收入392.68亿元，比上年增长0.2%，其中，税收收入222.9亿元，比上年下降19.8%。

全年一般公共预算支出838.93亿元，比上年增长8.2%；其中，节能环保、科学技术支出和自然资源海洋气象增长较快，其中，节能环保等支出30.33亿元，比上年增长71.2%；科学技术支出18.55亿元，比上年增长36.0%；自然资源海洋气象支出6.86亿元，比上年增长31.3%。

年末金融机构本外币存款余额13146.27亿元，比上年增长8.8%。其中，住户存款余额5521.82亿元，比上年增长12.65%。金融机构本外币贷款余额19877.66亿元，比上年增长10.0%。

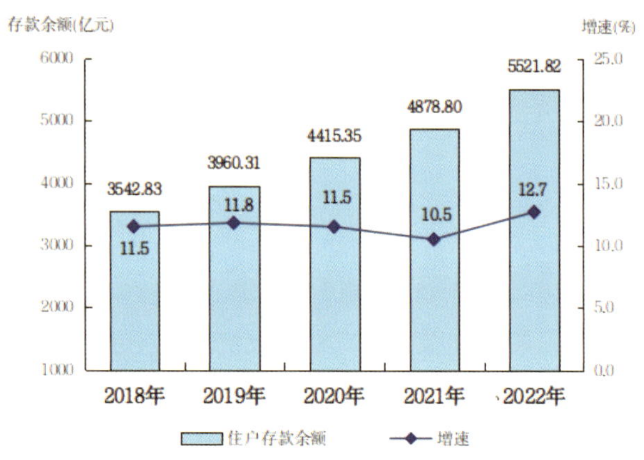

图11　2018年-2022年南宁市住户存款余额及增长速度

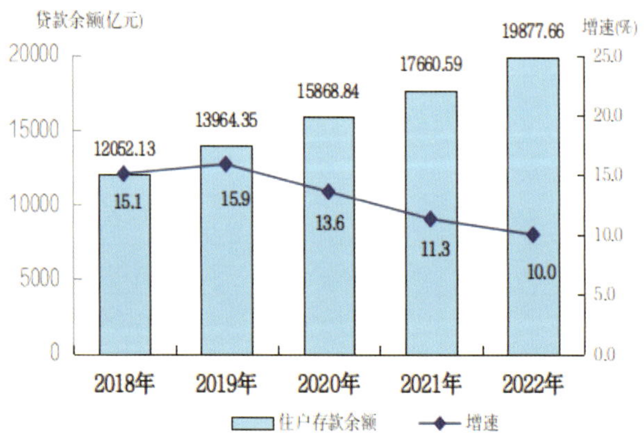

图12　2018年-2022年南宁市金融机构贷款余额及增长速度

全年保费收入298.92亿元，比上年增长11.3%。

其中，财产险保费收入97.89亿元，比上年下降13.7%；人身险保费收入201.03亿元，比上年增长10.1%。

九、居民生活和社会保障

全年居民人均可支配收入33903元，比上年增加1224元，增长3.7%。按常住地分，城镇居民人均可支配收入42636元，比上年增加1242元，增长3.0%；农村居民人均可支配收入19001元，比上年增加1193元，增长6.7%。

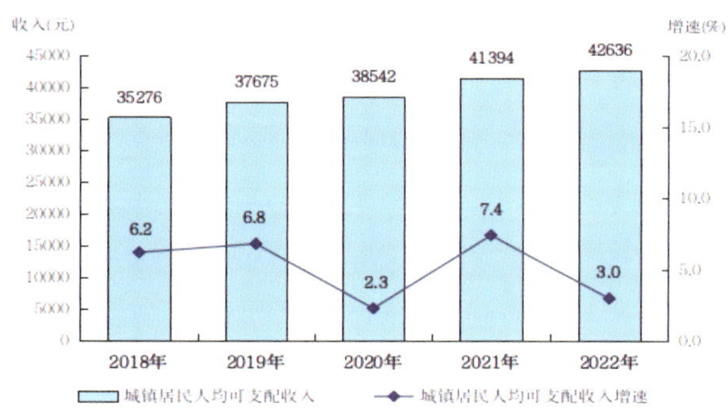

图13　2018年—2022年南宁市城镇居民人均可支配收入及增长速度

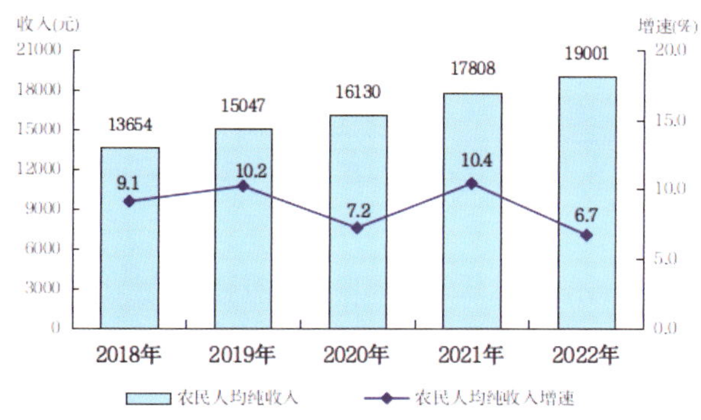

图14　2018年—2022年南宁市农村居民人均可支配收入及增长速度

全年基本医疗保险参保人数747.07万人，比上年增加2.31万人。其中，职工基本医疗保险（含生育险）参保人数162.94万人，比上年末增加6.81万人；城乡居民基本医疗保险参保人数584.13万人，比上年末减少4.5万人。

年末参加城镇职工（包括企业和机关事业单位）基本养老保险人数493.51万人，比上年末减少28.2万人。其中，参加城镇职工基本养老保险人数225.19万人；参加城乡居民基本养老保险人数268.32万人。参加失业保险人数118.53万人，比上年末增加7.22万人。年末全市领取失业保险金人数2.06万人。参加工伤保险人数142.49万人，比上年末增加20.11万人。

年末提供住宿的社会服务机构和设施1184个，其中，提供住宿的养老服务机构和设施1170个，收养7945人；为儿童提供收留抚养和救助服务的机构10个，年末在院人数323人（含院外寄养儿童）；为智障与精神病人提供收留抚养服务的机构1个，年末在院人数1178人。

全年城市特困人员救助供养人数3221人，农村特困人员救助供养人数22148人，临时救助2504户次。

十、教育科技和卫生健康

全年普通高中招生6.45万人，毕业生5.25万人。普通初中招生11.85万人，毕业生10.52万人。普通小学招生13.82万人，在校生82.18万人，毕业生11.73万人。特殊教育招生267人，在校生1544人，毕业生239人。九年义务教育巩固率103%。普通高中83所，普通初中276所，普通小学1087所，幼儿园1589所，特殊教育学校10所。普通高中专任教师数1.21万人，普通初中专任教师数2.39万人，普通小学专任教师数4.7万人，特殊教育专任教师数405人。

年末获得自治区科技成果转化项目324项，安排市级科技项目51项，市级科技项目总投资4.22亿元，全年共签订各类技术合同6666项，技术合同签约金额310.35亿元。

年末卫生机构5091个，其中医院（含乡镇卫生院）282个，诊所（门诊部、所）3181个，村卫生室1418个。年末全市卫生专业技术人员8.99万人，其中执业医师2.93万人，注册护士4.19万人。医疗卫生机构床位6.33万张，其中医院床位4.77万张。

十一、体育和文化旅游

年末公共体育场11个，体育馆80个，篮球场13124个，足球场795个，排球场1679个，游泳场403个。年内举办各类运动竞赛608次，其中，全民健身赛事303次。全年在全国比赛中共获得91枚奖牌，其中，金牌43枚，银牌29枚，铜牌19枚。全年在国际比赛中共获得14枚奖牌，其中，金牌8枚，银牌4枚，铜牌2枚。

年末公共图书馆14个，文化馆13个，博物馆7个，乡镇文化站102个。公共图书馆藏书量357.55万册，少儿图书馆藏书66.34万册。

全年接待游客1.16亿人次，实现旅游总收入1278.63亿元。

十二、资源、环境和其他

全年水资源总量97.64亿立方米，降水量1234.8毫米，用水总量33.3亿立方米。年末污水处理厂22个，城市污水处理率99.62%。

全年细颗粒物（PM2.5）年平均浓度25.7微克/立方米，市区空气质量优良天数比例96.7%。

全年四上企业发电量130.74亿千瓦时，比上年增长27.9%，其中，火力发电量比上年下降10.6%，新能源（风能、太阳能、生物质、垃圾焚烧）发电量比上年增长20.2%。

年末管道燃气用户135.53万户，液化石油气用户66.15万户，供水总量7.27亿吨，比上年增长1.1%。

年末民用汽车保有量230.31万辆，其中私人汽车保有量217.89万辆。小型载客汽车224.81万辆，其中非营运汽车220.11万辆。

全年交通事故2469件，比上年下降15.6%；刑事案件立案数4.67万件，比上年下降17.49%；治安案件查处5.95万件。

注：

1.本公报中数据均为初步统计数。

2.地区生产总值、三次产业增加值、工业增加值、农业产值增速按可比价格计算；工业总产值增速按现行价格计算。

3.部分数据因四舍五入的原因，存在着总项与分项合计不等的情况。

资料来源：

本公报中户籍总人口数据、汽车保有量数据、道路交通事故和刑事案件立案数来自南宁市公安局；财政数据来自南宁市财政局；物价、居民收入数据来自国家统计局南宁调查队；进出口数据来自南宁海关；招商引资数据来自南宁市投资促进局；金融数据来自中国人民银行南宁中心支行；保险数据来自中国银行保险监督委员会广西监管局；文化、图书馆和旅游数据来自南宁市文化广电和旅游局；教育数据来自南宁市教育局；旅客、货物运输量数据来自南宁市交通运输局和广西机场管理集团有限责任公司南宁吴圩国际机场；人口出生率、人口死亡率、人口自然增长率数据和医疗卫生健康数据来自南宁市卫生健康委员会；社会保障数据来自南宁市人力资源和社会保障局；电信业务数据来自市通信管理局；社会服务及救助数据来自市民政局；用水量数据来自市水利局；环境监测数据来自市生态环境局；邮政业务数据来自市邮政管理局；基本医疗保险、生育保险数据来自市医疗保障局；保障性住房投资、管道燃气用户、液化石油气用户、污水处理和供水总量数据来自南宁市住房和城乡建设局；体育数据来自南宁市体育局；科技数据来自南宁市科技局；其他数据均来自南宁市统计局。

第二部分 统计资料

一 综合

1-1 行政区划

（2022年）

单位:个

县(区)	乡镇、街道办事处	乡	镇	办事处	村民、居民委员会	村委会	社区居委会
全市	**127**	**13**	**89**	**25**	**1832**	**1386**	**446**
市区	62		37	25	865	551	314
兴宁区	6		3	3	80	37	43
青秀区	9		4	5	118	47	71
江南区	9		4	5	118	68	50
西乡塘区	13		3	10	157	79	78
良庆区	7		5	2	86	57	29
邕宁区	5		5		81	65	16
武鸣区	13		13		225	198	27
隆安县	10	4	6		132	118	14
马山县	11	4	7		156	134	22
上林县	11	4	7		134	115	19
宾阳县	16		16		237	192	45
横州市	17	1	16		308	276	32

注:江南区含经济技术开发区,西乡塘区含高新技术开发区,武鸣区含广西-东盟经济开发区。

1-2 乡(镇)、街道办事处一览表

(2022年)

县(区)	乡(镇)、街道办事处
隆安县	城厢镇、南圩镇、乔建镇、那桐镇、丁当镇、雁江镇、布泉乡、都结乡、屏山乡、古潭乡
马山县	白山镇、百龙滩镇、古零镇、金钗镇、永州镇、林圩镇、周鹿镇、乔利乡、加方乡、古寨瑶族乡、里当瑶族乡
上林县	大丰镇、明亮镇、巷贤镇、白圩镇、三里镇、乔贤镇、西燕镇、澄泰乡、木山乡、塘红乡、镇圩瑶族乡
宾阳县	思陇镇、新桥镇、宾州镇、新圩镇、大桥镇、邹圩镇、王灵镇、黎塘镇、和吉镇、洋桥镇、武陵镇、中华镇、古辣镇、露圩镇、甘棠镇、陈平镇
横州市	横州镇、百合镇、那阳镇、南乡镇、新福镇、莲塘镇、平马镇、栾城镇、六景镇、石塘镇、陶圩镇、校椅镇、云表镇、马岭镇、马山镇、平朗镇、镇龙乡
兴宁区	三塘镇、五塘镇、昆仑镇、朝阳街道办事处、民生街道办事处、兴东街道办事处
青秀区	新竹街道办事处、中山街道办事处、建政街道办事处、南湖街道办事处、津头街道办事处、刘圩镇、伶俐镇、南阳镇、长塘镇
江南区	金凯街道办事处、福建园街道办事处、江南街道办事处、沙井街道办事处、那洪街道办事处、苏圩镇、延安镇、江西镇、吴圩镇
西乡塘区	衡阳街道办事处、北湖街道办事处、西乡塘街道办事处、安吉街道办事处、华强街道办事处、新阳街道办事处、上尧街道办事处、石埠街道办事处、安宁街道办事处、心圩街道办事处、金陵镇、双定镇、坛洛镇
良庆区	大沙田街道办事处、玉洞街道办事处、良庆镇、那马镇、大塘镇、那陈镇、南晓镇
邕宁区	蒲庙镇、那楼镇、新江镇、百济镇、中和镇
武鸣区	城厢镇、锣圩镇、陆斡镇、双桥镇、宁武镇、太平镇、罗波镇、灵马镇、仙湖镇、府城镇、两江镇、马头镇、甘圩镇

注:江南区含经济技术区的那洪街道办事处、金凯街道办事处、吴圩镇;西乡塘区含高新技术开发区的安宁街道办、心圩街道办事处。

1-3 南宁市国民经济主要指标占全区比重

（2022年）

指标名称	单 位	南宁市	广 西	南宁市占广西的比重(%)
年末总人口	万人	810.08	5743	14.11
生产总值	亿元	5218.34	26300.87	19.84
第一产业	亿元	601.51	4269.81	14.09
第二产业	亿元	1182.81	8938.57	13.23
#工业	亿元	640.84	6775.89	9.46
第三产业	亿元	3434.03	13092.49	26.23
人均地区生产总值	元	58883	52164	
固定资产投资(不含农户)增长速度	%	-17.8	0.1	
社会消费品零售总额	亿元	2358.75	8539.09	27.62
海关进出口总额	亿元	1510.07	6603.53	22.87
#出口总额	亿元	742.68	3705.35	20.04
一般公共预算收入	亿元	392.68	1687.72	23.27
一般公共预算支出	亿元	837.58	5893.32	14.21
金融机构本外币存款余额	亿元	13146.27	40212.38	32.69
金融机构本外币贷款余额	亿元	19877.66	44689.79	44.48
城镇居民人均可支配收入	元	42636	39703	
农村居民人均可支配收入	元	19001	17433	
居民消费价格指数(上年=100)	%	101.7	101.9	

1-4 全市各时期主要经济指标平均增长率

单位:%

时 期	生产总值				全社会固定资产投资	一般公共预算收入	一般公共预算支出	社会消费品零售总额
		第一产业	第二产业	第三产业				
"一五"时期(1953-1957年)	9.5	4.4	29.5	16.5	42.2	24.9	14.9	12.5
"二五"时期(1958-1962年)	5.3	-1.3	8.8	11.4	5.4	-2.3	2.5	7.1
调整时期(1963-1965年)	10.8	11.4	22.7	4.7	28.1	7.5	11.2	3.9
"三五"时期(1966-1970年)	6.9	7.6	13.1	3.1	-7.6	9.6	4.2	2.8
"四五"时期(1971-1975年)	9.0	9.2	11.2	5.9	13.6	14.6	9.0	8.4
"五五"时期(1976-1980年)	8.0	3.2	13.9	8.2	12.9	7.3	13.2	11.9
"六五"时期(1981-1985年)	8.6	6.9	9.1	11.5	20.3	9.0	18.2	16.8
"七五"时期(1986-1990年)	9.4	3.5	10.4	15.9	11.6	14.3	20.2	16.3
"八五"时期(1991-1995年)	14.6	8.5	16.6	18.0	51.7	8.3	16.1	25.0
"九五"时期(1996-2000年)	10.5	7.2	8.4	14.4	9.7	12.9	15.1	14.3
"十五"时期(2001-2005年)	10.5	5.5	10.9	12.3	26.2	23.7	20.4	12.2
"十一五"时期(2006-2010年)	12.5	5.9	12.6	14.3	32.5	24.6	28.9	19.0
"十二五"时期(2011-2015年)	10.7	4.7	11.3	11.8	24.4	13.7	19.2	14.4
"十三五"时期(2016-2020年)	5.7	4.9	2.4	7.2	8.9	6.8	9.3	5.4
"十四五"时期(2021-2022年)	3.7	6.1	2.2	3.7	-7.9	2.7	0.8	4.0

注:1.2016年起,全社会固定资产投资统计口径改为固定资产投资。2.2022年起,地方财政收入改为一般公共预算收入;地方财政支出改为一般公共预算支出。

1-5 全市历年主要指标

年份	年末户籍人口(万人)	生产总值(万元)				生产总值指数(按可比价格计算,以上年为100)			
			第一产业	第二产业	第三产业		第一产业	第二产业	第三产业
1950	228.55	14272	10376	587	3309	100	100	100	100
1951	233.89	16885	12045	844	3996	113.2	110.1	147.6	119.0
1952	239.35	19369	13449	1228	4692	112.7	109.2	146.4	116.0
1953	245.81	22355	14565	2283	5507	115.3	108.1	199.9	117.8
1954	251.68	23675	14713	2557	6405	108.4	103.7	112.6	119.7
1955	254.93	25529	15113	3053	7363	108.3	102.9	118.6	118.0
1956	261.44	28189	15404	4048	8737	109.9	102.3	129.6	118.5
1957	266.89	30015	16262	4163	9590	105.6	104.9	105.2	109.0
1958	279.89	34627	15512	7887	11228	112.4	96.3	158.0	114.4
1959	286.78	43541	16522	12986	14033	127.9	106.3	170.1	128.1
1960	290.98	46193	14144	15527	16522	109.7	89.2	123.6	117.8
1961	292.75	36679	13623	8305	14751	79.9	94.2	52.7	95.3
1962	298.48	37274	14913	7279	15082	102.5	109.0	87.1	104.3
1963	309.93	39195	15925	7771	15499	104.3	106.5	102.9	103.0
1964	318.88	44568	17948	10157	16463	111.6	112.7	136.0	101.5
1965	329.84	53362	21483	13309	18570	116.8	115.2	132.0	109.6
1966	338.72	59518	23441	16911	19166	113.2	109.0	125.2	111.1
1967	345.70	59634	25458	15366	18810	101.2	108.0	92.8	102.4
1968	352.82	55120	25297	11956	17867	93.0	99.2	79.0	94.7
1969	361.74	67743	29168	20006	18569	118.4	109.7	172.4	103.6
1970	368.74	75982	33585	23099	19298	110.7	112.9	117.1	104.3
1971	380.39	82528	37749	25116	19663	107.1	108.7	107.7	104.3
1972	390.19	92412	43136	27863	21413	112.1	113.0	115.0	108.0
1973	401.91	103457	48440	31523	23494	111.5	113.9	113.6	104.8
1974	413.16	109354	49650	34988	24716	106.4	103.2	109.8	107.6
1975	423.38	117937	52955	38654	26328	107.9	107.6	110.3	104.8
1976	432.37	121775	51557	42621	27597	103.2	97.0	109.7	107.0
1977	440.08	130702	54687	46009	30006	107.9	103.5	112.7	109.8
1978	451.77	147407	61866	52192	33349	111.5	110.3	112.1	112.6
1979	460.86	166868	66443	64096	36329	112.4	100.3	127.9	110.2
1980	470.05	180111	70093	70017	40001	105.5	105.3	108.0	101.7
1981	480.27	194836	75578	72684	46574	109.0	107.0	107.5	117.4
1982	490.35	225795	96967	79171	49657	114.9	125.3	110.1	106.2
1983	497.86	241907	100133	84744	57030	106.9	103.6	108.0	113.3
1984	509.27	247810	98513	84852	64445	100.2	97.2	99.2	107.9
1985	519.06	309278	118263	108351	82664	112.7	103.4	122.1	113.1

注:本表数据均为2003年行政区划调整后大南宁范围口径的数据。

1—5续表1

年 份	年末户籍人口(万人)	生产总值(万元)	第一产业	第二产业	第三产业	生产总值指数(按可比价格计算,以上年为100)	第一产业	第二产业	第三产业
1986	529.34	351522	126421	127214	97887	107.9	101.4	111.7	114.1
1987	538.79	420513	146358	156696	117459	112.6	105.2	117.6	114.2
1988	540.52	537786	178831	191331	167624	109.7	92.8	109.0	129.6
1989	547.50	620446	191616	219227	209603	107.4	107.7	102.8	114.9
1990	558.20	708788	231018	248354	229416	109.6	111.1	111.6	107.8
1991	563.74	793241	239063	274634	279544	106.3	100.6	106.9	111.6
1992	571.55	918098	277741	304726	335631	112.7	115.1	109.3	114.3
1993	579.54	1346171	344360	499312	502499	123.5	106.9	134.4	128.3
1994	587.86	1872259	491029	675122	706108	116.5	107.7	119.6	120.7
1995	594.92	2358085	615225	807943	934917	114.5	112.6	114.9	115.7
1996	601.95	2671991	690541	845891	1135559	111.4	105.9	110.4	116.5
1997	607.19	3044914	785856	922155	1336903	112.5	113.9	108.8	115.2
1998	612.20	3395532	834421	997314	1563797	111.5	108.4	110.3	114.8
1999	615.11	3569886	852645	1019933	1697308	109.4	107.4	108.1	111.7
2000	625.27	3779364	876615	1053679	1849070	107.7	100.7	104.6	113.9
2001	629.75	4181684	907401	1131645	2142638	108.8	102.2	106.4	113.2
2002	634.68	4631795	936344	1255606	2439845	110.9	107.7	112.0	111.6
2003	641.67	5278179	987070	1495415	2795694	110.3	103.5	115.3	110.5
2004	648.85	6189705	1067729	1840029	3281947	111.8	106.2	111.7	114.0
2005	659.54	7113104	1232547	2121506	3759051	110.8	108.1	109.4	112.5
2006	671.89	8441272	1431136	2511049	4499087	113.2	108.4	116.4	113.0
2007	683.51	10548840	1766418	3085515	5696907	114.4	106.7	114.6	116.8
2008	691.69	12407756	1976088	3575897	6855771	111.2	104.1	106.9	115.7
2009	697.90	14239513	2057462	3907860	8274191	111.5	104.8	112.7	112.6
2010	707.37	16771874	2366617	4805189	9600068	112.3	105.5	112.8	113.6
2011	711.49	20448572	2968046	6084730	11395796	113.1	105.7	117.3	112.7
2012	713.50	23071083	3118920	6754631	13197532	111.8	105.0	113.5	112.5
2013	724.43	26201470	3366840	7449587	15385043	111.7	104.5	111.9	113.2
2014	729.66	28622807	3545707	8250306	16826794	108.7	104.2	107.5	110.3
2015	740.23	31479150	3709659	8812264	18957227	108.4	104.1	106.6	110.1
2016	751.74	34059878	3957746	8889715	21212417	106.6	104.6	101.9	109.1
2017	756.87	38043331	4060839	9461180	24521312	108.0	104.7	102.8	110.8
2018	770.82	41623699	4320500	9953487	27349712	105.4	105.3	98.0	108.3
2019	781.97	45065576	5072701	10449719	29543157	105.0	105.3	104.4	105.2
2020	791.38	47263421	5343563	10843178	31076680	103.7	104.7	105.3	102.9
2021	800.94	51209430	6067608	11987598	33154224	106.1	107.9	104.3	106.3
2022	810.08	52183447	6015099	11828098	34340250	101.4	104.4	100.1	101.2

1—5续表2

年 份	全社会固定资产投资（万元）	一般公共预算收入（万元）	一般公共预算支出（万元）	农业总产值（万元）	工业总产值（万元）	社会消费品零售总额（万元）
1950	388	774	317	14674	1223	5834
1951	458	1624	545	17009	1932	7482
1952	547	1850	1084	19131	2967	9021
1953	2287	2680	1184	20602	4941	11127
1954	1682	3454	1298	20769	5981	13165
1955	1697	3416	1322	21545	7290	13434
1956	3621	4617	1939	22043	9151	16912
1957	3178	5618	2168	23144	9678	16248
1958	6860	5645	4037	22060	18666	18312
1959	14569	7604	4446	23646	30235	23701
1960	16761	6616	5933	20471	36901	25139
1961	6162	4561	3442	19772	19501	20949
1962	4126	5006	2456	21665	17648	22843
1963	4649	5140	2648	23266	18857	22905
1964	7710	5263	3548	26084	23917	22851
1965	8662	6212	3377	31782	32618	25626
1966	7217	7286	3538	34898	44529	27943
1967	3709	6310	3493	37765	40518	26755
1968	2725	4839	3196	37156	31260	22728
1969	4764	7858	4223	43077	53287	29638
1970	5851	9819	4142	50570	63861	29429
1971	6615	12023	4692	56731	65930	29591
1972	8515	13628	8047	64208	75342	32041
1973	8848	16175	5748	70500	86364	36544
1974	9725	18711	6645	71747	96037	39891
1975	11062	19405	6381	75695	106363	43954
1976	12086	19270	6581	73039	117477	45133
1977	11396	21273	7579	76148	127749	49347
1978	20349	23184	10879	81632	136758	54365
1979	28550	23992	9962	91527	144489	62380
1980	20248	27538	11833	97019	157057	76941
1981	18437	28864	12399	106454	168984	83388
1982	22813	31563	13174	126695	182935	92740
1983	24934	32757	13577	136535	198420	104626

1—5续表3

年 份	全社会固定资产投资（万元）	一般公共预算收入（万元）	一般公共预算支出（万元）	农业总产值（万元）	工业总产值（万元）	居民消费价格指数（以上年为100）	社会消费品零售总额（万元）
1984	28394	33813	16635	143894	211645	104.4	123936
1985	51008	42321	27267	172481	260770	118.3	167304
1986	67233	47376	39718	184142	305786	105.2	186098
1987	78940	54675	45438	215076	376240	111.1	224707
1988	108827	64246	60931	272515	490246	121.6	294082
1989	84519	74593	60261	286725	607592	119.4	339300
1990	88386	82478	68441	361702	671708	98.0	356467
1991	103255	89637	71913	379696	766803	104.1	410693
1992	147118	94542	75287	444538	938925	106.7	493513
1993	288531	141425	107415	563494	1337414	125.1	669925
1994	447150	107076	128398	791925	1774347	124.8	828756
1995	711065	122823	144050	995180	1984448	118.6	1088523
1996	825818	138598	155555	1116908	2044709	103.3	1293125
1997	969255	159742	178987	1242108	2159248	100.2	1464026
1998	1049861	178092	202323	1317691	2332161	96.7	1618304
1999	1111761	201008	245770	1342494	2311969	95.9	1724235
2000	1131659	225728	290667	1377932	2417251	100.0	2124265
2001	1214061	291860	348556	1407186	2608100	102.8	2313462
2002	1455615	312805	452120	1455675	2911858	99.4	2567758
2003	1903567	362435	524981	1519259	3341979	100.8	2884483
2004	2627634	432526	621191	1798585	4040693	104.2	3191846
2005	3628975	451954	735508	2045862	4909198	101.1	3658768
2006	4472211	566191	930781	2384753	6392812	102.5	4206948
2007	5602200	701510	1180007	2944579	8302142	104.4	4988185
2008	6934353	928812	1660830	3380719	10598632	108.4	6202910
2009	10439120	1204628	2035519	3511968	11757647	98.2	7209601
2010	14830158	1560958	2612785	4032427	15011824	102.5	8684461
2011	20189453	1862928	3018491	5071561	20002301	105.7	10241898
2012	25851818	2297183	3765096	5345172	22827319	102.9	11883979
2013	24750080	2562467	4172858	5772670	26591777	102.1	13587834
2014	29338739	2748518	4657665	6094853	29550538	101.6	15180676
2015	34184261	2970501	5267231	6386212	33238249	101.9	16733639
2016	38247267	3127921	5869793	6891485	36280744	101.4	18465449
2017	43079465	3321500	6463707	7004068	37941377	102.3	20533283
2018	11.8	3589560	6979853	7092330	5.3	102.5	22342673
2019	9.9	3709285	7891986	8037403	4.3	103.4	23277990
2020	-2.5	3722520	8227910	8855069	0.8	102.3	21803598
2021	3.1	3917711	7775953	9592050	11.8	101.4	23641734
2022	-17.8	3926795	8375817	9387567	1.3	101.7	23587533

注：1.社会消费品零售总额2000年以后不含制造业零售和农业生产零售，2005—2008年数根据二经普结果相应调整。2.2013年起，固定资产投资起报点从计划总投资50万调整为计划总投资500万元起报，2018年后为增长速度。3.2016年起，全社会固定资产投资统计口径改为固定资产投资。4.2018年起，工业总产值数据为增长速度。

1-6 全市历年人均主要指标

单位:元

年 份	生产总值	全社会固定资产投资	社会消费品零售总额	住户存款余额	在岗职工年平均工资	城镇居民人均可支配收入	农村居民人均可支配收入
1950	62	2	26	…	338		54
1951	73	2	32	…	356		56
1952	82	2	38	1	427		63
1953	92	9	46	1	458		61
1954	95	7	53	2	461		62
1955	101	7	53	2	488		60
1956	109	14	66	2	527		67
1957	114	12	62	2	551		68
1958	127	25	67	4	510		62
1959	154	51	84	6	448		56
1960	160	58	87	5	435		49
1961	126	21	72	3	457		56
1962	126	14	77	2	502		58
1963	129	15	75	3	535		51
1964	142	25	73	4	549		64
1965	165	27	79	4	539		66
1966	178	22	84	5	507		68
1967	174	11	78	5	537		70
1968	158	8	65	6	518		72
1969	190	13	83	5	490		70
1970	208	16	81	6	516		68
1971	220	18	79	6	482		74
1972	240	22	83	7	499		82
1973	261	22	92	8	528		87
1974	268	24	98	9	540		80
1975	282	26	105	10	549		81
1976	285	28	105	10	519		74
1977	300	26	113	11	528		76
1978	331	46	122	13	565		88
1979	366	63	137	16	612		105
1980	387	44	165	22	730		107
1981	410	39	175	28	746	445	135
1982	465	47	191	34	791	478	158
1983	490	50	212	43	818	513	239
1984	492	56	246	62	963	624	316
1985	602	99	325	84	1051	716	367

注:1.本表中人均城乡居民储蓄存款余额、在岗职年平均工资、农民人均纯收入1950-1999年为原南宁口径的数据,2000年以后为行政区划调整后的数据。2.自2016年起,农民人均纯收入统计口径更改为农村居民人均可支配收入。

1—6续表 单位:元

年 份	生产总值	全社会固定资产投资	社会消费品零售总额	住户存款余额	在岗职工年平均工资	城镇居民人均可支配收入	农村居民人均可支配收入
1986	671	128	355	116	1292	851	404
1987	787	148	421	153	1428	949	461
1988	997	202	545	185	1685	1166	521
1989	1141	155	624	253	1784	1274	574
1990	1282	160	645	354	2111	1454	624
1991	1414	184	732	459	2331	1658	683
1992	1617	259	869	598	2720	2105	778
1993	2339	501	1164	890	3786	3081	912
1994	3208	766	1420	1365	4976	4544	1093
1995	3987	1202	1841	1889	5668	5544	1326
1996	4465	1380	2161	2392	6009	5973	1553
1997	5036	1603	2422	2665	6508	5931	1788
1998	5569	1722	2654	3269	7315	6570	1942
1999	5817	1812	2810	3562	8077	6947	2079
2000	6086	1825	3425	4700	8185	7448	1791
2001	6656	1935	3687	5287	9572	7906	1954
2002	7327	2302	4062	6170	11363	8796	2111
2003	8176	2983	4520	7036	13172	9162	2231
2004	9595	4072	5146	7949	15447	9531	2467
2005	11127	5547	5778	9070	17520	10078	2680
2006	13220	6718	6542	10142	20650	10905	3033
2007	16070	8266	7608	10458	24789	12955	3462
2008	19204	10085	9354	12924	29377	14983	4001
2009	21945	15025	10896	16065	32596	16531	4385
2010	27069	22298	13621	20687	37042	17741	5538
2011	33017	30143	16022	23605	40120	19972	6471
2012	37016	38229	18567	27561	43847	22024	7498
2013	41711	36278	21266	31613	48188	24817	8503
2014	45735	42620	23489	33728	54826	27075	9489
2015	41740	49186	25708	38854	63820	29106	10409
2016	43928	54451	28194	41636	68560	30728	11398
2017	47597	60609	31011	44693	75481	33217	12515
2018	50613		30744	49181	83452	35276	13654
2019	53424		31890	54255	90986	37675	15047
2020	54669		25220	51072	97079	38542	16130
2021	58241		26888	55487	103013	41394	17808
2022	58883		26616	62307	107581	42636	19001

注:1.自2010年起人均指标按常住人口计算。2.自2016年起,农民人均纯收入统计口径更改为农村居民人均可支配收入。3.2016年起,全社会固定资产投资统计口径改为固定资产投资。3.自2022年起,住户存款余额数据为本外币口径。

1-7 全市社会经济主要指标

指标名称	单 位	2022年	2021年	2022年为2021年%
人口、土地面积				
年末户籍人口	人	8100769	8009409	101.1
# 男性人口	人	4186925	4146541	101.0
女性人口	人	3913844	3862868	101.3
# 城镇人口	人	3902067	3795533	102.8
乡村人口	人	4198702	4213876	99.6
年平均人口	人	8055089	7961590	101.2
自然增长率	‰	4.4	4.9	-0.54▲
年末常住人口	万人	889.17	883.28	100.7
# 城镇人口	万人	625.62	616.40	101.5
城镇化率	%	70.36	69.79	0.57*
土地面积	平方公里	22112	22102	100.0
# 建成区面积	平方公里	527	411	128.5
生产总值(当年价)	**万元**	**52183447**	**51209430**	**101.4**
第一产业	万元	6015099	6067608	104.4
第二产业	万元	11828098	11987598	100.1
工业	万元	6408432	6448439	101.1
建筑业	万元	5443843	5560215	99.0
第三产业	万元	34340250	33154224	101.2
人均生产总值(当年价)	元	58883	58241	100.6
生产总值构成	**%**	**100**	**100**	
第一产业	%	11.53	11.85	-0.32*
第二产业	%	22.67	23.41	-0.74*
工业	%	12.28	12.59	-0.31*
建筑业	%	10.43	10.86	-0.43*
第三产业	%	65.81	64.74	1.07*

注:1.生产总值发展速度按可比价计算。2."▲"为增减千分点,"*"为增减百分点。

1—7续表1

指标名称	单 位	2022年	2021年	2022年为2021年%
农业				
农林牧渔业总产值(当年价)	万元	9387567	9592050	104.5
农业	万元	6039614	5974397	104.5
林业	万元	534895	559023	102.0
畜牧业	万元	2155995	2437845	105.2
渔业	万元	378926	360086	103.1
服务业	万元	278137	260698	104.7
粮食总产量	吨	2125413	2115479	100.5
油料产量	吨	147355	150241	98.1
蔬菜及食用菌	吨	7256865	6974395	104.1
甘蔗产量	吨	9773913	10496200	93.1
园林水果产量	吨	4958170	4539129	109.2
肉类总产量	吨	660790	647313	102.1
水产品产量	吨	241550	234203	103.1
农用化肥施用量(折纯量)	吨	557979	556145	100.3

1—7续表2

指标名称	单 位	2022年	2021年	2022年为2021年%
工业				
全部工业总产值增速	%	1.3	11.8	-10.5*
# 规模以上工业总产值	%	1.4	12.6	-11.2*
规模以上工业企业主要指标				
企业单位数	个	1391	1323	105.1
# 亏损企业	个	417	341	122.3
规模以上工业				
内资企业				
国有企业	%	13.0	11.9	1.1*
集体企业	%	-13.0	7.5	-20.5*
股份制企业	%	2.2	18.1	-15.9*
外商及港澳台商投资企业	%	-2.0	2.6	-4.6*
按轻重工业分				
轻工业	%	3.8	16.0	-12.2*
重工业	%	0.5	11.1	-10.6*
按企业规模分				
大中型企业	%	-4.5	-4.2	-0.3*
主营业务收入	万元	26341694	26553725	99.2
利润总额	万元	940407	1259842	74.6
亏损企业亏损额	万元	250441	182578	137.2

注:“*”为增减百分点。

1—7续表3

指标名称	单 位	2022年	2021年	2022年为2021年%
交通、邮电、电力				
货运总量	万吨	41538	42929	96.8
客运总量	万人次	5382	7595	70.9
内河港口货物吞吐量	万吨	1064	980	108.7
邮政业务总量	万元	687065	720218	95.4
移动电话年末用户数	万户	1211.3	1155.44	104.8
全年用电量	万千瓦时	3055169	2959525	103.2
#工业用电量	万千瓦时	911019	928587	98.1
城乡居民生活用电量	万千瓦时	957349	905707	105.7
固定资产投资增速				
#固定资产投资	%	-17.8	3.1	-20.9*
#项目投资	%	8.4	7.8	0.6*
房地产开发投资	%	-45.3	-1.3	-44*
第一产业	%	-8.6	-26.0	17.4*
第二产业	%	50.3	20.2	30.1*
#工业	%	53.2	21.2	32*
第三产业	%	-29.5	1.5	-31*
民间投资	%	-27.8	-2.8	-25*
非公投资	%	-28.3	-2.1	-26.2*

注：1.2013年起，固定资产投资起报点从计划总投资50万起报调整为计划总投资500万元起报，发展速度按可比口径计算。2."*"为增减百分点。

1—7续表4

指标名称	单 位	2022年	2021年	2022年为2021年%
商业、外贸、旅游				
社会消费品零售总额	万元	23587533	23641734	99.8
批发零售贸易业商品销售总额	万元	82719510	80217549	103.1
外贸进出口总值(海关数)	万元	15100737	12319194	122.9
进口总值	万元	7673974	6499740	118.6
出口总值	万元	7426763	5819455	127.6
旅游者人数	万人次	11627	13739	84.6
# 国际旅游人数	万人次	0.15	0.89	17.3
旅游收入	万元	12785917	15291417	83.6
# 国际旅游收入	万美元	54	156	34.7
财政、金融				
一般公共预算收入	万元	3926795	3917711	100.2
一般公共预算支出	万元	8375817	7775953	107.7
金融机构本外币存款余额	亿元	13146	12083	108.8
金融机构本外币贷款余额	亿元	19878	18074	110.0

1—7续表5

指标名称	单 位	2022年	2021年	2022年为2021年%
劳动工资				
年末在岗职工人数	人	864393	848241	101.9
在岗职工工资总额	万元	9807118	9342133	105.0
在岗职工年平均工资	元/人	107581	103013	104.4
城乡居民收入				
居民人均可支配收入	元/人	33903	32679	103.7
城镇居民人均可支配收入	元/人	42636	41394	103.0
农村居民人均可支配收入	元/人	19001	17808	106.7
居民消费价格指数(上年=100)		**101.7**	**101.4**	**101.7**

1-8 市区社会经济主要指标

指标名称	单 位	2022年	2021年	2022年为2021年%
人口、土地面积				
年末户籍人口	人	4303517	4199780	102.5
# 男性人口	人	2160147	2115290	102.1
女性人口	人	2143370	2084490	102.8
年平均人口	人	4251649	4146468	102.5
自然增长率	‰	6.88	7.36	-0.48▲
年末常住人口	万人	608.77	604.29	100.7
# 城镇人口	万人	511.97	504.64	101.5
城镇化率	%	84.10	83.51	0.59*
土地面积	平方公里	9947	9823	101.3
# 建成区面积	平方公里	442.5	327.5	135.1
生产总值(当年价)	**万元**	**42531400**	**41416919**	**101.1**
第一产业	万元	3288579	3261670	104.1
第二产业	万元	9511001	9379017	99.8
工业	万元	5014547	4664818	101.3
建筑业	万元	4514253	4730886	98.2
第三产业	万元	29731820	28776231	101.2
人均生产总值(当年价)	元	70123	68870	100.3
生产总值构成	**%**			
第一产业	%	7.73	7.88	-0.14*
第二产业	%	22.36	22.65	-0.28*
工业	%	11.79	11.26	0.53*
建筑业	%	10.61	11.42	-0.81*
第三产业	%	69.91	69.48	0.43*

1—8续表1

指标名称	单 位	2022年	2021年	2022年为2021年%
工业				
规模以上工业企业主要指标				
企业单位数	个	976	935	104.4
#亏损企业	个	322	258	124.8
主营业务收入	万元	21809566	21100176	103.4
利润总额	万元	730713	957202	76.3
亏损企业亏损额	万元	203682	142813	142.6
固定资产投资增速				
固定资产投资	%	-19.5	-0.3	-19.22*
#项目投资	%	14.8	1.4	13.37*
房地产开发投资	%	-46.3	-1.6	-44.72*

注:1.2013年起,固定资产投资起报点从计划总投资50万起报调整为计划总投资500万元起报,发展速度按可比口径计算。2."*"为增减百分点。

1—8续表2

指标名称	单 位	2022年	2021年	2022年为2021年%
商业				
社会消费品零售总额	万元	21159037	21144827	100.1
财政、金融				
一般公共预算收入	万元	3678966	3650683	100.8
一般公共预算支出	万元	2774586	5706143	48.6
金融机构本外币存款余额	亿元	11943	10986	108.7
金融机构本外币贷款余额	亿元	18952	17272	109.7

1-9 各县(市、区)社会经济主要指标

指标名称	单 位	隆安县			马山县		
		2022年	2021年	2022年为2021年%	2022年	2021年	2022年为2021年%
人口、土地面积							
年末户籍人口	人	419094	420519	99.7	567342	569489	99.6
男性人口	人	223824	224340	99.8	300452	301220	99.7
女性人口	人	195270	196179	99.5	266890	268269	99.5
年平均人口	人	419807	421217	99.7	568416	570386	99.7
年末常住人口	万人	33.06	32.78	100.9	38.55	38.57	99.9
# 城镇人口	万人	11.58	11.33	102.2	12.19	11.99	101.7
城镇化率	%	35.03	34.56	0.47*	31.62	31.09	0.53*
土地面积	平方公里	2277	2319	98.2	2341	2341	100.0
生产总值(当年价)	**万元**	**1206875**	**1121151**	**104.4**	**1013209**	**951749**	**105.0**
第一产业	万元	532356	488701	107.1	325609	298512	105.3
第二产业	万元	253422	247124	102.9	166226	162016	116.0
工业	万元	178199	171806	103.7	54374	76203	96.9
建筑业	万元	75531	75539	101.1	112912	86572	129.6
第三产业	万元	421097	385327	102.1	521374	491221	101.7
人均生产总值(当年价)	元	36661	34323	103.6	26276	24766	104.6
生产总值构成	**%**	**100**	**100**		**100**	**100**	
第一产业	%	44.11	43.59	0.52*	32.14	31.36	0.77*
第二产业	%	21.00	22.04	-1.04*	16.41	17.02	-0.62*
工业	%	14.77	15.32	-0.56*	5.37	8.01	-2.64*
建筑业	%	6.26	6.74	-0.48*	11.14	9.10	2.05*
第三产业	%	34.89	34.37	0.52*	51.46	51.61	-0.15*

注:1.生产总值发展速度按可比价计算。2.“▲”为增减千分点,“*”为增减百分点。3.部分数据因四舍五入,存在总计与分项合计不等的情况,下同。

1—9续表1

指标名称	单位	隆安县			马山县		
		2022年	2021年	2022年为2021年%	2022年	2021年	2022年为2021年%
农业							
农林牧渔业总产值(当年价)	万元	790260	732293	107.9	492605	469932	105.6
农业	万元	584423	546302	105.9	262412	256045	106.8
林业	万元	34831	34429	112.9	40218	37902	110.9
牧业	万元	126122	108261	116.9	166535	160089	102.2
渔业	万元	24351	24443	105.2	22030	14579	107.0
农林牧渔服务业	万元	20533	18858	106.9	1411	1317	105.2
工业							
规模以上工业企业主要指标							
企业单位数	个	76	68	111.8	23	20	115.0
亿元工业企业	个	25	26	96.2	6	7	85.7
亏损企业	个	15	18	83.3	5	3	166.7
规模以上工业总产值增速	%	14.1	45.4	-31.28*	3.7	28.1	-24.32*
固定资产投资增速							
固定资产投资	%	3.3	-9.6	12.9*	5.9	14.4	-8.5*
#项目投资	%	16.6	-10.8	27.39*	9.4	16.1	-6.72*
房地产开发投资	%	-49.4	-4.3	-45.1*	-28.0	0.2	-28.2*

注:“*”为增减百分点。

1—9续表2

指标名称	单 位	隆安县			马山县		
		2022年	2021年	2022年为2021年%	2022年	2021年	2022年为2021年%
商业							
社会消费品零售总额	万元	124500	129459	96.2	203084	211762	95.9
财政、金融							
一般公共预算收入	万元	36516	33302	109.7	23724	22125	107.2
一般公共预算支出	万元	289729	326168	88.8	379434	407223	93.2
金融机构本外币存款余额	亿元	178	157	112.7	124	115	107.8
金融机构本外币贷款余额	亿元	145	119	122.2	104	91	114.4
城乡居民收入							
全体居民年人均可支配收入	元	21758	20755	104.8	20305	19281	105.3
城镇居民年人均可支配收入	元	33082	32117	103.0	33239	32177	103.3
农村居民年人均可支配收入	元	16486	15465	106.6	15222	14213	107.1

1—9续表3

指标名称	单 位	上林县			宾阳县		
		2022年	2021年	2022年为2021年%	2022年	2021年	2022年为2021年%
人口、土地面积							
年末户籍人口	人	498044	499651	99.7	1046463	1050573	99.6
男性人口	人	263645	264220	99.8	563910	565211	99.8
女性人口	人	234399	235431	99.6	482553	485362	99.4
年平均人口	人	498848	500319	99.7	1048518	1052249	99.6
年末常住人口	万人	36.49	36.26	100.6	81.36	80.94	100.5
# 城镇人口	万人	12.81	12.58	101.8	38.20	37.60	101.6
城镇化率	%	35.11	34.69	0.42*	46.95	46.45	0.5*
土地面积	平方公里	1871	1871	100.0	2308	2299	100.4
生产总值(当年价)	**万元**	**1037637**	**1019946**	**101.9**	**3091417**	**3155389**	**101.4**
第一产业	万元	341998	319489	105.8	551058	709533	105.9
第二产业	万元	146292	185674	94.3	985923	943543	99.0
工业	万元	33352	64390	99.2	575969	622985	96.2
建筑业	万元	113325	121560	92.7	412939	322497	103.6
第三产业	万元	549347	514783	101.8	1554436	1502313	100.7
人均生产总值(当年价)	元	28526	28238	101.2	38095	39154	100.7
生产总值构成	**%**	**100**	**100**		**100**	**100**	
第一产业	%	32.96	31.32	1.64*	17.83	22.49	-4.66*
第二产业	%	14.10	18.20	-4.11*	31.89	29.90	1.99*
工业	%	3.21	6.31	-3.1*	18.63	19.74	-1.11*
建筑业	%	10.92	11.92	-1*	13.36	10.22	3.14*
第三产业	%	52.94	50.47	2.47*	50.28	47.61	2.67*

1—9续表4

指标名称	单位	上林县			宾阳县		
		2022年	2021年	2022年为2021年%	2022年	2021年	2022年为2021年%
农业							
农林牧渔业总产值(当年价)	万元	494158	470347	106.0	1116570	1424345	106.3
农业	万元	299528	288637	107.9	675801	668488	104.8
林业	万元	25427	23392	111.2	60935	55974	112.4
牧业	万元	129601	127655	101.2	312012	635728	107.7
渔业	万元	37623	28821	103.3	49278	47253	101.5
农林牧渔服务业	万元	1980	1842	105.5	18546	16903	107.7
工业							
规模以上工业企业主要指标							
企业单位数	个	24	23	104.3	131	122	107.4
亿元工业企业	个	5	6	83.3	55	57	96.5
亏损企业	个	4	5	80.0	31	22	140.9
规模以上工业总产值增速	%	2.8	12.9	-10.13*	-11.0	19.4	-30.46*
固定资产投资增速							
固定资产投资	%	-47.0	-3.9	-43.1*	-13.1	8.7	-21.8*
# 项目投资	%	-53.7	6.5	-60.18*	-8.0	3.5	-11.52*
房地产开发投资	%	-17.1	-32.9	15.8*	-27.2	26.9	-54.1*

注:“*”为增减百分点。

1—9续表5

指标名称	单 位	上林县			宾阳县		
		2022年	2021年	2022年为2021年%	2022年	2021年	2022年为2021年%
商业							
社会消费品零售总额	万元	226771	249525	90.9	1077755	1067789	100.9
财政、金融							
一般公共预算收入	万元	38628	35253	109.6	80846	86451	93.5
一般公共预算支出	万元	311066	350887	88.7	426172	424015	100.5
金融机构本外币存款余额	亿元	153	140	109.8	331	303	109.4
金融机构本外币贷款余额	亿元	123	110	112.1	275	235	116.7
城乡居民收入							
全体居民年人均可支配收入	元	21343	20305	105.1	28507	27234	104.7
城镇居民年人均可支配收入	元	32470	31463	103.2	40186	38865	103.4
农村居民年人均可支配收入	元	15703	14648	107.2	19400	18165	106.8

1—9续表6

指标名称	单 位	横州市			兴宁区		
		2022年	2021年	2022年为2021年%	2022年	2021年	2022年为2021年%
人口、土地面积							
年末户籍人口	人	1266309	1269397	99.8	405887	393190	103.2
男性人口	人	674947	676260	99.8	199079	193892	102.7
女性人口	人	591362	593137	99.7	206808	199298	103.8
年平均人口	人	1267853	1270952	99.8	399539	386088	103.5
年末常住人口	万人	90.94	90.44	100.6	63.19	62.45	101.2
#城镇人口	万人	38.87	38.26	101.59	56.33	55.24	102.0
城镇化率	%	42.74	42.30	0.44*	89.14	88.45	0.69*
土地面积	平方公里	3464	3449	100.4	723	722	100.1
生产总值(当年价)	**万元**	**3302909**	**3544277**	**101.7**	**3992712**	**3937648**	**101.5**
第一产业	万元	975499	989703	101.9	168581	173630	104.3
第二产业	万元	765234	1070224	102.6	592490	620509	100.0
工业	万元	551991	848237	104.3	96964	137032	86.8
建筑业	万元	214883	223162	97.3	496108	483893	103.7
第三产业	万元	1562176	1484349	101.2	3231641	3143510	101.6
人均生产总值(当年价)	元	36420	39346	101.0	63558	63470	100.2
生产总值构成	**%**	**100**	**100**		**100**	**100**	
第一产业	%	29.53	27.92	1.61*	4.22	4.41	-0.19*
第二产业	%	23.17	30.20	-7.03*	14.84	15.76	-0.92*
工业	%	16.71	23.93	-7.22*	2.43	3.48	-1.05*
建筑业	%	6.51	6.30	0.21*	12.43	12.29	0.14*
第三产业	%	47.30	41.88	5.42*	80.94	79.83	1.11*

1—9续表7

指标名称	单位	横州市			兴宁区		
		2022年	2021年	2022年为2021年%	2022年	2021年	2022年为2021年%
农业							
农林牧渔业总产值(当年价)	万元	1580524	1615391	101.8	285237	288555	104.4
农业	万元	930984	955431	102.3	154948	155435	102.7
林业	万元	84308	76719	115.1	41693	54004	83.0
牧业	万元	448074	472069	99.0	54716	44442	135.6
渔业	万元	71421	67189	99.5	28627	29741	105.4
农林牧渔服务业	万元	45736	43984	102.0	5253	4932	104.5
工业							
规模以上工业企业主要指标							
企业单位数	个	161	155	103.9	36	35	102.9
亿元工业企业	个	67	59	113.6	12	13	92.3
亏损企业	个	40	35	114.3	11	10	110.0
规模以上工业总产值增速	%	4.5	23.0	-18.51*	-2.7	0.8	-3.55*
固定资产投资增速							
固定资产投资	%	-4.3	63.8	-68.1*	2.4	-13.5	15.9*
#项目投资	%	-0.7	80.4	-81.08*	32.8	-2.0	34.85*
房地产开发投资	%	-45.3	-19.7	-25.6*	-18.8	-20.0	1.2*

注:“*”为增减百分点。

1—9续表8

指标名称	单 位	横州市			兴宁区		
		2022年	2021年	2022年为2021年%	2022年	2021年	2022年为2021年%
商业							
社会消费品零售总额	万元	796386	838372	95.0	5539118	5553491	99.7
财政、金融							
一般公共预算收入	万元	68115	89897	75.8	99849	89818	111.2
一般公共预算支出	万元	546115	561517	97.3	199813	198285	100.8
金融机构本外币存款余额	亿元	417	381	109.3			
金融机构本外币贷款余额	亿元	279	247	113.1			
城乡居民收入							
全体居民年人均可支配收入	元	28042	26868	104.4	42913	41775	102.7
城镇居民年人均可支配收入	元	40428	39289	102.9	46341	45211	102.5
农村居民年人均可支配收入	元	19076	17878	106.7	20132	18939	106.3

1—9续表9

指标名称	单位	青秀区			江南区		
		2022年	2021年	2022年为2021年%	2022年	2021年	2022年为2021年%
人口、土地面积							
年末户籍人口	人	890322	861724	103.3	613916	596404	102.9
男性人口	人	435967	422718	103.1	305099	298309	102.3
女性人口	人	454355	439006	103.5	308817	298095	103.6
年平均人口	人	876023	846864	103.4	605160	587781	103.0
年末常住人口	万人	114.45	113.59	100.8	100.77	99.99	100.8
# 城镇人口	万人	107.95	106.98	100.9	86.82	85.53	101.5
城镇化率	%	94.32	94.18	0.14*	86.16	85.54	0.62*
土地面积	平方公里	872	865	100.8	1183	1183	100.0
生产总值(当年价)	**万元**	**13211656**	**13247698**	**101.0**	**6050052**	**5695344**	**100.8**
第一产业	万元	235460	229051	103.9	328525	343479	102.8
第二产业	万元	1134953	1262419	100.8	2392631	1979388	103.2
工业	万元	76784	134861	80.5	1576546	1191863	104.7
建筑业	万元	1062652	1130769	103.1	817735	788597	100.6
第三产业	万元	11841243	11756228	101.0	3328896	3372478	99.0
人均生产总值(当年价)	元	115871	117148	100.2	60271	57211	100.0
生产总值构成	**%**	**100**	**100**		**100**	**100**	
第一产业	%	1.78	1.73	0.05*	5.43	6.03	-0.6*
第二产业	%	8.59	9.53	-0.94*	39.55	34.75	4.79*
工业	%	0.58	1.02	-0.44*	26.06	20.93	5.13*
建筑业	%	8.04	8.54	-0.49*	13.52	13.85	-0.33*
第三产业	%	89.63	88.74	0.89*	55.02	59.21	-4.19*

1—9续表10

指标名称	单 位	青秀区			江南区		
		2022年	2021年	2022年为2021年%	2022年	2021年	2022年为2021年%
农业							
农林牧渔业总产值(当年价)	万元	408972	407384	103.3	507288	507110	102.7
农业	万元	171937	178214	100.5	372255	374438	102.9
林业	万元	36083	41193	102.2	34604	36639	89.5
牧业	万元	116908	108121	106.9	59037	55582	108.4
渔业	万元	13992	14920	101.7	21741	21766	104.8
农林牧渔服务业	万元	70051	64934	105.9	19650	18685	108.6
工业							
规模以上工业企业主要指标							
企业单位数	个	32	31	103.2	213	209	101.9
亿元工业企业	个	9	10	90.0	64	76	84.2
亏损企业	个	11	5	220.0	60	48	125.0
规模以上工业总产值增速	%	-13.6	-8.6	-5.02*	2.0	5.5	-3.54*
固定资产投资增速							
固定资产投资	%	14.0	0.8	13.2*	-14.9	7.3	-22.2*
#项目投资	%	53.8	2.2	51.59*	8.5	16.5	-7.96*
房地产开发投资	%	-19.4	-0.3	-19.1*	-39.5	-0.8	-38.7*

注:“*”为增减百分点。

1—9续表11

指标名称	单 位	青秀区			江南区		
		2022年	2021年	2022年为2021年%	2022年	2021年	2022年为2021年%
商业							
社会消费品零售总额	万元	5386457	5463695	98.6	3784217	3756236	100.7
财政							
一般公共预算收入	万元	284342	363490	78.2	70255	70025	100.3
一般公共预算支出	万元	866774	500186	173.3	236486	230474	102.6
城乡居民收入							
全体居民年人均可支配收入	元	52506	50632	103.7	37857	36695	103.2
城镇居民年人均可支配收入	元	54921	53013	103.6	41798	40660	102.8
农村居民年人均可支配收入	元	20993	19565	107.3	20779	19511	106.5

1—9续表12

指标名称	单 位	西乡塘区			良庆区		
		2022年	2021年	2022年为2021年%	2022年	2021年	2022年为2021年%
人口、土地面积							
年末户籍人口	人	870072	856362	101.6	389871	367976	106.0
男性人口	人	430537	425164	101.3	197164	187466	105.2
女性人口	人	439535	431198	101.9	192707	180510	106.8
年平均人口	人	863217	848820	101.7	378924	357797	105.9
年末常住人口	万人	167.01	165.86	100.7	60.03	59.61	100.7
# 城镇人口	万人	153.44	151.20	101.5	50.98	50.23	101.5
城镇化率	%	91.87	91.16	0.71*	84.92	84.26	0.66*
土地面积	平方公里	1063	1064	99.8	1369	1369	100.0
生产总值(当年价)	**万元**	**9668861**	**8935193**	**100.4**	**4113914**	**4341405**	**100.6**
第一产业	万元	456442	419679	103.8	320082	325333	103.8
第二产业	万元	2876564	2523345	97.6	1073697	1665750	94.1
工业	万元	2066929	1615236	101.0	320629	802300	96.8
建筑业	万元	809635	912159	89.7	760185	868547	92.6
第三产业	万元	6335855	5992169	101.3	2720135	2350322	103.5
人均生产总值(当年价)	元	58094	54082	99.6	68772	73304	99.6
生产总值构成	**%**	**100**	**100**		**100**	**100**	
第一产业	%	4.72	4.70	0.02*	7.78	7.49	0.29*
第二产业	%	29.75	28.24	1.51*	26.10	38.37	-12.27*
工业	%	21.38	18.08	3.3*	7.79	18.48	-10.69*
建筑业	%	8.37	10.21	-1.83*	18.48	20.01	-1.53*
第三产业	%	65.53	67.06	-1.53*	66.12	54.14	11.98*

1—9续表13

指标名称	单 位	西乡塘区			良庆区		
		2022年	2021年	2022年为2021年%	2022年	2021年	2022年为2021年%
农业							
农林牧渔业总产值(当年价)	万元	650611	631285	107.1	476612	498563	103.4
农业	万元	407992	388108	111.9	318590	332615	102.1
林业	万元	9544	9975	97.1	54291	62420	94.6
牧业	万元	189340	192144	97.3	80450	81809	115.4
渔业	万元	19863	18631	112.5	17780	16556	104.4
农林牧渔服务业	万元	23873	22427	111.2	5501	5164	104.5
工业							
规模以上工业企业主要指标							
企业单位数	个	278	261	106.5	72	76	94.7
亿元工业企业	个	79	79	100.0	23	26	88.5
亏损企业	个	110	82	134.1	21	16	131.3
规模以上工业总产值增速	%	-1.1	10.3	-11.42*	-2.8	24.4	-27.18*
固定资产投资增速							
固定资产投资	%	-21.7	2.1	-23.8*	-55.6	0.4	-56*
# 项目投资	%	26.7	10.9	15.79*	-28.9	-15.0	-13.88*
房地产开发投资	%	-65.3	-4.7	-60.6*	-62.4	5.3	-67.7*

注:“*”为增减百分点。

1—9续表14

指标名称	单 位	西乡塘区			良庆区		
		2022年	2021年	2022年为2021年%	2022年	2021年	2022年为2021年%
商业							
社会消费品零售总额	万元	4736033	4807847	98.5	956561	776315	123.2
财政							
一般公共预算收入	万元	104037	116374	89.4	208662	207346	100.6
一般公共预算支出	万元	348395	327826	106.3	351883	327847	107.3
城乡居民收入							
全体居民年人均可支配收入	元	38962	37887	102.8	32836	31578	104.0
城镇居民年人均可支配收入	元	40778	39706	102.7	37347	36084	103.5
农村居民年人均可支配收入	元	18841	17741	106.2	20691	19446	106.4

1—9续表15

指标名称	单位	邕宁区			武鸣区		
		2022年	2021年	2022年为2021年%	2022年	2021年	2022年为2021年%
人口、土地面积							
年末户籍人口	人	402851	394144	102.2	730598	729980	100.1
男性人口	人	211192	207226	101.9	381109	380515	100.2
女性人口	人	191659	186918	102.5	349489	349465	100.0
年平均人口	人	398498	389648	102.3	730289	729473	100.1
年末常住人口	万人	33.97	33.78	100.6	69.35	69.01	100.5
# 城镇人口	万人	19.45	19.01	102.3	37.00	36.45	101.5
城镇化率	%	57.26	56.28	0.98*	53.35	52.82	0.53*
土地面积	平方公里	1255	1231	102.0	3389	3388	100.0
生产总值(当年价)	**万元**	**1654019**	**1709520**	**105.1**	**3840190**	**3542611**	**102.7**
第一产业	万元	410572	406785	104.0	1368920	1361714	104.7
第二产业	万元	433019	458577	109.6	1007648	867530	100.4
工业	万元	206654	259214	105.3	670041	522811	102.9
建筑业	万元	228609	200969	115.0	339330	345952	96.3
第三产业	万元	810428	844158	103.2	1463622	1313367	102.0
人均生产总值(当年价)	元	48827	50992	104.0	55510	51536	102.0
生产总值构成	**%**	**100**	**100**		**100**	**100**	
第一产业	%	24.82	23.80	1.03*	35.65	38.44	-2.79*
第二产业	%	26.18	26.82	-0.65*	26.24	24.49	1.75*
工业	%	12.49	15.16	-2.67*	17.45	14.76	2.69*
建筑业	%	13.82	11.76	2.07*	8.84	9.77	-0.93*
第三产业	%	49.00	49.38	-0.38*	38.11	37.07	1.04*

1—9续表16

指标名称	单 位	邕宁区			武鸣区		
		2022年	2021年	2022年为2021年%	2022年	2021年	2022年为2021年%
农业							
农林牧渔业总产值(当年价)	万元	630306	631189	102.8	1954424	1915657	107.2
农业	万元	371688	382235	103.8	1489055	1448449	108.3
林业	万元	29679	32614	97.9	83283	93762	85.1
牧业	万元	204885	193601	101.6	268316	258345	112.0
渔业	万元	16826	16043	104.9	55395	60145	95.5
农林牧渔服务业	万元	7228	6696	105.9	58375	54955	110.7
工业							
规模以上工业企业主要指标							
企业单位数	个	46	44	104.5	296	276	107.2
亿元工业企业	个	20	23	87.0	58	62	93.5
亏损企业	个	18	18	100.0	90	78	115.4
规模以上工业总产值增速	%	4.7	-0.5	5.23*	5.3	24.8	-19.56*
固定资产投资增速							
固定资产投资	%	-3.9	24.7	-28.6*	-0.3	3.3	-3.6*
#项目投资	%	39.9	40.6	-0.69*	18.6	26.0	-7.43*
房地产开发投资	%	-31.2	16.5	-47.7*	-48.1	-29.2	-18.9*

注:“*”为增减百分点。

1—9续表17

指标名称	单 位	邕宁区			武鸣区		
		2022年	2021年	2022年为2021年%	2022年	2021年	2022年为2021年%
商业							
社会消费品零售总额	万元	327422	335390	97.6	429230	451853	95.0
财政							
一般公共预算收入	万元	30012	52258	57.4	109110	121173	90.0
一般公共预算支出	万元	365255	293121	124.6	405980	467686	86.8
城乡居民收入							
全体居民年人均可支配收入	元	27566	26328	104.7	30808	29551	104.3
城镇居民年人均可支配收入	元	38838	37670	103.1	41078	40037	102.6
农村居民年人均可支配收入	元	19672	18385	107.0	22261	20824	106.9

二 国民经济核算

2-1 全市主要年份生产总值

（按当年价格计算）

单位:万元

年 份	生产总值	第一产业	第二产业			第三产业
				工 业	建筑业	
1950	14272	10376	587	485	102	3309
1965	53362	21483	13309	11307	2002	18570
1978	147407	61866	52192	47482	4710	33349
1980	180111	70093	70017	64475	5542	40001
1985	309278	118263	108351	95852	12499	82664
1990	708788	231018	248354	228325	20029	229416
1991	793241	239063	274634	252011	22623	279544
1992	918098	277741	304726	275905	28821	335631
1993	1346171	344360	499312	436528	62784	502499
1994	1872259	491029	675122	578013	97109	706108
1995	2358085	615225	807943	652156	155787	934917
1996	2671991	690541	845891	666448	179443	1135559
1997	3044914	785856	922155	709756	212399	1336903
1998	3395532	834421	997314	767099	230215	1563797
1999	3569886	852645	1019933	772336	247597	1697308
2000	3779364	876615	1053679	790913	262766	1849070
2001	4181684	907401	1131645	852455	279190	2142638
2002	4631795	936344	1255606	933896	321710	2439845
2003	5278179	987070	1495415	1070073	425342	2795694
2004	6189705	1067729	1840029	1289575	550454	3281947
2005	7113104	1232547	2121506	1470109	651397	3759051
2006	8441272	1431136	2511049	1764474	746575	4499087
2007	10548840	1766418	3085515	2223416	862099	5696907
2008	12407756	1976088	3575897	2547440	1028457	6855771
2009	14239513	2057462	3907860	2632232	1275628	8274191
2010	16771874	2366617	4805189	3183780	1621409	9600068
2011	20448572	2968046	6084730	4000939	2083791	11395796
2012	23071083	3118920	6754631	4320630	2434001	13197532
2013	26201470	3366840	7449587	4647646	2801941	15385043
2014	28622807	3545707	8250306	5142796	3107510	16826794
2015	31479150	3709659	8812264	5495912	3312210	18957227
2016	34059878	3957746	8889715	5496319	3399269	21212417
2017	38043331	4060839	9461180	5733006	3745666	24521312
2018	41623699	4320500	9953487	5828321	4144198	27349712
2019	45065576	5072701	10449719	5834774	4633997	29543157
2020	47263421	5343563	10843178	5838094	5027126	31076680
2021	51209430	6067608	11987598	6448439	5560215	33154224
2022	52183447	6015099	11828098	6408432	5443843	34340250

注:1.全市国民经济核算指标均为行政区划调整后大南宁口径。

2.2015年广西生产总值核算方案发生调整,将工业中的开采辅助活动,金属制品、机械和设备修理业两类行业归类到第三产业中,故从2015年开始,第二产业增加值不等于工业、建筑业增加值之和。

3.2015年及以后年份全市生产总值数据已包含研发经费支出,下同。

4.2002-2018年数据已依据全国第四次经济普查结果进行修订。

5.2019-2022年数据为快报口径。

2-2 全市主要年份生产总值构成

（按当年价格计算）

单位：%

年 份	生产总值	第一产业	第二产业			第三产业
				工 业	建筑业	
1950	100.00	72.70	4.11	3.40	0.71	23.19
1965	100.00	40.26	24.94	21.19	3.75	34.80
1978	100.00	41.97	35.41	32.21	3.20	22.62
1980	100.00	38.92	38.87	35.80	3.07	22.21
1985	100.00	38.24	35.03	30.99	4.04	26.73
1990	100.00	32.59	35.04	32.21	2.83	32.37
1991	100.00	30.14	34.62	31.77	2.85	35.24
1992	100.00	30.25	33.19	30.05	3.14	36.56
1993	100.00	25.58	37.09	32.43	4.66	37.33
1994	100.00	26.23	36.06	30.87	5.19	37.71
1995	100.00	26.09	34.26	27.66	6.60	39.65
1996	100.00	25.84	31.66	24.94	6.72	42.50
1997	100.00	25.81	30.29	23.31	6.98	43.90
1998	100.00	24.57	29.37	22.59	6.78	46.06
1999	100.00	23.88	28.57	21.63	6.94	47.55
2000	100.00	23.19	27.88	20.93	6.95	48.93
2001	100.00	21.70	27.06	20.39	6.67	51.24
2002	100.00	20.22	27.11	20.16	6.95	52.68
2003	100.00	18.70	28.33	20.27	8.06	52.97
2004	100.00	17.25	29.73	20.83	8.89	53.02
2005	100.00	17.33	29.83	20.67	9.16	52.85
2006	100.00	16.95	29.75	20.90	8.84	53.30
2007	100.00	16.75	29.25	21.08	8.17	54.01
2008	100.00	15.93	28.82	20.53	8.29	55.25
2009	100.00	14.45	27.44	18.49	8.96	58.11
2010	100.00	14.11	28.65	18.98	9.67	57.24
2011	100.00	14.51	29.76	19.57	10.19	55.73
2012	100.00	13.52	29.28	18.73	10.55	57.20
2013	100.00	12.85	28.43	17.74	10.69	58.72
2014	100.00	12.39	28.82	17.97	10.86	58.79
2015	100.00	11.78	27.99	17.46	10.52	60.22
2016	100.00	11.62	26.10	16.14	9.98	62.28
2017	100.00	10.67	24.87	15.07	9.85	64.46
2018	100.00	10.38	23.91	14.00	9.96	65.71
2019	100.00	11.26	23.19	12.95	10.28	65.56
2020	100.00	11.31	22.94	12.35	10.64	65.75
2021	100.00	11.85	23.41	12.59	10.86	64.74
2022	100.00	11.53	22.67	12.28	10.43	65.81

注：部分数据因四舍五入，存在总计与分项合计不等的情况，下同。

2-3 全市主要年份生产总值指数

（按可比价计算,以上年为100）

年 份	生产总值	第一产业	第二产业			第三产业
				工 业	建筑业	
1951	113.2	110.1	147.6	100.0	100.0	119.0
1965	116.8	115.2	132.0	136.3	112.3	109.6
1978	111.5	110.3	112.1	108.1	180.2	112.6
1980	105.5	105.3	108.0	112.6	73.4	101.7
1985	112.7	103.4	122.1	117.7	171.6	113.1
1990	109.6	111.1	111.6	112.1	106.0	107.8
1991	106.3	100.6	106.9	106.7	109.2	111.6
1992	112.7	115.1	109.3	107.9	125.5	114.3
1993	123.5	106.9	134.4	129.7	178.6	128.3
1994	116.5	107.7	119.6	117.1	136.8	120.7
1995	114.5	112.6	114.9	108.3	154.0	115.7
1996	111.4	105.9	110.4	107.7	121.4	116.5
1997	112.5	113.9	108.8	106.3	118.1	115.2
1998	111.5	108.4	110.3	110.3	110.6	114.8
1999	109.4	107.4	108.1	106.4	113.7	111.7
2000	107.7	100.7	104.6	105.4	102.1	113.9
2001	108.8	102.2	106.4	106.7	105.5	113.2
2002	110.9	107.7	112.0	112.2	111.2	111.6
2003	110.3	103.5	115.3	108.4	139.9	110.5
2004	111.8	106.2	111.7	108.1	121.7	114.0
2005	110.8	108.1	109.4	106.4	116.9	112.5
2006	113.2	108.4	116.4	117.8	113.4	113.0
2007	114.4	106.7	114.6	115.6	112.1	116.8
2008	111.2	104.1	106.9	106.6	107.8	115.7
2009	111.5	104.8	112.7	106.3	128.1	112.6
2010	112.3	105.5	112.8	107.6	123.0	113.6
2011	113.1	105.7	117.3	116.9	118.2	112.7
2012	111.8	105.0	113.5	112.2	115.9	112.5
2013	111.7	104.5	111.9	110.2	115.2	113.2
2014	108.7	104.2	107.5	106.9	108.5	110.3
2015	108.4	104.1	106.6	105.4	108.8	110.1
2016	106.6	104.6	101.9	100.2	104.9	109.1
2017	108.0	104.7	102.8	102.2	104.0	110.8
2018	105.4	105.3	98.0	94.9	102.7	108.3
2019	105.0	105.3	104.4	101.0	109.2	105.2
2020	103.7	104.7	105.3	102.6	108.8	102.9
2021	106.1	107.9	104.3	106.4	102.0	106.3
2022	101.4	104.4	100.1	101.1	99.0	101.2

2-4 全市主要年份人均生产总值

（按当年价格计算）

年 份	人均生产总值（元）	以上年为100的发展速度（%）
1950	62	
1965	165	120.5
1978	331	114.0
1980	387	107.6
1985	602	115.1
1990	1282	111.4
1991	1414	107.9
1992	1617	114.1
1993	2339	125.2
1994	3208	118.2
1995	3987	116.0
1996	4465	112.7
1997	5036	113.7
1998	5569	112.4
1999	5817	110.1
2000	6086	109.0
2001	6656	110.1
2002	7327	111.6
2003	8176	110.9
2004	9595	111.9
2005	11127	111.9
2006	13220	114.8
2007	16070	115.3
2008	19204	113.1
2009	21945	113.9
2010	27069	114.2
2011	33017	112.7
2012	37016	111.2
2013	41711	109.3
2014	45735	107.5
2015	41740	107.6
2016	43928	103.7
2017	47597	104.7
2018	50613	102.4
2019	53424	102.4
2020	54669	101.1
2021	58241	104.3
2022	58883	100.6

注：1.发展速度按可比价计算。

2.2010年以前人均生产总值按户籍人口计算，2010年（含）以后人均生产总值按常住人口计算。

3.根据2018年四经普以及2020年七人普修订数据，全市2015–2020年人均生产总值数据进行了相应修订。

2-5 全市各时期生产总值平均指数

(按可比价格计算,以上年为100)

时 期	生产总值	第一产业	第二产业			第三产业
				工 业	建筑业	
恢复时期(1950-1952年)	108.5	106.3	129.3	132.5	110.7	111.3
"一五"时期(1953-1957年)	109.5	104.4	129.5	127.3	143.0	116.5
"二五"时期(1958-1962年)	105.3	98.7	108.8	110.0	102.7	111.4
调整时期(1963-1965年)	110.8	111.4	122.7	121.9	127.2	104.7
"三五"时期(1966-1970年)	106.9	107.6	113.1	115.5	93.3	103.1
"四五"时期(1971-1975年)	109.0	109.2	111.2	111.1	113.9	105.9
"五五"时期(1976-1980年)	108.0	103.2	113.9	113.5	118.5	108.2
"六五"时期(1981-1985年)	108.6	106.9	109.1	108.3	117.7	111.5
"七五"时期(1986-1990年)	109.4	103.5	110.4	111.3	102.8	115.9
"八五"时期(1991-1995年)	114.6	108.5	116.6	113.6	138.8	118.0
"九五"时期(1996-2000年)	110.5	107.2	108.4	107.2	113.0	114.4
"十五"时期(2001-2005年)	110.5	105.5	110.9	108.3	118.5	112.3
"十一五"时期(2006-2010年)	112.5	105.9	112.6	110.7	116.6	114.3
"十二五"时期(2011-2015年)	110.7	104.7	111.3	110.2	113.3	111.8
"十三五"时期(2016-2020年)	105.7	104.9	102.4	100.1	105.9	107.2
1951年至2022年	109.3	105.7	113.0	112.4	114.7	111.1
1979年至2022年	109.9	105.7	110.1	108.8	114.4	112.4
1993年至2022年	110.3	106.0	109.9	108.0	116.1	112.3

注:全市2002-2018年数据已依据全国第四次经济普查结果进行修订,因此"十五"时期至"十三五"时期数据也相应修订。

2-6 全市财政收入相当于地区生产总值的比例

（按当年价格计算）

年 份	财政收入（万元）	地区生产总值（万元）	比 例（%）
1950	781	14272	5.47
1965	6293	53362	11.79
1978	23188	147407	15.73
1980	27538	180111	15.29
1985	42633	309278	13.78
1990	82478	708788	11.64
1991	89637	793241	11.30
1992	94542	918098	10.30
1993	141425	1346171	10.51
1994	193018	1872259	10.31
1995	219576	2358085	9.31
1996	240141	2671991	8.99
1997	273637	3044914	8.99
1998	308392	3395532	9.08
1999	339803	3569886	9.52
2000	375390	3779364	9.93
2001	452926	4181684	10.83
2002	529594	4631795	11.43
2003	610594	5278179	11.57
2004	746328	6189705	12.06
2005	1002186	7113104	14.09
2006	1203609	8441272	14.26
2007	1508393	10548840	14.30
2008	1911682	12407756	15.41
2009	2313664	14239513	16.25
2010	3008756	16771874	17.94
2011	3635192	20448572	17.78
2012	4219938	23071083	18.29
2013	4736644	26201470	18.08
2014	5265905	28622807	18.40
2015	5724781	31479150	18.19
2016	6138280	34059878	18.02
2017	6879808	38043331	18.08
2018	7532000	41623699	18.10
2019	8006868	45065576	17.77
2020	7960876	47263421	16.84
2021	8288436	51209430	16.19

注：从2022年1月份开始，南宁市财政局不再公布财政收入指标，只公布一般公共预算收入口径。

2-7 全市生产总值及指数

单位:万元

指标名称	2022年	2021年	指 数 (按照可比价格计算,以上年为100)
地区生产总值	**52183447**	**51209430**	**101.4**
农林牧渔业	6133949	6175897	104.4
工业	6408432	6448439	101.1
建筑业	5443843	5560215	99.0
批发和零售业	4229443	4160688	99.3
批发业	1709935	1769723	95.7
零售业	2519508	2390965	101.8
交通运输、仓储和邮政业	2960428	2997423	96.5
住宿和餐饮业	1346522	1337995	99.4
住宿业	178365	187998	95.0
餐饮业	1168157	1149997	100.2
金融业	6529707	6086661	106.5
房地产业	5161333	5410161	94.6
房地产业(K门类)	2802288	3160110	88.4
自有房地产经营活动	2359045	2250051	103.2
其他服务业	13969790	13031951	103.4
营利性服务业	6573188	5840846	107.2
非营利性服务业	7396602	7191105	100.3
第一产业	**6015099**	**6067608**	**104.4**
第二产业	**11828098**	**11987598**	**100.1**
第三产业	**34340250**	**33154224**	**101.2**

注:总量按当年价格计算,发展速度按可比价格计算。

2-8 全市生产总值构成

（按当年价格计算）

单位：%

指标名称	2022年	2021年
地区生产总值	**100.00**	**100.00**
农林牧渔业	11.75	12.06
工业	12.28	12.59
建筑业	10.43	10.86
批发和零售业	8.10	8.12
批发业	3.28	3.46
零售业	4.83	4.67
交通运输、仓储和邮政业	5.67	5.85
住宿和餐饮业	2.58	2.61
住宿业	0.34	0.37
餐饮业	2.24	2.25
金融业	12.51	11.89
房地产业	9.89	10.56
房地产业(K门类)	5.37	6.17
自有房地产经营活动	4.52	4.39
其他服务业	26.77	25.45
营利性服务业	12.60	11.41
非营利性服务业	14.17	14.04
第一产业	**11.53**	**11.85**
第二产业	**22.67**	**23.41**
第三产业	**65.81**	**64.74**

2-9 隆安县主要年份生产总值

（按当年价格计算）

单位：万元

年 份	生产总值	第一产业	第二产业	第三产业
1950	665	636	14	15
1965	1191	989	87	115
1978	6584	4443	1397	744
1980	7035	5051	952	1032
1985	11226	7978	1595	1653
1990	22680	15139	3539	4002
1991	22769	12989	3976	5804
1992	30629	18985	4185	7459
1993	42693	22609	10867	9217
1994	54271	30404	12689	11178
1995	66397	41404	12175	12818
1996	79632	47148	17033	15451
1997	83434	51527	15774	16133
1998	89193	52396	19124	17673
1999	87159	49569	19408	18182
2000	90831	54288	16685	19858
2001	101901	57762	21035	23104
2002	113014	62918	22496	27600
2003	122210	61994	29286	30930
2004	151386	73454	37668	40264
2005	187889	87368	50092	50429
2006	223503	94072	68896	60535
2007	279143	116435	83140	79568
2008	332916	136589	103347	92980
2009	337085	133668	106277	97140
2010	389769	149040	132156	108573
2011	488000	193334	170821	123845
2012	496441	199881	162922	133638
2013	547683	218972	170511	158200
2014	571956	231771	171316	168869
2015	690207	271335	189980	228892
2016	731707	307570	174398	249739
2017	808908	326354	201167	281387
2018	845214	322955	206811	315448
2019	942651	382721	221192	338738
2020	993852	420542	224632	348678
2021	1121151	488701	247124	385327
2022	1206875	532356	253422	421097

注：各县（市、区）2015−2020年数据依据第四次全国经济普查及第七次全国人口普查修订数进行相应修订。

2-10 隆安县主要年份生产总值构成

（按当年价格计算）

单位:%

年 份	生产总值	第一产业	第二产业	第三产业
1950	100.00	95.64	2.11	2.25
1965	100.00	83.04	7.30	9.66
1978	100.00	67.48	21.22	11.30
1980	100.00	71.80	13.53	14.67
1985	100.00	71.07	14.21	14.72
1990	100.00	66.75	15.60	17.65
1991	100.00	57.05	17.46	25.49
1992	100.00	61.98	13.66	24.36
1993	100.00	52.96	25.45	21.59
1994	100.00	56.02	23.38	20.60
1995	100.00	62.36	18.34	19.30
1996	100.00	59.21	21.39	19.40
1997	100.00	61.76	18.91	19.33
1998	100.00	58.74	21.44	19.82
1999	100.00	56.87	22.27	20.86
2000	100.00	59.77	18.37	21.86
2001	100.00	56.68	20.64	22.68
2002	100.00	55.67	19.91	24.42
2003	100.00	50.73	23.96	25.31
2004	100.00	48.52	24.88	26.60
2005	100.00	46.50	26.66	26.84
2006	100.00	42.09	30.83	27.08
2007	100.00	41.71	29.78	28.51
2008	100.00	41.03	31.04	27.93
2009	100.00	39.65	31.53	28.82
2010	100.00	38.24	33.91	27.85
2011	100.00	39.62	35.00	25.38
2012	100.00	40.26	32.82	26.92
2013	100.00	39.98	31.13	28.89
2014	100.00	40.52	29.95	29.53
2015	100.00	39.31	27.53	33.16
2016	100.00	42.03	23.83	34.13
2017	100.00	40.35	24.87	34.79
2018	100.00	38.21	24.47	37.32
2019	100.00	40.60	23.46	35.93
2020	100.00	42.31	22.60	35.08
2021	100.00	43.59	22.04	34.37
2022	100.00	44.11	21.00	34.89

2-11 隆安县主要年份生产总值指数

（按可比价格计算，以上年为100）

年 份	生产总值	第一产业	第二产业	第三产业
1951	107.8	107.1	121.4	126.7
1965	101.1	100.9	101.2	102.3
1978	105.3	104.1	109.0	107.8
1980	104.4	103.7	97.5	115.5
1985	106.0	107.1	118.3	93.1
1990	100.3	109.0	109.0	83.2
1991	104.7	91.6	120.4	140.4
1992	113.8	115.4	96.3	123.2
1993	116.3	101.9	194.1	103.4
1994	106.5	114.5	96.7	98.9
1995	104.3	113.2	86.6	100.2
1996	113.4	105.0	137.8	115.5
1997	111.8	119.1	98.1	107.4
1998	111.3	105.0	132.4	108.4
1999	108.1	108.0	110.8	105.0
2000	103.5	103.0	98.9	111.3
2001	105.8	104.5	110.7	105.4
2002	110.0	108.7	120.5	104.4
2003	114.2	103.3	152.3	106.0
2004	107.1	104.8	107.3	113.8
2005	113.4	106.0	125.4	116.5
2006	115.7	109.2	126.0	116.8
2007	119.7	107.8	131.9	125.7
2008	111.5	106.6	116.9	112.2
2009	104.9	103.8	105.0	106.0
2010	111.5	106.7	118.7	109.5
2011	113.1	106.4	125.2	107.3
2012	106.9	105.8	109.3	105.0
2013	107.3	105.1	109.2	107.3
2014	104.8	104.8	105.6	105.2
2015	107.6	105.0	103.8	116.6
2016	103.6	108.5	94.5	105.5
2017	106.9	105.7	106.7	108.6
2018	105.3	106.5	98.0	109.3
2019	105.1	105.2	106.7	103.9
2020	103.0	103.7	105.3	100.5
2021	107.9	110.6	104.5	106.8
2022	104.4	107.1	102.9	102.1

2-12 隆安县各时期生产总值平均指数

（按可比价格计算,以上年为100）

时 期	生产总值	第一产业	第二产业	第三产业
恢复时期(1950-1952年)	106.7	106.6	108.7	110.1
“一五”时期(1953-1957年)	107.8	106.6	125.9	125.8
“二五”时期(1958-1962年)	99.0	97.1	110.2	112.4
调整时期(1963-1965年)	102.1	102.7	97.8	100.5
“三五”时期(1966-1970年)	106.3	103.3	121.0	114.6
“四五”时期(1971-1975年)	107.3	104.8	112.9	118.5
“五五”时期(1976-1980年)	103.5	104.3	95.7	110.0
“六五”时期(1981-1985年)	104.9	103.0	110.0	108.8
“七五”时期(1986-1990年)	102.8	101.3	108.2	105.2
“八五”时期(1991-1995年)	109.0	106.9	113.5	112.1
“九五”时期(1996-2000年)	109.6	107.9	114.4	109.5
“十五”时期(2001-2005年)	110.0	105.4	122.3	109.1
“十一五”时期(2006-2010年)	112.5	106.8	119.4	113.8
“十二五”时期(2011-2015年)	107.9	105.4	110.4	108.2
“十三五”时期(2016-2020年)	104.8	105.9	102.1	105.5
1951年至2022年	106.4	104.7	111.6	111.1
1979年至2022年	107.3	105.4	110.4	109.2
1993年至2022年	108.7	106.8	113.2	108.0

2-13 马山县主要年份生产总值

（按当年价格计算）

单位：万元

年 份	生产总值	第一产业	第二产业	第三产业
1950	1552	1162	34	356
1965	2983	2095	307	581
1978	5207	3721	602	884
1980	5791	4184	771	836
1985	8164	5661	1072	1431
1990	16751	9325	1866	5560
1991	18721	10702	2202	5817
1992	20354	10739	2838	6777
1993	25374	13413	4236	7725
1994	31672	16943	7295	7434
1995	47879	25708	8362	13809
1996	52488	27413	9117	15958
1997	65433	35111	9963	20359
1998	78920	38167	19120	21633
1999	85021	39430	22151	23440
2000	89021	39117	24132	25772
2001	93432	41004	22727	29701
2002	101700	44001	24275	33424
2003	128181	47399	42967	37815
2004	140115	55210	40572	44333
2005	157182	58579	49007	49596
2006	186151	65034	60099	61018
2007	219836	79808	67193	72835
2008	258689	90440	80172	88077
2009	279447	90632	89335	99480
2010	313555	102023	96928	114604
2011	393711	129209	136370	128132
2012	403895	135964	121846	146085
2013	441644	147197	119635	174812
2014	467751	153446	124569	189736
2015	588502	167269	128122	293112
2016	645865	176333	136633	332899
2017	709552	202642	136496	370414
2018	770133	195044	177845	397244
2019	858363	228418	198671	431273
2020	901272	260896	199326	441051
2021	951749	298512	162016	491221
2022	1013209	325609	166226	521374

2-14 马山县主要年份生产总值构成

（按当年价格计算）

单位：%

年 份	生产总值	第一产业	第二产业	第三产业
1950	100.00	74.87	2.19	22.94
1965	100.00	70.23	10.29	19.48
1978	100.00	71.46	11.56	16.98
1980	100.00	72.25	13.31	14.44
1985	100.00	69.34	13.13	17.53
1990	100.00	55.67	11.14	33.19
1991	100.00	57.17	11.76	31.07
1992	100.00	52.76	13.94	33.30
1993	100.00	52.86	16.69	30.45
1994	100.00	53.50	23.03	23.47
1995	100.00	53.69	17.46	28.85
1996	100.00	52.23	17.37	30.40
1997	100.00	53.66	15.23	31.11
1998	100.00	48.36	24.23	27.41
1999	100.00	46.38	26.05	27.57
2000	100.00	43.94	27.11	28.95
2001	100.00	43.89	24.32	31.79
2002	100.00	43.27	23.87	32.86
2003	100.00	36.98	33.52	29.50
2004	100.00	39.40	28.96	31.64
2005	100.00	37.27	31.18	31.55
2006	100.00	34.94	32.29	32.77
2007	100.00	36.30	30.57	33.13
2008	100.00	34.96	30.99	34.05
2009	100.00	32.43	31.97	35.60
2010	100.00	32.54	30.91	36.55
2011	100.00	32.82	34.64	32.54
2012	100.00	33.66	30.17	36.17
2013	100.00	33.33	27.09	39.58
2014	100.00	32.81	26.63	40.56
2015	100.00	28.42	21.77	49.81
2016	100.00	27.30	21.15	51.54
2017	100.00	28.56	19.24	52.20
2018	100.00	25.33	23.09	51.58
2019	100.00	26.61	23.15	50.24
2020	100.00	28.95	22.12	48.94
2021	100.00	31.36	17.02	51.61
2022	100.00	32.14	16.41	51.46

2-15 马山县主要年份生产总值指数

（按可比价格计算,以上年为100）

年 份	生产总值	第一产业	第二产业	第三产业
1951				
1965	100.7	100.6	101.7	100.2
1978	101.2	103.0	90.3	101.9
1980	105.0	115.8	102.2	75.1
1985	104.9	104.8	104.7	104.8
1990	97.7	95.1	110.2	98.4
1991	108.5	111.9	126.2	96.7
1992	108.0	103.8	106.5	116.6
1993	106.9	110.1	120.4	96.0
1994	94.5	89.6	146.5	78.2
1995	131.1	124.8	117.6	158.3
1996	108.8	103.7	114.6	113.7
1997	121.3	123.6	106.3	128.3
1998	119.3	108.9	166.3	108.3
1999	109.7	108.1	115.5	109.5
2000	105.2	99.3	108.5	111.4
2001	104.4	108.6	90.7	110.8
2002	107.9	105.6	104.7	113.6
2003	109.2	108.8	115.0	105.5
2004	103.7	100.7	99.5	111.0
2005	112.9	109.2	122.8	109.7
2006	113.8	106.7	116.8	119.3
2007	114.0	106.8	120.3	115.4
2008	111.0	103.2	114.4	115.3
2009	111.5	104.1	114.8	114.8
2010	112.5	105.8	117.4	113.0
2011	109.8	105.0	120.3	105.3
2012	107.3	104.8	105.7	111.1
2013	107.2	105.0	106.4	109.8
2014	104.5	104.3	102.2	106.7
2015	103.5	104.0	96.3	109.1
2016	106.7	100.9	104.4	111.1
2017	106.2	105.4	106.2	106.5
2018	107.8	111.6	115.2	102.8
2019	106.3	104.6	111.1	105.1
2020	103.0	106.7	103.7	100.5
2021	107.4	107.7	106.0	107.7
2022	105.0	105.3	116.0	101.7

2-16 马山县各时期生产总值平均指数

（按可比价格计算,以上年为100）

时 期	生产总值	第一产业	第二产业	第三产业
恢复时期(1950-1952年)				
“一五”时期(1953-1957年)	104.6	104.5	113.6	103.6
“二五”时期(1958-1962年)	98.9	97.0	103.0	101.8
调整时期(1963-1965年)	103.9	104.5	115.3	97.1
“三五”时期(1966-1970年)	105.4	104.6	121.1	99.7
“四五”时期(1971-1975年)	105.6	107.6	99.6	102.1
“五五”时期(1976-1980年)	103.6	106.4	99.8	96.7
“六五”时期(1981-1985年)	104.8	103.9	102.6	110.0
“七五”时期(1986-1990年)	104.5	101.3	103.3	113.6
“八五”时期(1991-1995年)	109.2	107.4	122.7	106.0
“九五”时期(1996-2000年)	112.7	108.4	120.5	114.0
“十五”时期(2001-2005年)	107.6	106.5	105.9	110.1
“十一五”时期(2006-2010年)	112.6	105.3	116.7	115.5
“十二五”时期(2011-2015年)	106.4	104.6	105.9	108.4
“十三五”时期(2016-2020年)	106.0	105.8	108.0	105.1
1951年至2022年	106.0	104.7	109.2	105.9
1979年至2022年	107.7	105.7	110.2	109.0
1993年至2022年	108.9	106.3	112.8	109.7

2-17 上林县主要年份生产总值

（按当年价格计算）

单位：万元

年 份	生产总值	第一产业	第二产业	第三产业
1950	1830	1670	12	148
1965	3249	2770	76	403
1978	5387	4069	530	788
1980	5729	3876	747	1106
1985	12477	9229	1437	1811
1990	30386	16962	4578	8846
1991	34809	17956	5612	11241
1992	39327	20221	5639	13467
1993	48910	24042	9622	15246
1994	69971	43636	11353	14982
1995	78742	49884	10633	18225
1996	85830	50853	14013	20964
1997	91990	51775	14971	25244
1998	97597	54281	16260	27056
1999	102412	57221	16719	28472
2000	105567	57572	17673	30322
2001	110386	57804	18026	34556
2002	118584	51147	19091	48346
2003	116299	54507	24201	37591
2004	135008	64180	30359	40469
2005	165733	75174	37681	52878
2006	195079	90289	44447	60343
2007	231935	100051	57278	74606
2008	265183	110519	70469	84195
2009	271785	108041	69108	94636
2010	318502	128018	81794	108690
2011	390554	160428	106591	123535
2012	403080	166752	97553	138775
2013	449293	177700	104177	167416
2014	466025	184289	100927	180809
2015	577299	192349	113219	271731
2016	618542	211111	105396	302036
2017	672359	219132	110157	343070
2018	714686	220973	105670	388043
2019	810876	261680	122319	426877
2020	905743	276228	167348	462167
2021	1019946	319489	185674	514783
2022	1037637	341998	146292	549347

2-18 上林县主要年份生产总值构成

（按当年价格计算）

单位：%

年份	生产总值	第一产业	第二产业	第三产业
1950	100.00	91.26	0.66	8.08
1965	100.00	85.26	2.34	12.40
1978	100.00	75.53	9.84	14.63
1980	100.00	67.66	13.04	19.30
1985	100.00	73.97	11.52	14.51
1990	100.00	55.82	15.07	29.11
1991	100.00	51.58	16.12	32.30
1992	100.00	51.42	14.34	34.24
1993	100.00	49.16	19.67	31.17
1994	100.00	62.36	16.23	21.41
1995	100.00	63.35	13.50	23.15
1996	100.00	59.25	16.33	24.42
1997	100.00	56.28	16.27	27.45
1998	100.00	55.62	16.66	27.72
1999	100.00	55.87	16.33	27.80
2000	100.00	54.54	16.74	28.72
2001	100.00	52.37	16.33	31.30
2002	100.00	43.13	16.10	40.77
2003	100.00	46.87	20.81	32.32
2004	100.00	47.54	22.49	29.97
2005	100.00	45.36	22.74	31.90
2006	100.00	46.28	22.78	30.94
2007	100.00	43.14	24.70	32.16
2008	100.00	41.68	26.57	31.75
2009	100.00	39.75	25.43	34.82
2010	100.00	40.19	25.68	34.13
2011	100.00	41.08	27.29	31.63
2012	100.00	41.37	24.20	34.43
2013	100.00	39.55	23.19	37.26
2014	100.00	39.54	21.66	38.80
2015	100.00	33.32	19.61	47.07
2016	100.00	34.13	17.04	48.83
2017	100.00	32.59	16.38	51.02
2018	100.00	30.92	14.79	54.30
2019	100.00	32.27	15.08	52.64
2020	100.00	30.50	18.48	51.03
2021	100.00	31.32	18.20	50.47
2022	100.00	32.96	14.10	52.94

2-19 上林县主要年份生产总值指数

（按可比价格计算,以上年为100）

年 份	生产总值	第一产业	第二产业	第三产业
1951	109.2	110.0	108.3	108.8
1965	110.9	111.3	97.3	62.9
1978	114.0	108.1	126.5	132.8
1980	100.4	96.3	121.5	103.9
1985	86.3	77.2	121.7	114.4
1990	105.8	103.6	111.4	107.5
1991	113.5	107.6	115.3	123.9
1992	112.9	117.5	105.4	108.9
1993	102.8	95.4	140.6	98.4
1994	101.7	105.7	122.8	80.6
1995	101.2	100.2	98.3	106.5
1996	106.8	100.8	117.2	110.1
1997	116.3	114.4	115.3	121.1
1998	106.5	106.3	103.5	109.5
1999	105.0	103.0	106.6	107.1
2000	104.4	102.5	105.0	107.1
2001	104.7	103.3	100.2	109.9
2002	107.8	106.6	104.1	111.8
2003	107.4	105.0	121.6	104.3
2004	106.0	106.9	107.1	103.5
2005	107.6	106.0	112.8	107.2
2006	110.7	109.0	113.6	111.1
2007	115.2	106.7	125.0	120.0
2008	110.4	105.0	123.2	107.4
2009	104.4	99.8	99.4	114.3
2010	111.6	106.3	117.3	112.9
2011	108.4	102.3	119.5	107.3
2012	106.4	105.2	104.5	109.4
2013	108.7	104.9	112.9	109.3
2014	106.9	104.8	110.3	106.3
2015	107.0	103.6	109.4	108.4
2016	103.8	101.8	97.0	108.0
2017	105.6	104.1	99.8	108.8
2018	103.6	102.8	89.0	109.1
2019	107.6	107.1	114.4	106.1
2020	109.6	103.9	129.3	106.8
2021	107.6	111.0	102.0	107.6
2022	101.9	105.8	94.3	101.8

2-20 上林县各时期生产总值平均指数

（按可比价格计算,以上年为100）

时 期	生产总值	第一产业	第二产业	第三产业
恢复时期(1950-1952年)	104.9	105.1	114.5	104.7
“一五”时期(1953-1957年)	104.1	102.9	130.1	112.0
“二五”时期(1958-1962年)	96.5	94.3	94.1	106.9
调整时期(1963-1965年)	108.6	108.8	110.8	84.2
“三五”时期(1966-1970年)	103.6	103.5	106.8	121.6
“四五”时期(1971-1975年)	108.1	107.7	126.2	104.7
“五五”时期(1976-1980年)	102.3	98.1	114.3	115.2
“六五”时期(1981-1985年)	109.0	109.1	105.6	110.7
“七五”时期(1986-1990年)	111.9	101.2	125.5	128.0
“八五”时期(1991-1995年)	106.3	105.0	115.6	102.6
“九五”时期(1996-2000年)	107.7	105.3	109.4	110.9
“十五”时期(2001-2005年)	106.7	105.5	108.9	107.3
“十一五”时期(2006-2010年)	110.4	105.3	115.3	113.1
“十二五”时期(2001-2015年)	107.5	104.2	111.2	108.1
“十三五”时期(2016-2020年)	106.0	103.9	105.0	107.8
1951年至2022年	106.2	103.9	112.3	109.7
1979年至2022年	107.5	104.4	111.5	110.8
1993年至2022年	106.9	104.6	110.0	107.5

2-21 宾阳县主要年份生产总值

（按当年价格计算）

单位:万元

年 份	生产总值	第一产业	第二产业	第三产业
1950	1104	873	82	149
1965	4915	3273	692	950
1978	17179	10385	2514	4280
1980	18504	10820	2624	5060
1985	37507	23285	7741	6481
1990	57140	32925	16251	7964
1991	73981	33258	19235	21488
1992	83599	37236	22255	24108
1993	117440	47222	40089	30129
1994	159806	65305	55536	38965
1995	187576	80338	56221	51017
1996	212482	90587	63589	58306
1997	220185	92024	64539	63622
1998	231395	93508	69887	68000
1999	231655	94285	62778	74592
2000	232591	90922	59639	82030
2001	261909	92456	74232	95221
2002	294093	98389	87133	108571
2003	354618	102774	114609	137235
2004	434304	119321	159134	155849
2005	520234	151038	196020	173176
2006	592612	164269	231116	197227
2007	698957	199648	269174	230135
2008	822741	228131	320165	274445
2009	888748	235731	351918	301099
2010	1128954	279286	469734	379934
2011	1375181	357612	565307	452262
2012	1401260	375979	529109	496172
2013	1571698	406284	578723	586690
2014	1730158	419340	651189	659628
2015	1787736	437002	566674	784061
2016	1983100	486167	581393	915540
2017	2217124	507481	640074	1069569
2018	2484206	522279	734014	1227913
2019	2719591	587936	803727	1327928
2020	2799583	609525	831909	1358150
2021	3155389	709533	943543	1502313
2022	3091417	551058	985923	1554436

2-22 宾阳县主要年份生产总值构成

（按当年价格计算）

单位：%

年 份	生产总值	第一产业	第二产业	第三产业
1950	100.00	79.08	7.43	13.49
1965	100.00	66.59	14.08	19.33
1978	100.00	60.45	14.63	24.92
1980	100.00	58.47	14.18	27.35
1985	100.00	62.08	20.64	17.28
1990	100.00	57.62	28.44	13.94
1991	100.00	44.95	26.00	29.05
1992	100.00	44.54	26.62	28.84
1993	100.00	40.21	34.14	25.65
1994	100.00	40.87	34.75	24.38
1995	100.00	42.83	29.97	27.20
1996	100.00	42.63	29.93	27.44
1997	100.00	41.79	29.31	28.90
1998	100.00	40.41	30.20	29.39
1999	100.00	40.70	27.10	32.20
2000	100.00	39.09	25.64	35.27
2001	100.00	35.30	28.34	36.36
2002	100.00	33.46	29.63	36.91
2003	100.00	28.98	32.32	38.70
2004	100.00	27.47	36.64	35.89
2005	100.00	29.03	37.68	33.29
2006	100.00	27.72	39.00	33.28
2007	100.00	28.56	38.51	32.93
2008	100.00	27.73	38.91	33.36
2009	100.00	26.52	39.60	33.88
2010	100.00	24.74	41.61	33.65
2011	100.00	26.00	41.11	32.89
2012	100.00	26.83	37.76	35.41
2013	100.00	25.85	36.82	37.33
2014	100.00	24.24	37.64	38.12
2015	100.00	24.44	31.70	43.86
2016	100.00	24.52	29.32	46.17
2017	100.00	22.89	28.87	48.24
2018	100.00	21.02	29.55	49.43
2019	100.00	21.62	29.55	48.83
2020	100.00	21.77	29.72	48.51
2021	100.00	22.49	29.90	47.61
2022	100.00	17.83	31.89	50.28

2-23 宾阳县主要年份生产总值指数

（按可比价格计算,以上年为100）

年 份	生产总值	第一产业	第二产业	第三产业
1951	117.1	115.0	131.7	118.6
1965	109.4	107.9	115.8	112.7
1978	115.1	115.3	115.0	114.5
1980	108.6	113.5	114.2	93.1
1985	128.3	133.0	133.0	104.3
1990	104.2	106.5	117.6	94.5
1991	106.9	103.6	113.6	107.0
1992	108.1	104.5	113.7	109.3
1993	110.5	105.9	118.8	110.1
1994	109.4	104.8	117.8	108.0
1995	108.9	108.1	106.3	113.1
1996	110.5	107.7	114.1	110.7
1997	107.9	105.9	108.8	109.7
1998	107.4	105.8	109.0	107.8
1999	106.0	104.2	103.3	111.5
2000	102.0	96.4	101.0	110.3
2001	107.9	102.6	112.0	110.7
2002	109.7	106.8	114.2	109.5
2003	113.8	104.4	117.9	120.1
2004	110.1	105.7	118.7	108.1
2005	114.1	113.2	117.5	112.1
2006	111.0	109.5	113.0	110.2
2007	112.9	108.2	115.7	113.7
2008	110.6	106.8	111.3	113.1
2009	109.6	103.0	112.6	111.3
2010	120.4	106.7	125.4	124.3
2011	113.9	107.3	118.6	112.9
2012	107.7	104.8	110.0	106.6
2013	109.3	105.1	113.2	107.2
2014	108.0	103.4	108.1	110.8
2015	108.8	103.9	106.7	114.5
2016	108.5	105.4	103.3	114.1
2017	108.5	103.7	106.1	112.5
2018	108.2	103.2	107.4	111.0
2019	106.0	103.6	109.2	105.1
2020	103.4	104.3	107.3	100.6
2021	107.9	109.4	107.3	107.5
2022	101.4	105.9	99.0	100.7

2-24 宾阳县各时期生产总值平均指数

（按可比价格计算,以上年为100）

时 期	生产总值	第一产业	第二产业	第三产业
恢复时期(1950-1952年)	118.8	114.5	148.4	118.6
“一五”时期(1953-1957年)	112.5	113.1	111.7	110.7
“二五”时期(1958-1962年)	106.6	108.4	95.0	107.5
调整时期(1963-1965年)	112.9	113.0	119.8	108.2
“三五”时期(1966-1970年)	107.3	107.3	103.7	110.1
“四五”时期(1971-1975年)	111.1	111.1	113.1	110.1
“五五”时期(1976-1980年)	103.3	99.1	117.7	109.1
“六五”时期(1981-1985年)	116.3	116.6	124.0	106.1
“七五”时期(1986-1990年)	105.1	93.6	114.2	123.2
“八五”时期(1991-1995年)	108.8	105.4	114.0	109.5
“九五”时期(1996-2000年)	106.7	103.9	107.1	110.0
“十五”时期(2001-2005年)	111.1	106.5	116.0	112.0
“十一五”时期(2006-2010年)	112.8	106.8	115.5	114.4
“十二五”时期(2001-2015年)	109.5	104.9	111.3	110.4
“十三五”时期(2016-2020年)	106.9	104.0	106.6	108.5
1951年至2022年	109.3	106.6	112.6	110.8
1979年至2022年	108.8	104.6	113.1	110.9
1993年至2022年	109.1	105.5	111.0	110.5

2-25 横州市主要年份生产总值

（按当年价格计算）

单位：万元

年 份	生产总值	第一产业	第二产业	第三产业
1950	2545	2327	115	103
1965	8027	4033	2540	1454
1978	24204	14749	7107	2348
1980	26146	15527	7334	3285
1985	40663	23746	10827	6090
1990	89305	44969	22192	22144
1991	103261	51189	25027	27045
1992	119391	57465	29032	32894
1993	170404	70668	55506	44230
1994	224688	97339	69744	57605
1995	262239	124194	65074	72971
1996	287040	140137	58408	88495
1997	321477	157297	61787	102393
1998	322694	155913	57645	109136
1999	318133	148457	53283	116393
2000	318352	148626	44415	125311
2001	324768	141005	46378	137385
2002	353303	142135	60888	150280
2003	383406	147166	96675	139565
2004	435213	168671	107689	158853
2005	538036	223947	134627	179462
2006	647019	249125	181085	216809
2007	809990	302345	237571	270074
2008	980181	337257	327165	315759
2009	1136532	358537	405184	372811
2010	1348911	424495	496008	428408
2011	1762178	534026	698445	529707
2012	2226099	569227	1079757	577115
2013	2496785	608449	1212669	675667
2014	2486787	650484	1077301	759002
2015	2394452	649570	985732	759149
2016	2517826	638332	988027	891466
2017	2784744	696177	1055660	1032907
2018	3110018	730970	1197769	1181279
2019	3288958	770895	1249755	1268308
2020	3204449	862647	999201	1342601
2021	3544277	989703	1070224	1484349
2022	3302909	975499	765234	1562176

2-26 横州市主要年份生产总值构成

（按当年价格计算）

单位：%

年 份	生产总值	第一产业	第二产业	第三产业
1950	100.00	91.43	4.52	4.05
1965	100.00	50.24	31.64	18.12
1978	100.00	60.94	29.36	9.70
1980	100.00	59.39	28.05	12.56
1985	100.00	58.40	26.63	14.97
1990	100.00	50.35	24.85	24.80
1991	100.00	49.57	24.24	26.19
1992	100.00	48.13	24.32	27.55
1993	100.00	41.47	32.57	25.96
1994	100.00	43.32	31.04	25.64
1995	100.00	47.36	24.81	27.83
1996	100.00	48.82	20.35	30.83
1997	100.00	48.93	19.22	31.85
1998	100.00	48.32	17.86	33.82
1999	100.00	46.67	16.75	36.58
2000	100.00	46.69	13.95	39.36
2001	100.00	43.42	14.28	42.30
2002	100.00	40.23	17.23	42.54
2003	100.00	38.38	25.21	36.41
2004	100.00	38.76	24.74	36.50
2005	100.00	41.62	25.02	33.36
2006	100.00	38.50	27.99	33.51
2007	100.00	37.33	29.33	33.34
2008	100.00	34.41	33.38	32.21
2009	100.00	31.55	35.65	32.80
2010	100.00	31.47	36.77	31.76
2011	100.00	30.30	39.64	30.06
2012	100.00	25.57	48.50	25.93
2013	100.00	24.37	48.57	27.06
2014	100.00	26.16	43.32	30.52
2015	100.00	27.13	41.17	31.70
2016	100.00	25.35	39.24	35.41
2017	100.00	25.00	37.91	37.09
2018	100.00	23.50	38.51	37.98
2019	100.00	23.44	38.00	38.56
2020	100.00	26.92	31.18	41.90
2021	100.00	27.92	30.20	41.88
2022	100.00	29.53	23.17	47.30

2-27 横州市主要年份生产总值指数

（按可比价格计算，以上年为100）

年 份	生产总值	第一产业	第二产业	第三产业
1951	113.4	112.4	114.3	138.8
1965	118.4	119.8	125.1	97.3
1978	115.1	112.1	115.7	132.0
1980	103.8	104.2	105.9	97.4
1985	92.3	91.0	88.1	107.3
1990	110.8	112.7	111.1	108.4
1991	105.8	103.1	102.8	114.4
1992	115.8	116.3	112.1	118.4
1993	114.7	103.9	139.8	112.7
1994	104.7	98.3	111.7	107.9
1995	110.6	117.3	101.3	110.8
1996	106.5	110.5	91.2	115.6
1997	112.6	113.8	104.9	116.8
1998	105.0	104.6	99.1	109.8
1999	104.2	101.6	104.1	107.9
2000	100.5	102.3	84.1	108.0
2001	103.4	100.3	97.2	109.4
2002	107.7	102.0	125.4	108.2
2003	106.7	102.1	150.2	94.3
2004	107.1	109.2	97.5	110.6
2005	113.3	109.8	121.0	112.7
2006	117.9	112.3	128.3	117.2
2007	117.3	109.3	126.1	119.7
2008	113.6	103.4	128.6	111.7
2009	115.9	103.9	123.8	120.0
2010	112.4	105.3	118.2	112.7
2011	120.1	107.9	133.2	116.9
2012	117.3	104.6	134.7	105.9
2013	110.7	104.9	115.3	108.3
2014	103.4	104.5	98.8	110.7
2015	106.2	104.9	104.6	109.9
2016	105.0	99.9	101.2	114.2
2017	106.8	104.4	103.7	112.1
2018	106.7	106.2	103.6	110.3
2019	104.1	103.3	104.3	104.4
2020	94.9	101.8	82.4	102.5
2021	105.4	106.6	102.1	107.0
2022	101.7	101.9	102.6	101.2

2-28 横州市各时期生产总值平均指数

（按可比价格计算，以上年为100）

时 期	生产总值	第一产业	第二产业	第三产业
恢复时期(1950-1952年)	108.8	107.3	120.7	124.1
“一五”时期(1953-1957年)	106.0	103.0	119.4	124.7
“二五”时期(1958-1962年)	100.1	95.4	114.6	106.9
调整时期(1963-1965年)	112.4	108.8	127.6	99.1
“三五”时期(1966-1970年)	109.6	111.8	106.7	107.0
“四五”时期(1971-1975年)	110.3	112.3	106.8	107.9
“五五”时期(1976-1980年)	107.1	102.0	111.2	114.5
“六五”时期(1981-1985年)	101.9	99.2	103.7	107.7
“七五”时期(1986-1990年)	111.2	105.6	109.1	125.7
“八五”时期(1991-1995年)	110.2	107.5	112.7	112.8
“九五”时期(1996-2000年)	105.7	106.4	96.3	111.6
“十五”时期(2001-2005年)	107.6	104.6	116.7	106.8
“十一五”时期(2006-2010年)	115.4	106.8	125.0	116.2
“十二五”时期(2001-2015年)	111.4	105.4	116.4	110.3
“十三五”时期(2016-2020年)	103.4	103.1	98.7	108.6
1951年至2022年	107.8	105.1	111.3	112.0
1979年至2022年	107.9	104.5	108.8	112.0
1993年至2022年	108.4	105.3	110.1	110.2

2-29 各县(市)主要年份人均生产总值

(按当年价格计算)

单位:元

年 份	隆安县	马山县	上林县	宾阳县	横州市
1950	52	63	95	29	56
1965	56	101	126	102	136
1978	225	122	156	254	306
1980	231	130	161	263	321
1985	340	166	322	487	456
1990	644	367	730	679	931
1991	640	404	828	860	1059
1992	854	438	926	961	1209
1993	1183	544	1141	1336	1704
1994	1497	673	1620	1789	2220
1995	1825	1008	1812	2066	2562
1996	2184	1094	1966	2317	2784
1997	2284	1353	2098	2378	3101
1998	2441	1622	2215	2481	3096
1999	2383	1740	2314	2463	3041
2000	2464	1812	2361	2436	3014
2001	2758	1893	2449	2711	3044
2002	3067	2048	2622	3026	3298
2003	2259	2563	2560	3626	3565
2004	4091	2785	2949	4429	4025
2005	5047	3105	3567	5256	4929
2006	5943	3646	4137	5913	5788
2007	7320	4236	4853	6883	7074
2008	8604	4910	5528	7983	8454
2009	8590	5257	5664	8588	9703
2010	9774	5827	6565	10835	11347
2011	12095	7216	7969	13138	14617
2012	12257	7336	8212	13465	18379
2013	13378	7945	9178	15093	20349
2014	18664	11698	13296	21626	28163
2015	22366	15224	16338	22493	27126
2016	23448	16737	17404	24876	28373
2017	25635	18396	18844	27768	31245
2018	26533	19985	19952	31066	34780
2019	29371	22324	22593	33957	36717
2020	30703	23504	25195	34908	35732
2021	34323	24766	28238	39154	39346
2022	36661	26276	28526	38095	36420

注:1.从2010年开始,各县(市)的人均生产总值根据常住人口口径计算。

2.2015-2020年各县(市)人均生产总值依据第四次全国经济普查以及第七次全国人口普查修订数据进行了相应修订。

2-30 各县(市)生产总值

（2022年，按当年价格计算）

单位：万元

指标名称	隆安县	马山县	上林县	宾阳县	横州市
地区生产总值	**1206875**	**1013209**	**1037637**	**3091417**	**3302909**
农、林、牧、渔业	540122	326145	342784	558415	998789
工业	178199	54374	33352	575969	551991
建筑业	75531	112912	113325	412939	214883
批发和零售业	27195	39498	35388	238817	222101
批发业	5174	2894	5635	39308	112223
零售业	22021	36604	29753	199509	109878
交通运输、仓储和邮政业	23065	43941	22440	211962	169194
住宿和餐饮业	5567	9046	8774	48172	40464
住宿业	562	520	863	4098	2000
餐饮业	5005	8526	7911	44074	38464
金融业	60904	43838	52970	116740	131820
房地产业	91611	110313	104122	244997	342296
房地产业(K门类)	15348	10683	15969	33100	24341
居民自有住房折旧	76263	99630	88153	211897	317955
其他服务业	204681	273142	324482	683406	631371
营利性服务业	25245	31846	45751	168389	208043
非营利性服务业	179436	241296	278731	515017	423328
第一产业	532356	325609	341998	551058	975499
第二产业	253422	166226	146292	985923	765234
第三产业	421097	521374	549347	1554436	1562176
人均生产总值(元)	36661	26276	28526	38095	36420

2-31 各县(市)生产总值指数

(2022年,按可比价格计算,以上年为100)

指标名称	隆安县	马山县	上林县	宾阳县	横州市
地区生产总值	**104.4**	**105.0**	**101.9**	**101.4**	**101.7**
农、林、牧、渔业	107.2	105.3	105.8	105.9	101.9
工业	103.7	96.9	99.2	96.2	104.3
建筑业	101.1	129.6	92.7	103.6	97.3
批发和零售业	96.1	101.7	93.1	97.1	98.6
批发业	86.2	105.1	101.6	110.7	98.2
零售业	98.8	101.4	91.7	94.8	99.1
交通运输、仓储和邮政业	96.1	101.0	101.9	90.8	99.3
住宿和餐饮业	94.5	95.6	98.3	101.7	103.4
住宿业	94.6	92.4	87.2	101.3	100.5
餐饮业	94.4	95.8	99.7	101.8	103.5
金融业	112.3	107.5	107.5	109.0	107.5
房地产业	98.4	102.4	101.9	100.3	99.4
房地产业(K门类)	80.2	95.5	95.4	85.1	67.3
居民自有住房折旧	103.2	103.2	103.2	103.2	103.2
其他服务业	102.6	100.9	101.9	104.2	102.1
营利性服务业	113.9	104.7	113.0	115.2	109.2
非营利性服务业	101.3	100.4	100.5	101.2	99.2
第一产业	107.1	105.3	105.8	105.9	101.9
第二产业	102.9	116.0	94.3	99.0	102.6
第三产业	102.1	101.7	101.8	100.7	101.2
人均生产总值	103.6	104.6	101.2	100.7	101.0

2-32 各县(市)财政收入相当于地区生产总值的比例

单位:%

年 份	隆安县	马山县	上林县	宾阳县	横州市
1950	16.39	0.45	0.00	3.08	9.31
1965	16.12	8.08	6.28	10.32	8.35
1978	7.72	5.99	5.07	4.76	4.86
1980	8.60	4.70	5.32	5.44	6.38
1985	7.02	8.68	3.86	5.44	7.79
1990	8.94	6.73	5.87	10.81	8.32
1991	8.92	5.84	5.43	9.24	7.49
1992	6.92	5.98	5.01	8.59	7.20
1993	9.12	6.28	6.31	10.01	8.58
1994	9.49	9.62	5.09	8.63	7.67
1995	9.45	8.37	3.19	8.90	7.25
1996	8.69	8.61	3.64	8.02	6.29
1997	8.54	8.08	4.35	8.11	7.33
1998	9.43	7.45	5.13	8.34	7.61
1999	10.71	7.52	7.10	9.14	8.02
2000	11.24	7.58	7.18	9.38	8.17
2001	9.96	6.47	6.35	8.09	7.16
2002	10.92	6.75	6.65	9.15	7.31
2003	10.06	5.70	7.67	7.34	7.35
2004	8.63	5.75	7.47	6.91	7.06
2005	7.70	6.12	6.82	6.74	6.56
2006	7.01	5.92	6.61	0.63	6.44
2007	7.20	5.73	6.49	5.89	5.93
2008	6.66	5.85	6.65	6.10	5.93
2009	6.61	6.23	6.59	6.79	6.25
2010	7.19	6.98	7.08	7.17	6.54
2011	7.03	6.71	7.00	7.46	6.25
2012	8.65	8.25	8.62	9.21	7.74
2013	8.47	7.39	8.16	8.94	6.04
2014	8.96	7.04	8.56	9.01	6.75
2015	7.98	5.67	7.80	9.64	7.64
2016	6.26	5.17	6.54	8.79	7.30
2017	6.18	4.82	6.41	8.31	7.39
2018	6.36	4.63	6.38	7.95	6.54
2019	5.59	4.28	5.97	7.40	5.94
2020	5.39	4.01	5.77	5.55	5.24
2021	5.10	4.10	5.50	4.98	5.11

注:从2022年1月份开始,南宁市财政局不再公布财政收入指标,只公布一般公共预算收入口径。

2-33 各城区生产总值

（2022年，按当年价格计算）

单位：万元

指标名称	市 区	兴宁区	青秀区	江南区	西乡塘区	良庆区	邕宁区	武鸣区
地区生产总值	**42531400**	**3992712**	**13211656**	**6050052**	**9668861**	**4113914**	**1654019**	**3840190**
农、林、牧、渔业	3367694	170677	266763	336483	465314	321953	413005	1393501
工业	5014547	96964	76784	1576546	2066929	320629	206654	670041
建筑业	4514253	496108	1062652	817735	809635	760185	228609	339330
批发和零售业	3666444	428423	711149	633517	1252246	454163	57386	129560
批发业	1544701	103122	291387	248999	714374	127074	8735	51009
零售业	2121743	325301	419762	384518	537872	327089	48651	78551
交通运输、仓储和邮政业	2489826	129045	1056141	546191	383605	96928	24022	253894
住宿和餐饮业	1234499	270492	320505	106649	447445	41556	10486	37368
住宿业	170322	32438	59043	11682	57777	5622	826	2935
餐饮业	1064177	238054	261462	94967	389668	35934	9660	34433
金融业	6123435	832601	3235902	486178	1035805	337188	43555	152207
房地产业	4267994	473694	1283031	534673	434271	875444	388352	278528
房地产业(K门类)	2702847	278276	873787	291137	211088	696030	261205	91323
居民自有住房折旧	1565147	195418	409244	243536	223183	179414	127147	187205
其他服务业	11852708	1094708	5198729	1012080	2773611	905868	281950	585761
营利性服务业	6093914	489919	2894629	531915	1344019	593487	55945	184000
非营利性服务业	5758794	604789	2304100	480165	1429592	312381	226005	401761
第一产业	3288579	168581	235460	328525	456442	320082	410572	1368920
第二产业	9511001	592490	1134953	2392631	2876564	1073697	433019	1007648
第三产业	29731820	3231641	11841243	3328896	6335855	2720135	810428	1463622
人均生产总值(元)	70123	63558	115871	60271	58094	68772	48827	55510

2-34 各城区生产总值指数

（2022年，按可比价格计算，以上年为100）

指标名称	市 区	兴宁区	青秀区	江南区	西乡塘区	良庆区	邕宁区	武鸣区
地区生产总值	**101.1**	**101.5**	**101.0**	**100.8**	**100.4**	**100.6**	**105.1**	**102.7**
农、林、牧、渔业	104.2	104.3	104.3	102.9	103.9	103.8	104.0	104.7
工业	101.3	86.8	80.5	104.7	101.0	96.8	105.3	102.9
建筑业	98.2	103.7	103.1	100.6	89.7	92.6	115.0	96.3
批发和零售业	99.5	92.3	95.0	93.5	98.2	130.7	99.0	114.7
批发业	95.2	80.0	89.0	87.9	100.4	99.9	89.8	151.0
零售业	102.9	97.0	99.5	97.4	95.6	148.1	100.8	99.5
交通运输、仓储和邮政业	96.7	97.4	97.8	92.2	97.3	99.7	99.4	99.9
住宿和餐饮业	99.3	106.8	93.7	102.6	98.7	97.4	97.2	100.2
住宿业	94.8	94.1	90.6	97.0	99.9	87.3	87.3	108.0
餐饮业	100.1	108.9	94.4	103.4	98.6	99.3	98.2	99.6
金融业	106.4	106.3	106.3	106.3	106.3	106.5	106.4	109.3
房地产业	93.5	105.4	90.4	102.1	80.7	89.7	106.4	94.8
房地产业(K门类)	88.6	107.0	85.4	101.2	65.6	86.8	108.1	81.2
居民自有住房折旧	103.2	103.2	103.2	103.2	103.2	103.2	103.2	103.2
其他服务业	103.6	99.8	102.9	101.4	106.8	108.5	99.7	102.4
营利性服务业	106.9	99.4	105.0	102.0	115.0	113.4	101.9	108.2
非营利性服务业	100.3	100.1	100.3	100.7	100.4	101.7	99.2	100.1
第一产业	104.1	104.3	103.9	102.8	103.8	103.8	104.0	104.7
第二产业	99.8	100.0	100.8	103.2	97.6	94.1	109.6	100.4
第三产业	101.2	101.6	101.0	99.0	101.3	103.5	103.2	102.0
人均生产总值	100.3	100.2	100.2	100.0	99.6	99.6	104.0	102.0

三 人口、劳动力和职工工资

3-1 全市主要年份人口

年份	户籍总户数（户）	户籍总人口（人）	男	女	#城镇人口	户籍人口自然增长率（‰）	常住人口（万人）	#城镇人口	城镇化率（%）
1950	203312	887405	438013	449392	157630				
1965	299085	1429352	732110	697242	412728	29.3			
1978	387853	1960454	1013310	947144	516796	16.4			
1980	410131	2055433	1059660	995773	576965	16.6			
1985	479524	2294642	1191771	1102871	703285	14.0			
1986	497956	2346191	1219054	1127137	732040	14.2			
1987	520280	2402548	1247705	1154843	775932	12.2			
1988	546451	2451770	1272979	1178791	815688	8.9			
1989	565288	2483593	1290928	1192665	835634	7.9			
1990	586171	2521885	1314990	1206895	851694	8.2			
1991	595112	2547957	1328493	1219464	871597	6.6			
1992	619613	2594228	1355291	1238937	917878	7.6			
1993	642254	2646075	1384775	1261300	958649	6.1			
1994	663893	2686557	1407350	1279207	995856	4.9			
1995	677603	2731908	1429732	1302176	1034903	5.4			
1996	702328	2779142	1454335	1324807	1073692	4.9			
1997	719455	2812025	1469086	1342939	1103802	4.7			
1998	744972	2846264	1485054	1361210	1142897	6.0			
1999	764494	2858711	1489427	1369284	1161833	5.8			
2000	1582100	6252697	3256917	2995780	1578160	6.1			
2001	1584300	6297521	3281911	3015601	1591821	4.9			
2002	1615500	6346838	3306515	3040323	1614238	5.1			
2003	1656644	6416736	3347842	3068894	1679929	6.5			
2004	1750997	6488450	3393652	3094798	1718176	7.9			
2005	1807185	6595402	3452663	3142739	1773200	8.5			
2006	1902477	6718928	3513115	3205813	1817485	11.2			
2007	1958717	6835117	3571952	3263165	1859508	10.5			
2008	2011573	6916874	3614759	3302115	1889351	10.5			
2009	2062411	6978957	3647913	3331044	1908770	8.2			
2010	2113500	7073720	3698242	3375478	1919790	5.5	667.22	351.22	52.6
2011	2145780	7114879	3719295	3395584	1929426	3.8	689.78	379.02	54.9
2012	2180344	7134979	3731114	3403865	1926150	4.6	708.42	401.62	56.7
2013	2198494	7244309	3792969	3451340		7.1	726.17	426.39	58.7
2014	2200923	7296565	3826517	3470048		7.0	744.70	445.46	59.8
2015	2223817	7402302	3875130	3527172	3262903	6.0	763.66	468.47	61.3
2016	2249585	7517446	3929997	3587449		6.2	787.05	493.61	62.7
2017	2257759	7568656	3944813	3623843	3324893	7.4	811.50	521.46	64.3
2018	2306799	7708223	4011052	3697171	3430769	7.0	833.27	548.12	65.8
2019	2360220	7819667	4062268	3757399	3531093	6.7	853.83	577.16	67.6
2020	2424639	7913770	4104693	3809077	3684505	7.6	875.25	603.10	68.9
2021	2616413	8009409	4146541	3862868	3795533	4.9	883.28	616.40	69.8
2022	2699825	8100769	4186925	3913844	3902067	4.4	889.17	625.62	70.4

注：1.2000年以后数据为行政区划调整后大南宁范围口径的数据，其余年份为原南宁口径的数据。
2.本表人口自然增长率按公安户籍人口统计报表中的本年出生人口计算，下同。

3-2 全市户籍人口数

指标名称	单 位	2022	2021年
总户数	户	**2699825**	**2616413**
总人口数	人	**8100769**	**8009409**
男性人口	人	4186925	4146541
女性人口	人	3913844	3862868
年平均人口	人	8055089	7961590
城镇人口	人	3902067	3795533
乡村人口	人	4198702	4213876
出生人数	人	59054	63192
出生率	‰	7.3	7.9
死亡人数	人	23850	23636
死亡率	‰	3	3
自然增长人数	人	35204	39556
自然增长率	‰	4.4	4.9
迁入人数	人	166690	176219
迁出人数	人	110581	117446
机械增长人数	人	56109	58773
机械增长率	‰	6.9	7.4

注:1.本表的出生率、死亡率、人口自然增长率按户籍人口统计的本年出生数、本年死亡人数计算,下同。
2.本表的出生人数、死亡人数为当年出生和死亡人口。

3-3 全市户籍人口分地区统计

（2022年）

县(市、区)	总户数 (户)	总人口 (户)	按性别分		城镇人口 (人)	乡村人口 (人)
			男 性	女 性		
全市	**2699825**	**8100769**	**4186925**	**3913844**	**3902067**	**4198702**
市区	**1486577**	**4303517**	**2160147**	**2143370**	**2859118**	**1444399**
兴宁区	142322	405887	199079	206808	298963	106924
青秀区	309415	890322	435967	454355	767373	122949
江南区	219786	613916	305099	308817	445462	168454
西乡塘区	304152	870072	430537	439535	690144	179928
良庆区	125491	389871	197164	192707	231729	158142
邕宁区	126044	402851	211192	191659	201756	201095
武鸣区	259367	730598	381109	349489	223691	506907
隆安县	124417	419094	223824	195270	92599	326495
马山县	165957	567342	300452	266890	105235	462107
上林县	161212	498044	263645	234399	104025	394019
宾阳县	330414	1046463	563910	482553	340793	705670
横州市	431248	1266309	674947	591362	400297	866012

3-4 全市户籍人口分年龄统计

（2022年）

单位:人

县(市、区)	总人口	按年龄分			
		18岁以下	18-34岁	35-59岁	60岁以上
全市	**8100769**	**1943519**	**1628638**	**3168954**	**1359658**
市区	**4303517**	**1086379**	**784328**	**1702339**	**730417**
兴宁区	405887	106877	68669	159614	70727
青秀区	890322	240411	145049	360160	144702
江南区	613916	162174	111768	239518	100456
西乡塘区	870072	202509	150392	344576	172595
良庆区	389871	120577	81564	142740	44990
邕宁区	402851	102851	89572	151444	58984
武鸣区	730598	150980	137368	304287	137963
隆安县	419094	96447	82039	167985	72623
马山县	567342	137329	124885	219971	85157
上林县	498044	107450	108745	197490	84359
宾阳县	1046463	223135	249939	402387	171002
横州市	1266309	292779	278648	478782	216100

3-5 全市户籍人口变动情况

（2022年）

单位：人

县(市、区)	出生人数	死亡人数	自然增长人数	迁入人数	迁出人数	机械增长人数
全市	**59054**	**23850**	**35204**	**166690**	**110581**	**56109**
市区	**36146**	**6875**	**29271**	**145482**	**72551**	**72931**
兴宁区	3667	476	3191	17191	8846	8345
青秀区	7509	789	6720	42826	21956	20870
江南区	5311	897	4414	23262	10270	12992
西乡塘区	6650	883	5767	26021	17103	8918
良庆区	4744	672	4072	21681	4489	17192
邕宁区	3387	463	2924	8309	2963	5346
武鸣区	4878	2695	2183	6192	6906	-714
隆安县	2296	1641	655	2097	3453	-1356
马山县	3440	2327	1113	2083	5177	-3094
上林县	3029	2713	316	1531	3599	-2068
宾阳县	6277	4967	1310	5930	11336	-5406
横州市	7866	5327	2539	9567	14465	-4898

注：本表的出生人数、死亡人数为当年出生和死亡人口。

3-6 市区户籍人口数

指标名称	单 位	2022年	2021年
总户数	户	**1486577**	**1428398**
总人口数	人	**4302517**	**4199780**
男性人口	人	2160147	2115290
女性人口	人	2143370	2084490
年平均人口	人	4251149	4146468
城镇人口	人	2859118	2756432
乡村人口	人	1444399	1443348
出生人数	人	36146	37913
出生率	‰	8.50	9.14
死亡人数	人	6875	7381
死亡率	‰	1.62	1.78
自然增长人数	人	29271	30532
自然增长率	‰	6.88	7.36
迁入人数	人	145482	154267
迁出人数	人	72551	78647
机械增长人数	人	72931	75620
机械增长率	‰	16.95	18.24

注:本表的出生人数、死亡人数为当年出生和死亡人口。

3-7 各县(市)户籍人口数

（2022年）

指标名称	单 位	隆安县	马山县	上林县	宾阳县	横州市
总户数	户	**124417**	**165957**	**161212**	**330414**	**431248**
总人口数	人	**419094**	**567342**	**498044**	**1046463**	**1266309**
男性人口	人	223824	300452	263645	563910	674947
女性人口	人	195270	266890	234399	482553	591362
年平均人口	人	419807	568416	498848	1048518	1267853
城镇人口	人	92599	105235	104025	340793	400297
乡村人口	人	326495	462107	394019	705670	866012
出生人数	人	2296	3440	3029	6277	7866
出生率	‰	5.47	6.05	6.07	5.99	6.20
死亡人数	人	1641	2327	2713	4967	5327
死亡率	‰	3.91	4.09	5.44	4.77	4.20
自然增长人数	人	655	1113	316	1310	2539
自然增长率	‰	1.56	1.96	0.63	1.25	2.00
迁入人数	人	2097	2083	1531	5930	9567
迁出人数	人	3453	5177	3599	11336	14465
机械增长人数	人	-1356	-3094	-2068	-5406	-4898
机械增长率	‰	-3.23	-5.44	-4.15	-5.16	-3.86

注：本表的出生人数、死亡人数为当年出生和死亡人口。

3-8 主要年份全市城镇单位在岗职工人数及构成

年 份	在岗职工人数(人)	国有经济单位	城镇集体单位	其他经济单位	构成(%)		
					国有经济单位	城镇集体单位	其他经济单位
1950	4645						
1965	141718						
1978	316466						
1980	348858						
1981	365994	291928	74066		79.76	20.24	
1982	393866	320038	73828		81.26	18.74	
1983	388923	315746	73177		81.18	18.82	
1984	393707	319171	74536		81.07	18.93	
1985	406270	326815	79406	49	80.44	19.55	
1986	441427	341108	99973	346	77.27	22.65	
1987	457911	355604	101217	1090	77.66	22.10	
1988	474252	372567	99503	2182	78.56	20.98	
1989	483379	378469	101782	3128	78.30	21.06	0.65
1990	473944	400527	69077	4340	84.00	14.57	0.92
1991	496852	417411	74011	5430	84.01	14.90	1.09
1992	505474	424700	73863	6911	84.02	14.61	1.37
1993	517971	432101	69896	15974	83.42	14.00	3.08
1994	511592	431517	63237	16838	84.35	13.00	3.29
1995	500975	419903	63706	17366	83.82	12.72	3.47
1996	504483	423637	60769	20077	83.97	12.05	3.98
1997	498410	412593	55477	30340	82.78	11.00	6.09
1998	457129	347893	46047	63189	76.10	10.07	13.82
1999	434883	313178	40782	80923	72.01	9.38	18.61
2000	544799	409279	46455	89065	75.12	8.53	16.35
2001	524004	389988	44496	89520	74.43	8.49	17.08
2002	497509	345039	39573	112897	69.36	7.95	22.69
2003	506235	353927	35024	117284	69.91	6.92	23.00
2004	542585	363721	32842	146022	67.00	6.00	27.00
2005	583660	369442	23797	190421	63.00	4.00	33.00
2006	581428	356460	19434	205534	61.31	3.34	35.35
2007	604935	360783	20196	223956	59.63	3.34	37.02
2008	616998	357166	17789	242043	57.89	2.88	39.23
2009	640175	362807	13656	263712	56.67	2.13	41.19
2010	661866	362021	13411	286434	54.69	2.03	43.28
2011	666720	382765	11357	272598	57.41	1.70	40.89
2012	674362	379053	10569	284740	56.21	1.57	42.22
2013	686534	363632	9771	313131	52.97	2.69	45.61
2014	722808	364801	8653	349354	50.47	2.37	48.33
2015	733478	332957	8259	392262	45.39	1.13	53.48
2016	734898	336374	8004	390520	45.86	1.09	53.24
2017	724807	326268	7407	391132	45.01	1.02	53.96
2018	734321	320686	6704	406931	44.24	0.92	56.14
2019	784033	346380	6824	430829	47.79	0.94	59.44
2020	783749						
2021	848241						
2022	864393						

注:本篇“城镇单位”2014年后均指城镇非私营单位,下同。

3-9 主要年份全市城镇单位在岗职工工资总额及平均工资

年 份	在岗职工工资总额（万元）				在岗职工年平均工资（元/人）			
		国有经济单位	城镇集体单位	其他经济单位		国有经济单位	城镇集体单位	其他经济单位
1950	157				338			
1965	7289				539			
1978	17231				565			
1980	24735				730			
1981	26943	22465	4478		746	780	611	
1982	30422	25370	5052		791	811	706	
1983	31673	26383	5290		818	841	722	
1984	37673	31578	6095		963	1010	776	
1985	42058	34452	7601	5	1051	1074	958	2083
1986	55807	45152	10628	27	1292	1359	1069	1421
1987	63803	51904	11727	172	1428	1499	1179	1610
1988	78020	63716	13992	312	1685	1755	1423	1859
1989	84956	68826	15620	510	1784	1850	1543	1749
1990	98238	85247	12200	791	2111	2173	1765	1942
1991	112323	96853	14324	1146	2331	2385	2029	2234
1992	135093	117682	15870	1541	2720	2820	2174	2453
1993	192696	164018	21759	6919	3786	3863	3170	4386
1994	250214	217510	24695	8009	4976	5136	3925	4864
1995	281024	241990	28661	10373	5668	5835	4514	5907
1996	300874	257886	30801	12187	6009	6159	4957	6144
1997	321010	270037	31518	19455	6508	6605	5718	6651
1998	334839	265276	25626	43937	7315	7580	5649	7040
1999	353051	261468	25622	65961	8077	8303	6225	8142
2000	445883	339842	28724	77318	8185	8342	6062	8591
2001	502894	384613	32309	85973	9572	9867	7151	9507
2002	568118	416947	30413	120758	11363	11917	7718	10908
2003	668976	499260	31082	138634	13172	14082	8870	11721
2004	829568	611737	31265	186566	15447	16969	9753	12914
2005	985557	690902	26776	267879	17520	19202	11326	14960
2006	1177159	814083	24108	338968	20650	23225	12277	16958
2007	1479269	1033933	28205	417130	24789	28796	13774	19204
2008	1798691	1221827	31603	545261	29377	34417	17937	22752
2009	2047363	1384938	27818	634608	32596	38599	20040	24846
2010	2427224	1614433	31857	780934	37042	44735	24955	27732
2011	2638622	1786349	34555	817718	40120	47418	30848	30313
2012	2940889	1905537	37477	997875	43847	48930	35002	35193
2013	3337032	1834375	34209	1468449	48188	50193	38077	46622
2014	4074039	2071677	37934	1964428	54826	56836	44050	53471
2015	4857782	2375128	38282	2444373	63820	70155	48458	59945
2016	5216656	2615948	37613	2563095	68560	77362	50920	63043
2017	5763215	2908728	39664	2814823	75481	87999	59207	68026
2018	6539357	3130255	33269	3375833	83452	96698	56764	76169
2019	7510813	3628058	38320	3844435	90986	102912	62362	84089
2020	8163735				97079			
2021	9342133				103013			
2022	9807118				107581			

3-10 全市城镇非私营单位从业人员人数

（2022年） 单位：人

指标名称	单位数（个）	从业人员年末人数					在岗职工年平均人数
			女 性	在岗职工	劳务派遣人员	其他从业人员	
总计	9218	1075202	466964	864393	145938	64870	852425
农、林、牧、渔业	88	6993	2722	6332	53	608	6199
采矿业	9	55	11	51	3		58
制造业	622	114428	46507	104968	7441	2019	97511
电力、热力、燃气及水生产和供应业	55	55758	14902	53950	1661	147	54500
建筑业	287	158010	20168	54064	95670	8276	53575
批发和零售业	1018	57142	31150	54294	1086	1762	54129
交通运输、仓储和邮政业	218	45099	10069	32553	2042	10505	32699
住宿和餐饮业	243	22149	13738	18762	361	3025	19012
信息传输、软件和信息技术服务业	317	30977	11653	28500	685	1791	27702
金融业	171	53429	31741	38465	2580	12385	38192
房地产业	724	32294	14743	28245	3516	533	29294
租赁和商务服务业	451	72030	30055	58267	4349	9414	58164
科学研究和技术服务业	720	48327	17364	44286	2137	1904	43836
水利、环境和公共设施管理业	205	15426	8366	14580	453	392	14738
居民服务、修理和其他服务业	96	3342	2028	3193	48	101	3019
教育	1683	160191	105685	143481	10185	6525	140567
卫生和社会工作	523	85119	59565	82038	1991	1090	80469
文化、体育和娱乐业	232	13271	6488	12375	331	565	12465
公共管理、社会保障和社会组织	1556	101161	40008	85986	11347	3828	86295

3-11 全市城镇非私营单位从业人员工资总额

（2022年）

单位:万元

指标名称	从业人员工资总额	在岗职工工资总额	劳务派遣人员工资总额	其他人员工资总额	在岗职工年平均工资（含劳务派遣，单位:元/人）
总计	**11003830**	**9807118**	**875628**	**321084**	**107581**
农、林、牧、渔业	55787	53990	429	1367	87041
采矿业	401	396	5		65073
制造业	795387	753897	32465	9024	75876
电力、热力、燃气及水生产和供应业	805934	790186	15284	464	142290
建筑业	1277838	638663	593507	45667	84916
批发和零售业	492482	480618	7536	4329	88092
交通运输、仓储和邮政业	396801	310322	13203	73277	93180
住宿和餐饮业	98252	94478	1474	2299	49527
信息传输、软件和信息技术服务业	358837	343370	4948	10519	122429
金融业	894077	789449	23621	81006	199785
房地产业	335004	313632	18587	2785	100775
租赁和商务服务业	526369	470220	25070	31079	79033
科学研究和技术服务业	606748	579485	18236	9027	130168
水利、环境和公共设施管理业	113527	108895	2487	2145	73027
居民服务、修理和其他服务业	18522	17964	138	420	59077
教育	1655171	1593006	39898	22268	108462
卫生和社会工作	1265758	1236425	21332	8001	152718
文化、体育和娱乐业	155809	151909	1851	2049	120291
公共管理、社会保障和社会组织	1151127	1080213	55556	15358	116947

四 农业

4-1 全市主要年份农林牧渔业总产值

（按当年价格计算）

单位：万元

年 份	合 计	农 业	林 业	畜牧业	副 业	渔 业	服务业
1950	5596	3785	75	814	718	204	
1965	12602	8259	140	2317	1710	176	
1978	36029	25540	447	5228	4256	558	
1980	44588	31178	788	4326	7494	802	
1985	70586	43266	1618	18990	4840	1872	
1986	78390	49427	1794	19138	5601	2430	
1987	91989	59881	1805	22627	4750	2926	
1988	116437	73400	2027	32509	4576	3925	
1989	125320	75059	2330	38702	4618	4611	
1990	169865	111699	2681	42149	6551	6785	
1991	175633	109121	3150	47954	7958	7450	
1992	210826	133273	5048	54433	8203	9869	
1993	270146	169444	7684	72479	8118	12421	
1994	372063	246897	7906	95979		21281	
1995	465896	317943	6553	115373		26027	
1996	533484	352786	8056	141505		31137	
1997	620077	405089	10778	167764		36446	
1998	684870	447697	13885	183967		39321	
1999	720486	477719	14965	182088		45714	
2000	1377932	889321	29672	362916		96024	
2001	1407186	907068	28533	381030		90555	
2002	1455675	897032	37551	419320		84538	17134
2003	1519259	936298	44241	431564		89587	17569
2004	1798585	1025366	54055	593160		90556	35448
2005	2045862	1154289	59541	677600		96624	57808
2006	2384753	1311708	81098	804014		102827	85105
2007	2944579	1535416	108658	1057025		119032	124448
2008	3380719	1701526	115181	1276515		142870	144627
2009	3511968	1826447	132117	1240689		145047	167667
2010	4032427	2111841	187594	1376318		169229	187447
2011	5071561	2598349	258539	1796992		206679	211002
2012	5345172	2827673	268263	1789465		204323	255449
2013	5772670	3115745	290811	1849520		225971	290621
2014	6094853	3379373	284733	1854103		251312	325333
2015	6386212	3545515	285898	1935776		265617	353406
2016	6891485	3818375	310431	2125962		274368	362350
2017	7004068	3994748	367388	1975377		297169	369386
2018	7092330	4512727	364641	1734153		269214	211595
2019	8037403	5316254	398836	1803139		292314	226859
2020	8855069	5751429	466321	2089820		310460	237039
2021	9592050	5974397	559023	2437845		360086	260698
2022	9387567	6039614	534895	2155995		378926	278137

注：1.1994年后副业产值并入种植业；2000年以后为行政区划调整后的数据，其余年份为原南宁口径；从2003年起农业总产值含农林牧渔服务业产值。2.2004-2007年农林牧渔业总产值根据第二次农业普查数据进行了衔接修正。3.2018年为根据第三次农业普查数据进行衔接修正，下同。

4-2 全市主要年份农林牧渔业总产值发展速度

（按可比价计算，上年为100）　　单位：%

年份	合计	农业	林业	畜牧业	副业	渔业	服务业
1951	107.8	107.2	111.8	117.1	101.1	102.5	
1965	125.2	130.4	96.8	120.0	114.7	98.4	
1978	107.4	106.8	132.1	97.7	116.4	162.9	
1980	110.8	108.2	157.6	101.9	4256.0	114.1	
1985	103.6	102.7	99.5	119.7	84.2	102.4	
1986	107.0	107.2	118.0	99.0	120.0	112.1	
1987	105.8	106.9	109.2	107.7	91.1	117.2	
1988	99.4	99.1	92.9	104.0	91.1	107.7	
1989	109.0	111.5	114.7	107.7	91.6	102.6	
1990	115.5	117.0	98.7	111.7	109.1	135.0	
1991	99.8	94.4	102.7	114.9	105.4	105.8	
1992	120.5	124.7	126.5	110.6	102.1	130.1	
1993	113.2	112.4	125.6	113.3	98.7	133.0	
1994	108.9	112.3	99.6	112.2		127.4	
1995	109.2	109.0	84.6	110.4		118.3	
1996	104.9	101.4	110.3	112.1		115.4	
1997	113.4	114.6	109.4	110.3		114.4	
1998	112.1	112.5	115.2	110.2		114.6	
1999	113.6	116.1	102.0	108.7		108.5	
2000	100.7	97.4	105.0	109.5		104.5	
2001	102.9	101.8	108.9	106.2		98.8	
2002	117.3	113.4	148.4	124.1		108.8	
2003	102.9	99.7	137.1	106.7		105.4	102.0
2004	106.1	103.2	111.8	112.1		104.3	106.3
2005	108.6	109.5	112.1	117.4		105.7	105.8
2006	109.1	109.2	130.0	116.7		111.6	107.0
2007	107.7	107.4	120.2	106.7		109.6	106.8
2008	105.8	104.7	100.8	108.1		102.1	107.7
2009	105.8	104.4	111.7	105.5		108.3	118.3
2010	105.9	105.4	111.4	105.9		106.3	106.1
2011	106.0	105.6	122.3	104.2		107.2	105.4
2012	105.3	106.1	99.5	104.6		105.8	107.3
2013	104.7	105.7	100.3	102.5		107.4	111.4
2014	104.6	106.4	100.2	101.3		105.0	109.6
2015	104.2	103.6	103.6	102.0		103.8	110.2
2016	104.0	105.6	114.6	100.1		103.5	100.8
2017	103.9	103.5	117.2	101.6		106.5	108.1
2018	103.6	104.9	99.6	102.2		110.7	88.9
2019	104.3	107.7	112.7	94.3		100.8	103.4
2020	104.8	106.2	115.3	98.7		105.0	102.6
2021	108.4	105.2	107.3	117.9		104.1	109.0
2022	104.5	104.5	102.0	105.2		103.1	104.7

注：2018年发展速度为根据第三次农业普查数据进行衔接修正后得到的增速，以下同。

4-3 全市主要年份主要农产品产量

单位:吨

年 份	粮食产量	甘蔗产量	园林水果产量	肉类总产量	水产品产量
1950	198004	71282	4748	5490	5350
1965	319410	298784	8908	15915	3241
1978	590420	562171	24576	25752	4366
1980	670813	798831	31114	4256	4895
1985	551860	1339141	53925	29885	6939
1986	552903	1569850	93984	32396	8551
1987	590276	1633498	115847	35854	9790
1988	526325	1979810	110614	36833	10438
1989	624509	1958128	105346	39659	10705
1990	725954	2358841	120262	45934	14663
1991	548210	2559124	140926	53082	15383
1992	697128	3075803	164661	55278	21304
1993	744101	3413703	213470	61211	26550
1994	746956	3116366	272561	70388	33743
1995	779251	2908195	316342	77774	39509
1996	781201	2946903	281615	84889	46030
1997	801830	3267654	377862	95439	53290
1998	814459	3786929	395986	106962	60619
1999	796159	3373039	485971	115648	65333
2000	1847949	5885534	515447	333757	131888
2001	1711033	7382372	523893	349101	130396
2002	1804051	9111682	596258	364413	139641
2003	1753387	9279100	572372	385334	145468
2004	1700479	8586119	670431	419792	158829
2005	1810164	8609336	718249	464764	167330
2006	1996596	10536802	812826	486544	149128
2007	2001090	14369814	892798	502324	162075
2008	2018111	15062914	731100	548185	165581
2009	2091145	12263008	1045158	583071	180216
2010	2042253	10440083	1232941	607581	191702
2011	2070587	10636574	1420294	619621	205697
2012	2151398	11302193	1579305	645080	217438
2013	2234391	12369908	1705101	655301	232972
2014	2252668	12399757	1826919	659076	244635
2015	2254186	10853284	2139284	660196	254440
2016	2233587	11154659	2338025	650442	261172
2017	2168063	11615755	2483209	658062	274533
2018	2114181	11635979	2743696	657412	224202
2019	2054565	11818247	3369630	588034	219959
2020	2092837	10919356	4012153	570164	224889
2021	2115479	10496200	4539129	647313	234203
2022	2125413	9773913	4958170	660790	241550

注:1.2000年以后为行政区划调整后的数据,其余年份为原南宁口径。

2.2018年为根据第三次农业普查数据衔接后修正的数据,下同。

3.由于农村统计报表制度改革,从2018年起水产品产量由农业部门提供数据,2020年以后粮食、畜牧生产数据由国家统计局南宁调查队提供,下同。

4-4 全市农业生产条件

指标名称	单位	全市	
		2022年	2021年
农用化肥施用量			
按实物量计算	吨	1445448	1458706
氮肥	吨	273707	298381
磷肥	吨	213895	230902
钾肥	吨	150403	160209
复合肥	吨	807443	769213
按折纯法计算	吨	557979	556145
氮肥	吨	112869	118632
磷肥	吨	38057	41257
钾肥	吨	84109	90541
复合肥	吨	322944	305715
农用塑料薄膜使用量	**吨**	**10572**	**10266**
# 地膜使用量	吨	7750	7033
地膜覆盖面积	**公顷**	**109670**	**101675**
农药使用量(按实物量计算)	**吨**	**12947**	**13874**

4-5 全市农林牧渔业总产值

指标名称	2022年		2021年	
	可比价增速(%)	现行价(万元)	可比价增速(%)	现行价(万元)
农林牧渔业总产值	**4.5**	**9387567**	**8.4**	**9592050**
农业产值	**4.5**	**6039614**	**5.2**	**5974397**
主产品产值	4.6	6006600	5.3	5939984
粮食作物合计	0.2	751597	1.0	759563
经济作物合计	-3.6	941041	-3.9	988875
蔬菜、食用菌及花卉盆景园艺产品	6.0	2418541	2.5	2490432
水果、食用坚果、茶、饮料和香料	9.8	1864504	13.6	1658337
其他农作物	-18.5	30917	-7.2	42778
副产品产值	-3.5	33014	-1.4	34414
林业产值	**2.0**	**534895**	**7.3**	**559023**
林木的培育和种植	28.3	31932	69.0	24304
全社会竹木采伐	2.2	429168	9.3	436228
林产品	-5.5	73796	-14.2	98491
牧业产值	**5.2**	**2155995**	**17.9**	**2437845**
牛饲养	-3.8	128739	1.4	136094
羊饲养	2.5	11917	-0.1	11957
猪的饲养	8.3	880130	40.7	860549
家禽的饲养	1.3	669905	-2.1	619496
活的畜禽产品	14.1	57464	3.0	44874
其他畜牧业	5.9	407839	-6.2	764718
渔业产值	**3.1**	**378926**	**4.1**	**360086**
农林牧渔专业及辅助性活动产值	**4.7**	**278137**	**9.0**	**260698**

4-6 全市农业林牧渔业总产值及构成

（2022年，按当年价计算）

县（市、区）	农林牧渔业总产值	农业	林业	牧业	渔业	农林牧渔专业及辅助性活动产值
总产值（万元）						
全市	**9387567**	**6039614**	**534895**	**2155995**	**378926**	**278137**
兴宁区	285237	154948	41693	54716	28627	5253
青秀区	408972	171937	36083	116908	13992	70051
江南区（本级）	435733	339965	13909	45413	18822	17625
西乡塘区（本级）	644300	402687	9234	189340	19216	23823
良庆区	476612	318590	54291	80450	17780	5501
邕宁区	630306	371688	29679	204885	16826	7228
武鸣区（本级）	1875464	1445256	82439	238082	53840	55847
隆安县	790260	584423	34831	126122	24351	20533
马山县	492605	262412	40218	166535	22030	1411
上林县	494158	299528	25427	129601	37623	1980
宾阳县	1116570	675801	60935	312012	49278	18546
横州市	1580524	930984	84308	448074	71421	45736
高新区	6312	5305	310		647	50
经开区	71555	32290	20696	13624	2919	2026
东盟经开区	78961	43799	844	30234	1555	2528
构成（%）						
全市	**100.00**	**64.34**	**5.70**	**22.97**	**4.04**	**2.96**
兴宁区	100.00	54.32	14.62	19.18	10.04	1.84
青秀区	100.00	42.04	8.82	28.59	3.42	17.13
江南区（本级）	100.00	78.02	3.19	10.42	4.32	4.04
西乡塘区（本级）	100.00	62.50	1.43	29.39	2.98	3.70
良庆区	100.00	66.84	11.39	16.88	3.73	1.15
邕宁区	100.00	58.97	4.71	32.51	2.67	1.15
武鸣区（本级）	100.00	77.06	4.40	12.69	2.87	2.98
隆安县	100.00	73.95	4.41	15.96	3.08	2.60
马山县	100.00	53.27	8.16	33.81	4.47	0.29
上林县	100.00	60.61	5.15	26.23	7.61	0.40
宾阳县	100.00	60.52	5.46	27.94	4.41	1.66
横州市	100.00	58.90	5.33	28.35	4.52	2.89
高新区	100.00	84.06	4.90		10.25	0.79
经开区	100.00	45.13	28.92	19.04	4.08	2.83
东盟经开区	100.00	55.47	1.07	38.29	1.97	3.20

4-7 全市农作物播种面积和产量

项目	2022年			2021年		
	播种面积(公顷)	单 产(公斤/公顷)	产 量(吨)	播种面积(公顷)	单 产(公斤/公顷)	产 量(吨)
农作物总播种面积	**974109**			**972467**		
粮食合计	**426157**	**4987**	**2125413**	**425540**	**4971**	**2115479**
稻谷	268530	5610	1506401	267610	5521	1477485
早稻	127990	5928	758686	127530	5892	751451
中稻	2740	6331	17347	2790	6564	18315
晚稻	137800	5300	730367	137290	5155	707719
小麦				6	1408	8
玉米	114624	4768	546513	114522	4910	562274
其他谷物	84	2321	195	320	1858	595
豆类合计	22350	1499	33507	21640	1530	33117
大豆	17830	1478	26349	16600	1522	25265
绿豆	1540	1409	2169	1800	1335	2403
红小豆	140	1166	163	140	1139	159
其他杂豆	2840	1699	4825	3100	1706	5289
薯类	20569	1886	38798	21442	1959	41999
马铃薯	5282	2064	10900	5776	2072	11969
甘薯	15287	1825	27898	15667	1917	30031
经济作物播种面积	**547951**			**546927**		
油料作物	47749	3086	147355	49072	3062	150241
花生	46251	3159	146129	47841	3124	149461
油菜籽	1139	465	530	1072	410	440
芝麻	268	1054	282	158	2121	335
麻类	86	2969	256	87	3080	268
甘蔗	117171	83416	9773913	124415	84365	10496200
糖料蔗	114987	82772	9517756	122120	83723	10224164
果蔗	2184	117298	256157	2295	118531	272036
中草药材	12291			11655		
蔬菜及食用菌	287894	25207	7256865	277642	25120	6974395
食用菌			94683			137523
瓜果类	42297	25854	1093525	44448	25392	1128601
其他农作物	40461			39607		
木薯	14704	12728	187148	15665	12644	198066
红瓜籽	4	612	3	4	615	2
青饲料	6164			5968		
饲料用青贮玉米	113			34		
绿肥	7189			5923		
马蹄	86	19770	1701	71	14966	1068
其他	12313			11976		
年末桑园面积	**22570**			**23275**		

注:2022年将其他农作物下的分项“青饲料”“饲草”“饲料用青贮玉米”合并为“青饲料”,“其中:饲料用青贮玉米”作为青饲料的其中项。

4-8 全市茶叶及水果生产情况

指标名称	单 位	全 市	
		2022年	2021年
茶叶合计	吨	**3073**	**5341**
园林水果合计	吨	**4958170**	**4539129**
梨	吨	7661	7960
#雪花梨	吨	465	339
柑橘类水果	吨	2944625	2501396
#柑	吨	2669622	2332526
橘	吨	107119	39222
橙	吨	37779	46135
柚	吨	124412	82132
热带水果	吨	1816407	1845392
#香蕉	吨	1097157	1183175
菠萝	吨	1294	1360
荔枝	吨	33925	34618
龙眼	吨	69130	76232
芒果	吨	33444	30674
火龙果	吨	435235	397469
百香果	吨	46197	54548
其他蕉	吨	85938	62218
其他热带水果	吨	14087	5098
其他水果	吨	189477	184382
#桃	吨	2661	2362
猕猴桃	吨	5	8
葡萄	吨	24091	20866
红枣(按鲜枣计算)	吨	855	779
柿子(按鲜柿计算)	吨	8804	8610
李子	吨	5695	5528
其他	吨	147366	146229
食用坚果	吨	**17482**	**17362**
#板栗	吨	13209	14246
年末实有茶园面积	公顷	**2019**	**2128**
#当年采摘面积	公顷	1918	2003
年末果园面积	公顷	**150410**	**150220**
#梨 园	公顷	305	320
柑橘园	公顷	77433	76781
#柑 园	公顷	66984	66144
橘 园	公顷	3327	3661
橙 园	公顷	1503	1589
柚子园	公顷	5141	4974
蕉园	公顷	30497	30527
#香蕉园	公顷	26943	27236
菠萝园	公顷	100	119
荔枝园	公顷	6479	6677
龙眼园	公顷	6435	6470
芒果园	公顷	2470	2511
桃园	公顷	237	223
猕猴桃园	公顷	2	0.31
葡萄园	公顷	1139	1125
枣 园	公顷	369	312
柿子园	公顷	422	373
李子园	公顷	544	509
火龙果园	公顷	12641	12550
百香果园	公顷	2005	2215
其他果园	公顷	9330	9509

4-9 全市林业生产情况

指标名称	单 位	全 市	
		2022年	2021年
营林情况			
造林面积	公顷	24927	21136
森林抚育面积	公顷	58668	58458
全社会竹木采伐运输			
木材采运	万立方米	694	695
篙竹	万根	324	327
大杂竹	万根	1933	1922
小杂竹	吨	17870	19937
主要林产品产量			-
油桐籽	吨	248	242
油茶籽	吨	917	748
天然松脂	吨	52386	57849
竹笋干	吨	2500	2289
八角	吨	8079	6817

4-10 全市畜牧业生产情况

项 目	计量单位	全 市	
		2022年	2021年
畜禽出栏			
猪	万头	463	432
牛	万头	14	15
山羊	万头	17	17
家禽	万只	16472	17171
鸡	万只	12424	12937
畜禽存栏			
牛	万头	34	40
猪	万头	277	266
#能繁殖母猪	万头	28	28
山羊	万头	19	20
家禽	万只	5737	5888
鸡	万只	4668	4724
#肉鸡	万只	4204	4255
蛋鸡	万只	415	433
畜禽产品产量			
肉类总产量	吨	660790	647313
猪肉	吨	365199	342069
牛肉	吨	15398	15896
羊肉	吨	2837	2728
禽肉	吨	266713	275386
#鸡	吨	183985	191886
兔肉	吨	468	514
其他肉产量	吨	10176	10721
禽蛋	吨	37445	29785
鸡蛋	吨	34390	26640
奶类产量	吨	8528	13042
蚕茧	吨	65327	69434

4-11 全市渔业生产情况

指标名称	计量单位	全 市	
		2022年	2021年
水产品产量总计	吨	**241550**	**234203**
淡水捕捞	吨	8962	9670
鱼 类	吨	8354	8941
甲壳类	吨	311	393
贝 类	吨	274	258
其他类	吨	23	78
淡水养殖	吨	232588	224533
鱼 类	吨	222298	216024
甲壳类	吨	1803	1714
贝 类	吨	461	988
其他类	吨	8027	5807

注:由于农村统计报表制度改革,从2018年起水产品产量由农业部门提供数据。

4-12 各县(市、区)农林牧渔业总产值

(2022年)

指标名称	兴宁区		青秀区		江南区(本级)	
	可比价增速(%)	现行价(万元)	可比价增速(%)	现行价	可比价增速(%)	现行价(万元)
农林牧渔业总产值	**4.4**	**285237**	**3.3**	**408972**	**3.5**	**435733**
农业产值	**2.7**	**154948**	**0.5**	**171937**	**4.2**	**339965**
主产品产值	2.7	154522	0.6	170563	4.2	337760
粮食作物合计	0.7	17163	0.0	27859	0.3	23331
经济作物合计	-16.1	11354	-2.8	46151	-3.0	76021
蔬菜、食用菌及花卉盆景园艺产品	5.4	118508	1.8	65484	7.1	169474
水果、食用坚果、茶、饮料和香料	14.8	7480	4.3	30590	6.8	68904
其他农作物	-98.4	17	-31.5	479	1.3	30
副产品产值	-1.2	426	-2.6	1374	-1.6	2205
林业产值	**-17.0**	**41693**	**2.2**	**36083**	**-0.2**	**13909**
林木的培育和种植	16.7	7211	43.9	1292	-6.8	1809
全社会竹木采伐	-23.8	31179	1.0	16675	1.3	11850
林产品	44.1	3303	1.4	18117	-21.8	249
牧业产值	**35.6**	**54716**	**6.9**	**116908**	**-1.3**	**45413**
牛饲养	43.8	1520	2.9	10289	-6.6	4131
羊饲养	13.4	333	-8.3	410	26.4	343
猪的饲养	21.7	5941	7.4	38536	19.6	20259
家禽的饲养	19.9	40716	9.6	54932	14.0	14009
活的畜禽产品	2.8	3977	-18.3	3637	-52.3	1817
其他畜牧业	4739.1	2228	8.5	9105	-75.0	4853
渔业产值	5.4	28627	1.7	13992	5.3	18822
农林牧渔专业及辅助性活动产值	4.5	5253	5.9	70051	3.8	17625

4—12 续表1

指标名称	西乡塘区(本级)		良庆区		邕宁区	
	可比价增速(%)	现行价(万元)	可比价增速(%)	现行价	可比价增速(%)	现行价(万元)
农林牧渔业总产值	**4.0**	**644300**	**3.4**	**476612**	**2.8**	**630306**
农业产值	**6.5**	**402687**	**2.1**	**318590**	**3.8**	**371688**
主产品产值	6.5	401386	2.3	316353	3.9	369557
粮食作物合计	0.3	22128	0.3	29873	0.1	47382
经济作物合计	1.7	30100	-7.2	70952	-2.9	132872
蔬菜、食用菌及花卉盆景园艺产品	8.1	122109	5.8	137008	7.5	120310
水果、食用坚果、茶、饮料和香料	7.0	227024	7.0	78513	15.4	65999
其他农作物	-0.3	24	-88.0	8	3.2	2995
副产品产值	2.1	1301	-20.2	2238	-14.2	2131
林业产值	**3.4**	**9234**	**-5.4**	**54291**	**-2.1**	**29679**
林木的培育和种植	25.6	832	13.1	1882	15.6	1476
全社会竹木采伐	1.7	8227	-6.3	45952	-3.3	23275
林产品	-7.8	175	-2.6	6457	0.0	4928
牧业产值	**-1.2**	**189340**	**15.4**	**80450**	**1.6**	**204885**
牛饲养	32.1	2190	12.5	4692	0.7	7978
羊饲养		4	36.3	332	-47.8	121
猪的饲养	-2.4	120400	0.6	20189	2.4	51475
家禽的饲养	-10.9	41710	13.8	53753	1.3	107340
活的畜禽产品	1.6	4990	-33.5	929	-11.6	826
其他畜牧业	29.5	20046	1076.2	555	1.8	37145
渔业产值	**6.0**	**19216**	**4.4**	**17780**	**4.9**	**16826**
农林牧渔专业及辅助性活动产值	**4.5**	**23823**	**4.5**	**5501**	**5.9**	**7228**

4—12 续表2

指标名称	武鸣区(本级)		隆安县		马山县	
	可比价增速（%）	现行价（万元）	可比价增速（%）	现行价（万元）	可比价增速（%）	现行价（万元）
农林牧渔业总产值	**5.0**	**1875464**	**7.9**	**790260**	**5.6**	**492605**
农业产值	**5.4**	**1445256**	**5.9**	**584423**	**6.8**	**262412**
主产品产值	5.4	1439529	6.0	581556	6.9	259614
粮食作物合计	0.2	125346	0.2	61114	0.4	75956
经济作物合计	-4.3	162574	-11.3	48720	4.9	38392
蔬菜、食用菌及花卉盆景园艺产品	3.7	530868	4.0	102936	11.4	113806
水果、食用坚果、茶、饮料和香料	11.8	619779	11.1	368465	23.9	28882
其他农作物	-18.4	963	-71.8	321	-49.0	2577
副产品产值	-2.1	5727	-4.8	2867	5.4	2798
林业产值	**-4.0**	**82439**	**12.9**	**34831**	**10.9**	**40218**
林木的培育和种植	69.5	2830	47.9	1909	31.6	2112
全社会竹木采伐	-4.5	61843	20.6	24960	14.5	35904
林产品	-9.7	17766	-8.0	7962	-24.8	2202
牧业产值	**6.9**	**238082**	**16.9**	**126122**	**2.2**	**166535**
牛饲养	-16.6	16845	10.5	10692	1.1	14305
羊饲养	-15.8	3026	-3.5	1239	10.1	3194
猪的饲养	27.7	124803	25.0	63619	2.2	89091
家禽的饲养	-7.0	73733	2.6	39056	0.6	23521
活的畜禽产品	22.9	2172	194.5	6180	97.0	7329
其他畜牧业	-16.3	17503	-5.9	5337	-8.0	29096
渔业产值	**3.1**	**53840**	**5.2**	**24351**	**7.0**	**22030**
农林牧渔专业及辅助性活动产值	**4.1**	**55847**	**6.9**	**20533**	**5.2**	**1411**

4—12 续表3

指标名称	上林县		宾阳县		横州县	
	可比价增速（%）	现行价（万元）	可比价增速（%）	现行价（万元）	可比价增速（%）	现行价（万元）
农林牧渔业总产值	**6.0**	**494158**	**6.3**	**1116570**	**1.8**	**1580524**
农业产值	**7.9**	**299528**	**4.8**	**675801**	**2.3**	**930984**
主产品产值	8.0	297674	4.8	671116	2.3	926125
粮食作物合计	0.3	59041	0.2	122230	0.1	134226
经济作物合计	-0.1	38417	-2.4	144719	-1.7	128058
蔬菜、食用菌及花卉盆景园艺产品	8.0	96720	10.4	284174	5.2	532548
水果、食用坚果、茶、饮料和香料	17.3	99752	7.8	112479	-2.1	119050
其他农作物	8.9	3744	-21.6	7515	-8.3	12244
副产品产值	2.1	1854	-1.1	4684	-1.4	4859
林业产值	**11.2**	**25427**	**12.4**	**60935**	**15.1**	**84308**
林木的培育和种植	6.2	3441	47.1	3392	37.5	3311
全社会竹木采伐	17.5	20696	16.8	51601	15.5	75592
林产品	-34.6	1290	-18.6	5941	1.1	5406
牧业产值	**1.2**	**129601**	**7.7**	**312012**	**-1.0**	**448074**
牛饲养	4.0	13287	-13.1	21095	-6.4	21559
羊饲养	46.8	1370	7.7	795	10.5	740
猪的饲养	-1.3	53660	15.3	100314	4.4	179016
家禽的饲养	21.4	17050	-3.9	95623	-4.6	98314
活的畜禽产品	3.3	3049	13.2	2766	-14.5	3638
其他畜牧业	-3.8	41186	9.6	91419	-4.2	144808
渔业产值	**3.3**	**37623**	**1.5**	**49278**	**-0.5**	**71421**
农林牧渔专业及辅助性活动产值	**5.5**	**1980**	**7.7**	**18546**	**2.0**	**45736**

4—12 续表4

指标名称	高新区		经开区		东盟经开区	
	可比价增速（%）	现行价（万元）	可比价增速（%）	现行价（万元）	可比价增速（%）	现行价（万元）
农林牧渔业总产值	**-6.1**	**6312**	**-2.2**	**71555**	**8.0**	**78961**
农业产值	**0.9**	**5305**	**-3.4**	**32290**	**3.6**	**43799**
主产品产值	0.9	5305	-3.2	31962	3.5	43577
粮食作物合计			1.1	4989	1.2	960
经济作物合计			-36.1	6518	23.4	6194
蔬菜、食用菌及花卉盆景园艺产品	0.9	5305	15.9	15752	-42.7	3541
水果、食用坚果、茶、饮料和香料			3.1	4704	15.7	32883
其他农作物					-98.6	
副产品产值			-15.8	328	20.9	221
林业产值	**-54.2**	**310**	**-8.6**	**20696**	**-27.6**	**844**
林木的培育和种植	11.3	84	-33.7	291	-3.4	62
全社会竹木采伐	-64.9	226	-8.2	20404	-29.3	782
林产品					-100.0	
牧业产值			**13.0**	**13624**	**15.5**	**30234**
牛饲养			-35.7	129	-88.1	28
羊饲养			-100.0		-1.5	13
猪的饲养			-1.6	3828	2.5	9001
家禽的饲养			9.7	6511	-0.4	3638
活的畜禽产品			28.1	2236	19.1	13918
其他畜牧业				921	40.9	3637
渔业产值	**-6.9**	**647**	**2.3**	**2919**	**24.1**	**1555**
农林牧渔专业及辅助性活动产值	**-3.0**	**50**	**-1.9**	**2026**	**6.6**	**2528**

4-13 各县(市、区)农作物播种面积和产量

(2022年)

指标名称	兴宁区			青秀区			江南区(本级)		
	播种面积(公顷)	单产(公斤/公顷)	产量(吨)	播种面积(公顷)	单产(公斤/公顷)	产量(吨)	播种面积(公顷)	单产(公斤/公顷)	产量(吨)
农作物总播种面积	**26794**			**37309**			**64300**		
粮食合计	**10100**	**5042**	**50925**	**14703**	**5541**	**81464**	**12458**	**5413**	**67432**
稻谷	7720	5424	41873	10736	5866	62974	9027	5837	52690
早稻	2856	5830	16651	5238	6194	32444	2344	6115	14337
中稻									
晚稻	4864	5186	25222	5498	5553	30530	6682	5740	38353
小麦									
玉米	2088	4147	8657	3094	5146	15921	2711	4866	13192
其他谷物				14	3477	49			
豆类合计	16	1852	30	247	2241	553	473	1826	863
大豆	7	2147	15	156	2058	321	203	1906	387
绿豆	2	1005	2	23	2175	49	221	1707	378
红小豆									
其他杂豆	7	1782	13	68	2683	182	49	2034	99
薯类	277	1322	366	613	3210	1967	247	2780	687
马铃薯				124	2678	332			
甘薯	277	1322	366	489	3345	1635	247	2780	687
经济作物播种面积	**16693**			**22606**			**51842**		
油料作物	1659	2675	4437	2857	3238	9251	2958	3362	9945
花生	1655	2675	4428	2857	3238	9251	2958	3362	9945
油菜籽	3	2697	9						
芝麻									
麻类				14	6923	98	72	2194	158
甘蔗	455	66780	30369	5510	90513	498719	12574	93898	1180683
糖料蔗	420	64739	27199	5467	90489	494699	12532	93815	1175707
果蔗	35	91539	3170	43	93553	4020	42	118674	4976
中草药材	218			242			42		
蔬菜及食用菌	8848	21290	188381	8844	23957	211877	22850	23060	526928
食用菌			1761			1681			138
瓜果类	113	30287	3425	3254	29220	95086	11815	25758	304335
其他农作物	**5400**			**1884**			**1530**		
木薯	778	11975	9311	656	17155	11256	318	9302	2960
红瓜籽									
青饲料	240			635			601		
饲料用青贮玉米							47		
绿肥	63			570					
马蹄									
其他	4320			24			611		
年末桑园面积				**235**			**5**		

4—13 续表1

指标名称	西乡塘区(本级)			良庆区			邕宁区		
	播种面积(公顷)	单产(公斤/公顷)	产量(吨)	播种面积(公顷)	单产(公斤/公顷)	产量(吨)	播种面积(公顷)	单产(公斤/公顷)	产量(吨)
农作物总播种面积	**44330**			**55348**			**62242**		
粮食合计	**12270**	**4904**	**60169**	**18070**	**4859**	**87793**	**27518**	**5119**	**140851**
稻谷	6720	5342	35896	14142	5106	72207	19929	5702	113627
早稻	3124	5977	18669	7295	5374	39204	9938	6180	61417
中稻									
晚稻	3596	4791	17228	6846	4821	33003	9991	5226	52210
小麦									
玉米	4949	4672	23119	2802	4781	13394	4592	4949	22728
其他谷物									
豆类合计	366	1657	607	793	1655	1312	311	1444	449
大豆	313	1671	523	427	1743	745	198	1394	275
绿豆	53	1574	84	183	1389	254	67	1238	83
红小豆									
其他杂豆				183	1715	313	46	1955	91
薯类	235	2324	546	333	2639	880	2686	1507	4047
马铃薯							251	2144	537
甘薯	235	2324	546	333	2639	880	2435	1441	3509
经济作物播种面积	**32060**			**37278**			**34724**		
油料作物	2287	3039	6950	2369	2495	5910	5101	183	14039
花生	2287	3039	6950	2349	2489	5847	5101	183	14039
油菜籽									
芝麻				20	3193	63			
麻类									
甘蔗	4904	71457	350411	12128	72722	881982	8688	5172	673997
糖料蔗	4893	71549	350065	12112	72729	880891	8486	5170	658138
果蔗	11	31109	346	16	67890	1091	202	5237	15859
中草药材	263			290			1747		
蔬菜及食用菌	18926	21938	415188	15728	29592	465434	15084	1655	374349
食用菌			61			200			80
瓜果类	4212	19050	80238	5387	22157	119360	3078	1851	85443
其他农作物	**1469**			**1374**			**1026**		
木薯	988	11001	10869	1282	14492	18573	878	1003	13208
红瓜籽									
青饲料	481			93			148		
饲料用青贮玉米	34								
绿肥									
马蹄									
其他									
年末桑园面积	**24**			**43**			**2724**		

4—13 续表2

指标名称	武鸣区			隆安县			马山县		
	播种面积(公顷)	单产(公斤/公顷)	产量(吨)	播种面积(公顷)	单产(公斤/公顷)	产量(吨)	播种面积(公顷)	单产(公斤/公顷)	产量(吨)
农作物总播种面积	**169373**			**62227**			**68323**		
粮食合计	**67801**	**4997**	**338769**	**34582**	**4493**	**155365**	**41413**	**4710**	**195065**
稻谷	34369	5995	206036	12558	5491	68950	15028	5597	84104
早稻	17323	5973	103478	5622	6007	33771	7069	5723	40459
中稻	767	7357	5646	657	5443	3575	1168	6439	7519
晚稻	16278	5953	96912	6279	5034	31605	6790	5320	36126
小麦									
玉米	20889	5352	111796	16774	4630	77665	21845	4786	104547
其他谷物				14	1346	19	10	3785	38
豆类合计	7570	1466	11096	4072	1563	6364	2779	1432	3980
大豆	7039	1422	10012	3780	1590	6012	2144	1438	3082
绿豆	42	1215	50	42	1676	70	18	1248	23
红小豆							74	1074	79
其他杂豆	489	2112	1034	250	1128	282	543	1465	796
薯类	4973	1979	9841	1164	2032	2366	1751	1368	2396
马铃薯	3059	2044	6252	247	2245	554	155	1437	222
甘薯	1914	1875	3588	918	1975	1813	1596	1361	2173
经济作物播种面积	**101572**			**27645**			**26910**		
油料作物	11929	3374	40253	1263	2389	3017	1459	2890	4217
花生	11880	3379	40144	1120	2652	2971	1189	3129	3721
油菜籽							180	463	83
芝麻	49	2219	109	142	323	46	10	1746	17
麻类									
甘蔗	18135	82930	1503888	6047	80332	485754	3362	65154	219027
糖料蔗	17690	82358	1456929	5969	80196	478677	3249	65206	211825
果蔗	444	105668	46959	78	90740	7078	113	63637	7202
中草药材	786			963			5141		
蔬菜及食用菌	63952	26067	1667021	14975	23086	345718	13654	27612	377008
食用菌			1714			78			211
瓜果类	4932	27605	136141	47	27467	1300	135	30022	4060
其他农作物	**1838**			**4351**			**3160**		
木薯	1462	16362	23919	3643	13010	47399	1403	11151	15648
红瓜籽									
青饲料	89			351			754		
饲料用青贮玉米									
绿肥	287			357			659		
马蹄									
其他							344		
年末桑园面积	**638**			**318**			**2190**		

4—13 续表3

指标名称	上林县			宾阳县			横州市		
	播种面积(公顷)	单产(公斤/公顷)	产量(吨)	播种面积(公顷)	单产(公斤/公顷)	产量(吨)	播种面积(公顷)	单产(公斤/公顷)	产量(吨)
农作物总播种面积	**52892**			**149869**			**169254**		
粮食合计	**34822**	**4888**	**170210**	**74938**	**4923**	**368935**	**74446**	**5270**	**392299**
稻谷	24046	5360	128894	57958	5455	316156	54671	5737	313656
早稻	11572	5584	64618	28690	6040	173295	26581	5958	158362
中稻	148	4105	608						
晚稻	12327	5165	63668	29267	4881	142861	28090	5528	155294
小麦									
玉米	8409	4480	37676	9215	4216	38849	15903	4542	72231
其他谷物	2	1426	3	44	1967	87			
豆类合计	1281	1451	1859	2596	1410	3659	1806	1511	2728
大豆	1014	1394	1414	1236	1315	1624	1273	1518	1932
绿豆	31	1525	47	387	1203	465	472	1406	664
红小豆	34	1639	56	30	844	25	2	1378	3
其他杂豆	202	1692	343	944	1637	1544	58	2211	129
薯类	1083	1642	1779	5126	1987	10185	2067	1782	3684
马铃薯	43	2437	105	479	2065	990	911	2034	1853
甘薯	1040	1609	1674	4647	1979	9195	1156	1584	1831
经济作物播种面积	**18070**			**74930**			**94808**		
油料作物	3049	2114	6446	6751	209	21167	5676	3625	20572
花生	2086	2870	5985	6722	210	21147	5654	3635	20549
油菜籽	946	462	437	10	5	1			
芝麻	6	710	4	18	69	19	22	1066	23
麻类									
甘蔗	5115	88417	452218	18961	6159	1751622	18259	84916	1550470
糖料蔗	5074	88050	446728	18295	6035	1656212	17766	83636	1485913
果蔗	41	133860	5490	666	9550	95410	493	131056	64557
中草药材	314			665			1227		
蔬菜及食用菌	8254	39589	326770	38209	1659	950741	55007	24379	1341002
食用菌			753			1863			84470
瓜果类	101	29579	2985	3035	2189	99654	4763	28472	135600
其他农作物	**1236**			**7309**			**9877**		
木薯	136	14839	2017	2283	680	23275	874	9873	8633
红瓜籽							4	612	3
青饲料	820			1381			569		
饲料用青贮玉米				33					
绿肥	256			3614			1385		
马蹄	23	32470	747	32	877	415	31	17128	539
其他	1						7013		
年末桑园面积	**2306**			**5621**			**8464**		

4—13 续表4

指标名称	高新区			经开区			东盟经开区		
	播种面积(公顷)	单 产(公斤/公顷)	产 量(吨)	播种面积(公顷)	单 产(公斤/公顷)	产 量(吨)	播种面积(公顷)	单 产(公斤/公顷)	产 量(吨)
农作物总播种面积	**739**			**8318**			**2793**		
粮食合计				**2584**	**5285**	**13657**	**453**	**5472**	**2479**
稻谷				1447	5727	8289	181	5798	1049
早稻				223	5836	1302	114	5949	681
中稻									
晚稻				1224	5707	6987	67	5538	368
小麦									
玉米				1096	4891	5363	258	5321	1375
其他谷物									
豆类合计				41	148	6	0.1	1846	0.2
大豆				41	148	6	0.1	1846	0.2
绿豆									
红小豆									
其他杂豆									
薯类							13	4025	54
马铃薯							13	4048	54
甘薯							0.1	1615	0.2
经济作物播种面积	**739**			**5734**			**2340**		
油料作物				375	2813	1056	17	5732	95
花生				375	2813	1056	17	5732	95
油菜籽									
芝麻									
麻类									
甘蔗				1549	67055	103841	1486	61187	90933
糖料蔗				1549	67055	103841	1486	61187	90933
果蔗									
中草药材				349			43		
蔬菜及食用菌	739	18251	13491	2352	18683	43944	472	19102	9014
食用菌			73			226			1375
瓜果类				1108	16259	18012	317	24907	7886
其他农作物				**1**			**5**		
木薯				1	15094	8	2	34432	73
红瓜籽									
青饲料							3		
饲料用青贮玉米									
绿肥									
马蹄									
其他									
年末桑园面积				**1**					

4-14 各县(市、区)茶叶及水果生产情况

（2022年）

指标名称	单位	兴宁区	青秀区	江南区（本级）	西乡塘区（本级）	良庆区
茶叶合计	**吨**	**1**	**6**			
园林水果合计	**吨**	**20033**	**46415**	**96784**	**667989**	**134943**
梨	吨	189	531	34		20
#雪花梨	吨		390	34		
柑橘类水果	吨	11698	24915	36823	190251	46101
#柑	吨	10808	20555	34560	129932	35195
橘	吨	522	2051		47258	50
橙	吨		1158	1215	778	9229
柚	吨	369	1141	1048	12283	1425
热带水果	吨	6900	16024	48093	443342	78222
#香蕉	吨	2483	2909	20490	356894	9886
菠萝	吨		26	103		1
荔枝	吨	426	1821	1152	2527	8382
龙眼	吨	1966	3211	6345	1468	5269
芒果	吨	109	985	1840	3392	8368
火龙果	吨	1516	4387	13031	25279	39879
百香果	吨	178	2028	1191	1333	3680
其他蕉	吨	178	501	3942	52449	425
其他热带水果	吨	42	156			2334
其他水果	吨	1245	4944	11834	34396	10600
#桃	吨	65	102			88
猕猴桃	吨					
葡萄	吨	113	2289	262	636	8
红枣(按鲜枣计算)	吨		13			
柿子(按鲜柿计算)	吨	27	50			34
李子	吨	52	105	182	187	117
其他	吨	987	2385	11390	33573	10353
食用坚果	**吨**		**34**	**150**	**127**	**391**
#板栗	吨		9		127	
年末实有茶园面积	**公顷**	**12**	**12**			
#当年采摘面积	公顷	12	12			
年末果园面积	**公顷**	**1190**	**2261**	**3997**	**18977**	**8529**
#梨园	公顷	9	28	11		2
柑橘园	公顷	520	1052	1317	7069	1959
#柑园	公顷	442	835	1215	4852	1428
橘园	公顷	17	96		1629	33
橙园	公顷		53	48	44	412
柚子园	公顷	60	66	55	544	81
蕉园	公顷	94	131	685	8492	372
#香蕉园	公顷	84	105	569	6590	361
菠萝园	公顷		1	12		1
荔枝园	公顷	83	120	218	190	1964
龙眼园	公顷	198	217	389	156	648
芒果园	公顷	35	60	261	271	467
桃园	公顷	3	31			15
猕猴桃园	公顷					
葡萄园	公顷	9	119	13	40	1
枣园	公顷	0.07	6	26	107	1
柿子园	公顷	3	4		2	10
李子园	公顷	5	14	27	8	17
火龙果园	公顷	55	185	401	1012	1912
百香果园	公顷	19	81	25	51	211
其他果园	公顷	158	212	612	1578	950

4—14 续表1

指标名称	单 位	邕宁区	武鸣区（本级）	隆安县	马山县	上林县
茶叶合计	**吨**		**312**		**17**	**706**
园林水果合计	**吨**	**145042**	**2068871**	**802012**	**74147**	**295372**
梨	吨	846	3732	312	138	243
#雪花梨	吨	12			1	29
柑橘类水果	吨	88257	1577223	283141	55002	248593
#柑	吨	80102	1557515	196590	50417	212152
橘	吨			26082	906	28730
橙	吨	1419	9162	7791	1086	654
柚	吨	6736	10431	50234	2124	5590
热带水果	吨	48410	433437	510336	10298	44045
#香蕉	吨	3885	338215	286337	2950	20337
菠萝	吨	140	26	212		5
荔枝	吨	6108	2149	1154	270	23
龙眼	吨	7729	21436	4082	1988	583
芒果	吨	6165	3950	2160	1	2459
火龙果	吨	12559	54394	204877	1792	16773
百香果	吨	9629	11196	542	1654	1937
其他蕉	吨	1610	2071	4900	781	718
其他热带水果	吨	586		6073	863	1210
其他水果	吨	7528	54479	8223	8710	2491
#桃	吨	49	921	15	346	232
猕猴桃	吨					5
葡萄	吨	79	4621	157	881	1406
红枣(按鲜枣计算	吨		13		4	
柿子(按鲜柿计算)	吨	135	585	24	882	20
李子	吨	243	2652	206	221	321
其他	吨	7022	45686	7821	6376	507
食用坚果	**吨**	**298**	**937**	**12019**	**1211**	
#板栗	吨	24	923	12003		
年末实有茶园面积	**公顷**		**182**		**41**	**588**
#当年采摘面积	公顷		176		28	545
年末果园面积	**公顷**	**8958**	**47907**	**23864**	**3786**	**6669**
#梨园	公顷	27	78	16	23	20
柑橘园	公顷	3569	34564	8462	2225	5631
#柑园	公顷	2979	33692	5680	1923	4532
橘园	公顷			423	95	842
橙园	公顷	75	338	228	33	41
柚子园	公顷	380	530	1979	136	166
蕉园	公顷	316	8236	8619	329	455
#香蕉园	公顷	237	8196	8469	165	418
菠萝园	公顷	6	1	63		
荔枝园	公顷	1017	121	146	41	1
龙眼园	公顷	1132	1340	208	183	28
芒果园	公顷	621	189	105		74
桃园	公顷	13	30		52	21
猕猴桃园	公顷					2
葡萄园	公顷	7	181	9	111	32
枣园	公顷		5	93	2	5
柿子园	公顷	31	18	4.11	21	0.64
李子园	公顷	78	118	15	70	20
火龙果园	公顷	829	1457	4895	145	264
百香果园	公顷	552	279	31	71	67
其他果园	公顷	761	1291	1198	513	48

4—14 续表2

指标名称	单 位	宾阳县	横州市	高新区	经开区	东盟经开区
茶叶合计	**吨**		**1799**			**234**
园林水果合计	**吨**	**256173**	**239955**		**9164**	**101270**
梨	吨	348	1267			
#雪花梨	吨					
柑橘类水果	吨	184564	112217		8277	77562
#柑	吨	163849	96156		7357	74436
橘	吨		609		911	
橙	吨	2979	2144			163
柚	吨	17732	12326		10	2962
热带水果	吨	53616	100686		325	22673
#香蕉	吨	2977	33387		65	16343
菠萝	吨		780			
荔枝	吨	384	9401		5	124
龙眼	吨	1059	13726		136	134
芒果	吨	1301	2474		1	239
火龙果	吨	40879	15138		62	4670
百香果	吨	4594	7090		10	1136
其他蕉	吨	1887	16448		30	
其他热带水果	吨	535	2243		17	28
其他水果	吨	17644	25785		562	1034
#桃	吨	266	577			
猕猴桃	吨					
葡萄	吨	6113	6895			630
红枣(按鲜枣计算	吨	215	611			
柿子(按鲜柿计算)	吨	554	6493			
李子	吨	450	928			30
其他	吨	10046	10282		562	375
食用坚果	**吨**	**537**	**1778**			
#板栗	吨		122			
年末实有茶园面积	**公顷**		**1156**			29
#当年采摘面积	公顷		1121			24
年末果园面积	**公顷**	**6419**	**14370**		**607**	**2876**
#梨园	公顷	31	61			
柑橘园	公顷	4426	4204		460	1975
#柑园	公顷	3812	3382		391	1822
橘园	公顷	14	132		45	
橙园	公顷	122	106		1	4
柚子园	公顷	464	507		23	149
蕉园	公顷	171	2124		5	468
#香蕉园	公顷	100	1178		3	468
菠萝园	公顷		16			
荔枝园	公顷	23	2475		16	64
龙眼园	公顷	73	1725		71	68
芒果园	公顷	86	275		17	9
桃园	公顷	14	58		1	
猕猴桃园	公顷					
葡萄园	公顷	167	383			69
枣园	公顷	22	74		21	6
柿子园	公顷	12	317			
李子园	公顷	59	112			2.7
火龙果园	公顷	875	465		9	138
百香果园	公顷	131	448		0.47	37
其他果园	公顷	329	1633		7	41

4-15 各县(市、区)林业生产情况

（2022年）

指标名称	单 位	兴宁区	青秀区	江南区（本级）	西乡塘区（本级）	良庆区
营林情况						
造林面积	公顷	3230	1066	1207	733	1411
森林抚育面积	公顷	18733	2267	3867	1337	4000
全社会竹木采伐运输						
木材采运	万立方米	50	27	19	13	75
篙竹	万根					
大杂竹	万根	204		1		
小杂竹	吨					
主要林产品产量						
油桐籽	吨					
油茶籽	吨			108		
天然松脂	吨	1566	13065	30	142	5238
竹笋干	吨	423	620	36		
八角	吨	50				

4—15 续表1

指标名称	单 位	邕宁区	武鸣区（本级）	隆安县	马山县	上林县
营林情况						
造林面积	公顷	1341	2346	1725	2000	3444
森林抚育面积	公顷	2440	4100	2333	3333	4405
全社会竹木采伐运输						
木材采运	万立方米	38	101	40	58	34
篙竹	万根			26		
大杂竹	万根	87		31	205	30
小杂竹	吨			172	893	10
主要林产品产量						
油桐籽	吨				22	
油茶籽	吨		10		252	304
天然松脂	吨	3471	12839	6055	1180	818
竹笋干	吨	200	595	133	154	3
八角	吨		1963	31	1765	4266

4—15 续表2

指标名称	单 位	宾阳县	横州市	高新区	经开区	东盟经开区
营林情况						
造林面积	公顷	3333	2669	67	320	34
森林抚育面积	公顷	4799	6400	167	320	168
全社会竹木采伐运输						
木材采运	万立方米	82	119	0.4	33	1
篙竹	万根		298			
大杂竹	万根	638	737			
小杂竹	吨	15700	1096			
主要林产品产量						
油桐籽	吨	4	222			
油茶籽	吨	64	180			
天然松脂	吨	4705	3275			
竹笋干	吨	25	312			
八角	吨	4				

4-16 各县(市、区)主要牲畜年末存栏情况

（2022年）

指标名称	单位	兴宁区	青秀区	江南区（本级）	西乡塘区（本级）	良庆区
畜禽出栏						
猪	万头	3	20	11	64	11
牛	万头	0.2	1	0.4	0.3	1
山羊	万头	0.5	1	1	0.01	0.5
家禽	万只	1012	1370	337	1037	1350
鸡	万只	877	1046	182	760	1034
畜禽存栏						
牛	万头	0.3	2	1	1	1
猪	万头	2	7	7	23	6
#能繁殖母猪	万头	0.2	1	1	1	1
山羊	万头	0.3	0.3	0.4	0.0	0.5
家禽	万只	513	545	117	370	427
鸡	万只	477	435	81	292	339
#肉鸡	万只	430	380	64	261	329
蛋鸡	万只	33	54	16	29	9
畜禽产品产量						
肉类总产量	吨	19231	39121	15884	70595	31191
猪肉	吨	2465	15990	8406	49959	8377
牛肉	吨	182	1231	494	262	561
羊肉	吨	77	102	88	1	85
禽肉	吨	16298	21232	5925	17167	21877
#鸡	吨	13247	15149	2736	11135	15532
兔肉	吨	3	140	11		41
其他肉产量	吨	206	428	959	3207	250
禽蛋	吨	2503	2569	987	2063	511
鸡蛋	吨	2503	2411	767	1903	437
奶类产量	吨	766		829	3876	398
蚕茧	吨		890			7

4—16 续表1

指标名称	单 位	邕宁区	武鸣区（本级）	隆安县	马山县	上林县
畜禽出栏						
猪	万头	26	65	34	47	28
牛	万头	1	2	1	2	2
山羊	万头	0.2	4	2	5	2
家禽	万只	2639	1840	997	533	394
鸡	万只	2129	1380	841	379	300
畜禽存栏						
牛	万头	2	5	3	6	2
猪	万头	10	50	38	27	10
# 能繁殖母猪	万头	1	3	3	2	1
山羊	万头	0.1	4	3	5	3
家禽	万只	755	510	567	211	181
鸡	万只	649	427	486	158	141
# 肉鸡	万只	644	412	431	118	111
蛋鸡	万只	5	14	54	39	25
畜禽产品产量						
肉类总产量	吨	66243	85475	43967	48842	30774
猪肉	吨	21359	51785	26398	36967	22265
牛肉	吨	954	2015	1279	1711	1589
羊肉	吨	35	646	288	813	324
禽肉	吨	43279	30051	15766	9020	6398
# 鸡	吨	32515	20905	12262	5552	4262
兔肉	吨	16	39	1	37	35
其他肉产量	吨	601	939	235	294	161
禽蛋	吨	466	1475	4342	5204	2181
鸡蛋	吨	394	1408	4287	4630	1791
奶类产量	吨	324	148			
蚕茧	吨	6640	2077	611	5525	7573

4—16 续表2

指标名称	单 位	宾阳县	横州市	高新区	经开区	东盟经开区
畜禽出栏						
猪	万头	53	93		2	5
牛	万头	2	2		0.01	0.003
山羊	万头	1	1			0.02
家禽	万只	2131	2577		164	92
鸡	万只	1536	1797		96	67
畜禽存栏						
牛	万头	5	5		0.03	0.01
猪	万头	35	57		1	4
#能繁殖母猪	万头	4	7		0.1	1
山羊	万头	1	1		0.03	0.01
家禽	万只	560	814		70	98
鸡	万只	432	611		46	95
#肉鸡	万只	411	590		20	3
蛋鸡	万只	22	12		25	77
畜禽产品产量						
肉类总产量	吨	81650	117720		4491	5605
猪肉	吨	41624	74280		1588	3735
牛肉	吨	2523	2579		15	3
羊肉	吨	191	184			3
禽肉	吨	35708	39770		2734	1488
#鸡	吨	23174	25079		1414	1024
兔肉	吨	144			0.2	
其他肉产量	吨	1460	907		153	376
禽蛋	吨	1990	1790		1570	9795
鸡蛋	吨	1530	1244		1563	9523
奶类产量	吨		2187			
蚕茧	吨	15554	26450			

4-17 各县(市、区)渔业主要产品产量

（2022年）

指标名称	计量单位	兴宁区	青秀区	江南区（本级）	西乡塘区（本级）	良庆区
水产品产量总计	**吨**	**7810**	**9004**	**13750**	**14051**	**11810**
淡水捕捞	吨		74	132	138	1299
鱼 类	吨		74	118	138	1215
甲壳类	吨			5		29
贝 类	吨			5		47
其他类	吨			4		8
淡水养殖	吨	7810	8930	13618	13913	10511
鱼 类	吨	5154	8660	13515	13854	9800
甲壳类	吨	26	5	59	28	131
贝 类	吨			13		212
其他类	吨	2630	265	31	31	368

4—17 续表1

指标名称	计量单位	邕宁区	武鸣区（本级）	隆安县	马山县	上林县
水产品产量总计	吨	**12353**	**39707**	**13770**	**11794**	**20800**
淡水捕捞	吨	21	202	503	358	765
鱼 类	吨	19	182	347	289	747
甲壳类	吨	2	19	34	48	10
贝 类	吨			122	21	
其他类	吨		1			8
淡水养殖	吨	12332	39505	13267	11436	20035
鱼 类	吨	12306	39330	12108	10389	18067
甲壳类	吨	15	160	320	113	596
贝 类	吨		15		35	
其他类	吨	11		839	899	1373

4—17 续表2

指标名称	计量单位	宾阳县	横州市	高新区	经开区	东盟经开区
水产品产量总计	**吨**	**35626**	**48001**	**477**	**1450**	**1147**
淡水捕捞	吨	1276	4194			
鱼 类	吨	1157	4068			
甲壳类	吨	66	98			
贝 类	吨	53	26			
其他类	吨		2			
淡水养殖	吨	34350	43807	477	1450	1147
鱼 类	吨	33608	42572	477	1311	1147
甲壳类	吨	330	20			
贝 类	吨	185	1			
其他类	吨	227	1214		139	

4-18 各县(市、区)农业生产条件

（2022年）

指标名称	单 位	兴宁区	青秀区	江南区（本级）	西乡塘区（本级）	良庆区
农用化肥施用量						
按实物量计算	吨	26561	46214	85300	104882	93011
氮肥	吨	3846	8714	17235	15465	24549
磷肥	吨	1954	6446	10739	23144	15477
钾肥	吨	1232	3482	7766	10041	7420
复合肥	吨	19528	27572	49560	56232	45565
按折纯法计算	吨	11279	19190	34682	33301	33650
氮肥	吨	1752	4012	7881	6747	8529
磷肥	吨	352	1217	1933	4145	2694
钾肥	吨	738	2002	4657	5454	3954
复合肥	吨	8437	11960	20212	16955	18472
农用塑料薄膜使用量	吨	**413**	**501**	**447**	**965**	**507**
# 地膜使用量	吨	399	421	434	742	482
地膜覆盖面积	公顷	**5415**	**11430**	**11315**	**13988**	**4952**
农药使用量(按实物量计算)	吨	**204**	**596**	**789**	**535**	**405**

4—18 续表1

指标名称	单 位	邕宁区	武鸣区（本级）	隆安县	马山县	上林县
农用化肥施用量						
按实物量计算	吨	97573	328656	121882	37369	68375
氮肥	吨	18293	49200	20510	13156	17928
磷肥	吨	12809	34295	25726	4276	14630
钾肥	吨	6803	49216	15548	3066	8677
复合肥	吨	59668	195945	60098	16870	27139
按折纯法计算	吨	41498	145246	45469	11419	26019
氮肥	吨	8397	22632	8979	3275	7230
磷肥	吨	2306	6045	4665	671	2766
钾肥	吨	4081	28522	8538	1146	4763
复合肥	吨	26713	88047	23287	6327	11261
农用塑料薄膜使用量	吨	**745**	**2398**	**674**	**246**	**308**
# 地膜使用量	吨	651	1443	320	128	298
地膜覆盖面积	公顷	**9635**	**12533**	**6054**	**3274**	**4064**
农药使用量(按实物量计算)	吨	**669**	**4415**	**1221**	**292**	**543**

4—18 续表2

指标名称	单 位	宾阳县	横州市	高新区	经开区	东盟经开区
农用化肥施用量						
按实物量计算	吨	197349	208952	473	13338	15514
氮肥	吨	47041	31904	146	2697	3023
磷肥	吨	35729	23477	59	2635	2496
钾肥	吨	22343	12465	40	1451	852
复合肥	吨	92236	141105	227	6556	9143
按折纯法计算	吨	72152	72171	193	5615	6092
氮肥	吨	20206	10606	61	1232	1330
磷肥	吨	6434	3880	13	473	464
钾肥	吨	12549	6395	14	867	428
复合肥	吨	32964	51290	105	3044	3870
农用塑料薄膜使用量	吨	**1180**	**2086**	**1**	**44**	**57**
# 地膜使用量	吨	755	1610	1	43	24
地膜覆盖面积	公顷	**11246**	**14745**	**9**	**722**	**287**
农药使用量(按实物量计算)	吨	**1531**	**1344**	**2**	**91**	**310**

工业

5-1 全市主要年份工业总产值

（按当年价格计算）

单位:万元

年 份	全部工业总产值	轻工业	重工业	规模以上工业总产值	国有工业	集体工业
1950	767	704	63	238	37	201
1965	26370	17413	8957	23595	19842	3753
1978	111437	68785	42652	110979	91689	18287
1980	129920	94843	35077	128638	106710	21401
1985	216221	149483	66738	209855	178446	31211
1986	247582	169834	77748	236722	204570	31570
1987	310315	211666	98649	298512	257753	38720
1988	404796	279480	125316	387247	332131	51458
1989	504021	353985	150036	488566	417319	57031
1990	549256	382516	166740	528855	453624	59995
1991	625718	419582	206136	600539	507269	65208
1992	740112	487356	252756	700243	579918	82273
1993	1005613	628765	376848	909065	719657	122451
1994	1341785	812033	529752	1171195	888611	164083
1995	1529236	891430	637806	1303224	918567	231410
1996	1581367	933535	647832	1339026	848099	307245
1997	1696837	1008391	688446	1366220	762253	348946
1998	1824639	1090345	734294	1418302	739942	358305
1999	1870681	1096428	774253	1422855	492613	325646
2000	2417251	1400496	1016755	1485196	486501	177095
2001	2608099	1489715	1118384	1685135	358901	194259
2002	2911858	1579082	1332776	1987028	363601	164196
2003	3341980	1846907	1495073	2418570	556669	117223
2004	4040693	2037693	2003000	3003353	842068	57348
2005	4909198	2559317	2349881	3701812	968474	64551
2006	6392812	3342337	3050475	4954808	1038323	88873
2007	8302142	4293941	4008201	6690667	1303988	96465
2008	10598632	5123335	5475297	8649563	1471132	87492
2009	11757647	6222870	5534777	9816480	1654334	73099
2010	15011824	7440694	7571130	12854044	1700981	54174
2011	20002301	10092932	9909369	17252922	1937849	82630
2012	22827319	11226164	11601155	21093267	2512372	112116
2013	26591777	12068752	14523024	25571348	1942979	137903
2014	29550538	12711226	16839312	28566304	1801199	111823
2015	33238249	13738436	19499813	32370606	2159725	48183
2016	36280744	14717868	21562877	35219998	1683493	52072
2017	37941377	15400515	22540862	37130696	1327571	65904

注:2000年以后为行政区划调整后的数据,其余年份为原南宁口径。2000年以前规模以上工业产值为乡及乡以上工业口径,2001-2010年规模以上工业统计口径为年主营业务收入500万元及以上工业法人单位,2011年以后规模以上工业统计口径为年主营业务收入2000万元以上工业法人单位。

5-2 全市主要年份工业总产值发展速度

单位:%

年 份	全部工业总产值	轻工业	重工业	规模以上工业总产值	国有工业	集体工业
1951	180.0	178.3	200.0	160.9	367.6	124.9
1965	142.1	138.4	149.8	142.8	146.6	125.4
1978	108.3	105.6	112.8	108.3	108.3	108.0
1980	113.7	122.9	97.6	113.9	113.2	117.7
1985	120.0	118.4	124.6	117.5	117.0	117.8
1986	108.0	108.7	106.2	107.1	108.5	99.2
1987	117.9	115.9	123.2	116.8	117.0	112.0
1988	116.2	116.7	114.7	115.8	114.3	122.2
1989	108.3	108.3	108.3	109.2	109.0	102.0
1990	107.0	106.5	108.1	108.6	107.9	105.4
1991	111.2	105.0	127.0	109.1	108.0	109.3
1992	117.2	117.9	115.6	117.6	114.8	117.8
1993	118.7	116.2	124.2	111.4	107.4	128.1
1994	117.8	111.3	131.0	120.7	107.2	132.2
1995	116.6	106.5	134.1	106.9	104.7	146.9
1996	101.1	102.4	99.3	101.2	91.5	132.1
1997	110.8	111.9	109.2	105.9	94.7	118.6
1998	109.7	110.1	109.1	106.1	101.3	99.2
1999	107.3	105.6	109.8	104.7	68.0	94.7
2000	106.8	104.4	110.1	106.4	79.0	90.6
2001	107.9	106.4	110.0	113.5	73.8	109.7
2002	111.6	106.0	119.2	117.9	101.3	84.5
2003	114.8	117.0	112.2	121.7	153.1	71.4
2004	120.9	110.3	134.0	124.2	151.3	48.9
2005	121.5	125.6	117.3	123.3	115.0	112.6
2006	130.2	130.6	129.8	133.8	107.2	137.7
2007	129.9	128.5	131.4	135.0	125.6	108.5
2008	127.7	119.3	136.6	129.3	112.8	90.7
2009	110.9	121.5	101.1	113.5	112.5	83.5
2010	127.7	128.4	127.0	130.9	102.8	74.1
2011	133.2	135.7	130.9	134.2	113.9	152.5
2012	114.1	111.2	117.1	122.3	129.6	135.7
2013	116.5	107.5	125.2	121.2	77.3	123.0
2014	111.1	105.3	115.9	111.7	92.7	81.1
2015	112.5	108.1	115.8	113.3	119.9	43.1
2016	109.2	107.1	110.6	108.8	77.9	108.1
2017	104.6	104.6	104.5	105.4	78.9	126.6
2018	105.3			105.2	100.8	102.3
2019	104.3			104.9	108.0	112.9
2020	100.8			101.4	99.1	82.9
2021	111.8			112.6	111.9	107.5
2022	101.3			101.4	108.7	87.74

注:2001年以后工业总产值发展速度按当年价格计算,其余年份按可比价计算。

5-3 全市规模以上主要工业产品产量

（2022年）

产品名称	单 位	生产量	产品名称	单 位	生产量
大米	吨	434312	中成药	吨	27625
小麦粉	吨	24721	塑料制品	吨	279464
精制食用植物油	吨	4933	硅酸盐水泥熟料	吨	9997262
鲜、冷藏肉	吨	173849	水泥	吨	14897590
成品糖	吨	798004	水泥混凝土电杆	根	350015
饲料	吨	6286467	商品混凝土	立方米	20002778
方便面	吨	6463	砖	万块	24178
乳制品	吨	143947	平板玻璃	重量箱	12681994
液体乳	吨	143947	钢化玻璃	平方米	461930
罐头	吨	123464	卫生陶瓷制品	件	2616591
冷冻饮品	吨	96200	粗钢	吨	
发酵酒精(折96度,商品量)	千升	25781	钢材	吨	606517
饮料酒	千升	265654	铝材	吨	328012
啤酒	千升	265654	起重机	吨	32707
饮料	吨	2689274	铸铁件	吨	2680
精制茶	吨	35286	锻件	吨	1304
卷烟	万支	3591400	矿山专用设备	吨	18808
纱	吨	24330	小型拖拉机	台	1698
蚕丝	吨	3547	发电机组(发电设备)	千瓦	
服装	万件	664	电力电缆	千米	366968
轻革	平方米	218970	变压器	千伏安	
人造板	立方米	9601620	通信及电子网络用电缆	对千米	
家具	件	911811	家用电风扇	台	45151
纸浆(原生浆及废纸浆)	吨	343330	家用吸排油烟机	台	
机制纸及纸板(外购原纸加工除外)	吨	259158	表	只	707762
纸制品	吨	601883	电子元件	万只	779751
合成氨(无水氨)	吨	28889	淀粉及淀粉制品	吨	121797
农用氮、磷、钾化学肥料(折纯)	吨	14411	松香	吨	23013
氮肥(折含氮100%)	吨	14411	自来水生产量	万立方米	57220
初级形态塑料	吨	20125			
化学药品原药	吨	8072			

5-4 全市规模以上工业企业主要财务状况

（2022年）

指标名称	单位数（个）	#亏损企业	从业人员平均人数（人）	负债合计（万元）
总计	**1391**	**417**	**173811**	**29704375**
#亏损企业	417	417	42012	8212788
国有控股企业	127	29	23292	10766461
按登记注册类型分组				
国有企业	10	3	1914	2056512
中央企业				
地方企业	10	3	1914	2056512
集体企业	2		495	1984
股份合作企业				
联营企业				
有限责任公司	321	93	51639	10144025
国有独资公司	28	4	3500	698344
其他有限责任公司	293	89	48139	9445682
股份有限公司	14	5	5259	2774265
私营企业	938	283	77128	8437660
其他企业				
港、澳、台商投资企业	60	22	17146	3608418
外商投资企业	46	11	20230	2681511
按轻重工业分				
轻工业	504	148	66481	6335908
重工业	887	269	107330	23368467
按大中小型工业分				
大型企业	12	3	30130	4133600
中型企业	95	18	49344	4724931
小微型企业	1284	396	94337	20845844

5—4 续表1

指标名称	单位数(个)	#亏损企业	从业人员平均人数(人)	负债合计(万元)
按工业行业大类分	**1391**	**417**	**173811**	**29704375**
煤炭开采和洗选业				
石油和天然气开采业				
黑色金属矿采选业				
有色金属矿采选业	1	1		1827
非金属矿采选业	19	5	612	106476
开采专业及辅助性活动				
其他采矿业				
农副食品加工业	137	38	14767	1808914
食品制造业	51	18	6307	522086
酒、饮料和精制茶制造业	55	8	5570	350168
烟草制品业	2		326	335958
纺织业	26	3	5798	244391
纺织服装、服饰业	9		1979	20372
皮革、毛皮、羽毛及其制品和制鞋业	5	1	2474	25043
木材加工和木、竹、藤、棕、草制品业	203	50	19340	974228
家具制造业	13	3	1064	80637
造纸和纸制品业	48	14	6562	1316593
印刷和记录媒介复制业	21	6	1920	96133
文教、工美、体育和娱乐用品制造业	4		324	7368
石油、煤炭及其他燃料加工业	4	1	392	58334
化学原料和化学制品制造业	97	21	7123	1086862
医药制造业	43	21	5844	500785
化学纤维制造业				
橡胶和塑料制品业	52	22	4394	178684
非金属矿物制品业	172	80	18333	1765280
黑色金属冶炼和压延加工业	16	7	833	146536
有色金属冶炼和压延加工业	11	2	3686	1251815
金属制品业	95	28	5921	485857
通用设备制造业	17	7	1594	196347
专用设备制造业	53	12	5125	1119641
汽车制造业	15	8	3232	408115
铁路、船舶、航空航天和其他运输设备制造业	6	2	642	21264
电气机械和器材制造业	80	25	8385	992571
计算机、通信和其他电子设备制造业	81	27	34523	8098140
仪器仪表制造业	7	2	768	11550
其他制造业	2	1	410	14265
废弃资源综合利用业	3		256	36747
金属制品、机械和设备修理业	2	1	261	15938
电力、热力生产和供应业	27	1	1532	5438434
燃气生产和供应业	9	2	1691	464915
水的生产和供应业	5		1823	1522105

5—4 续表2

指标名称	资产总计（万元）	流动资产合计（万元）	#存货	#产成品
总计	**42584768**	**23694579**	**4307204**	**1717098**
#亏损企业	10313014	6946517	863026	389840
国有控股企业	15927694	4710428	1040476	172422
按登记注册类型分组				
国有企业	2061179	266521	24188	13458
中央企业				
地方企业	2061179	266521	24188	13458
集体企业	11413	10387	4092	1242
股份合作企业				
联营企业				
有限责任公司	15991498	6721866	1587137	369960
国有独资公司	1095315	437491	49032	24630
其他有限责任公司	14896183	6284375	1538105	345330
股份有限公司	3841570	1169295	51135	26642
私营企业	11370436	8663091	1850510	1080336
其他企业				
港、澳、台商投资企业	4777466	3607874	319456	131057
外商投资企业	4531206	3255544	470686	94404
按轻重工业分				
轻工业	9691994	5653253	1569936	439602
重工业	32892774	18041326	2737268	1277496
按大中小型工业分				
大型企业	6041556	2952541	655246	120307
中型企业	8050150	4106700	663641	332957
小微型企业	28493062	16635339	2988317	1263833

5—4 续表3

指标名称	资产总计（万元）	流动资产合计（万元）	#存货	#产成品
按工业行业大类分	**42584768**	**23694579**	**4307204**	**1717098**
煤炭开采和洗选业				
石油和天然气开采业				
黑色金属矿采选业				
有色金属矿采选业	2969	1109	345	296
非金属矿采选业	147104	87644	4578	4455
开采专业及辅助性活动				
其他采矿业				
农副食品加工业	2835337	1808819	265240	98823
食品制造业	754107	432183	81277	26081
酒、饮料和精制茶制造业	782739	432820	106056	55137
烟草制品业	1078739	721280	484459	6751
纺织业	366978	225258	107749	64128
纺织服装、服饰业	54489	39322	11044	6807
皮革、毛皮、羽毛及其制品和制鞋业	34165	24017	8745	5751
木材加工和木、竹、藤、棕、草制品业	1695559	911601	173472	99678
家具制造业	110503	79653	34280	11362
造纸和纸制品业	1406787	505258	122103	24609
印刷和记录媒介复制业	191044	97311	15724	3645
文教、工美、体育和娱乐用品制造业	11037	10661	3617	1900
石油、煤炭及其他燃料加工业	84451	23739	2476	1706
化学原料和化学制品制造业	1793325	1166215	229747	121230
医药制造业	723927	462116	118232	47557
化学纤维制造业				
橡胶和塑料制品业	304495	205698	74880	35673
非金属矿物制品业	3370098	2104487	258973	121856
黑色金属冶炼和压延加工业	243320	174814	40076	21077
有色金属冶炼和压延加工业	1779070	740230	161453	31299
金属制品业	726275	581095	126575	64070
通用设备制造业	285133	197876	51156	16880
专用设备制造业	1650737	1009881	96752	43334
汽车制造业	1051274	531858	53532	28973
铁路、船舶、航空航天和其他运输设备制造业	68851	43585	6107	1249
电气机械和器材制造业	1331443	852860	227642	110946
计算机、通信和其他电子设备制造业	9572496	8819119	1318776	629169
仪器仪表制造业	27779	20944	7434	2848
其他制造业	26834	11921	1963	518
废弃资源综合利用业	50877	41988	1122	519
金属制品、机械和设备修理业	39329	21527	431	211
电力、热力生产和供应业	7331800	870896	83020	11518
燃气生产和供应业	632657	207147	19229	16942
水的生产和供应业	2019038	229647	8937	102

5—4 续表4

指标名称	营业收入（万元）	营业成本（万元）	营业外收入（万元）	营业外支出（万元）
总计	**27617970**	**24050599**	**113451**	**29150**
#亏损企业	4354952	4100387	21376	11874
国有控股企业	6977784	5319525	18688	9033
按登记注册类型分组				
国有企业	1585679	1555083	4280	1299
中央企业				
地方企业	1585679	1555083	4280	1299
集体企业	9498	7785	88	
股份合作企业				
联营企业				
有限责任公司	8565109	6599796	37586	10562
国有独资公司	412110	308884	906	196
其他有限责任公司	8152999	6290913	36680	10365
股份有限公司	758073	599643	539	1932
私营企业	9501734	8669853	50090	9094
其他企业				
港、澳、台商投资企业	2442475	2208264	15352	3858
外商投资企业	4755403	4410175	5515	2406
按轻重工业分				
轻工业	8917470	6938445	41822	13683
重工业	18700500	17112154	71629	15467
按大中小型工业分				
大型企业	5085420	4691942	5357	2141
中型企业	4329012	3825962	31739	5595
小微型企业	18203539	15532695	76355	21415

单位:万元

指标名称	营业收入(万元)	营业成本(万元)	营业外收入(万元)	营业外支出(万元)
按工业行业大类分	**27617970**	**24050599**	**113451**	**29150**
煤炭开采和洗选业				
石油和天然气开采业				
黑色金属矿采选业				
有色金属矿采选业	1237	931		45
非金属矿采选业	99679	80186	472	608
开采专业及辅助性活动				
其他采矿业				
农副食品加工业	3838539	3544723	3802	4529
食品制造业	449763	366011	1731	557
酒、饮料和精制茶制造业	865021	679627	2436	327
烟草制品业	1491208	393944	893	2316
纺织业	292730	260544	2000	247
纺织服装、服饰业	54699	52951	6789	19
皮革、毛皮、羽毛及其制品和制鞋业	64322	58698	1931	94
木材加工和木、竹、藤、棕、草制品业	1787104	1697719	4348	853
家具制造业	65158	53718	703	55
造纸和纸制品业	689235	636644	2761	2312
印刷和记录媒介复制业	113832	93935	1019	189
文教、工美、体育和娱乐用品制造业	9550	7895	13	2
石油、煤炭及其他燃料加工业	14475	12261	237	10
化学原料和化学制品制造业	1446843	1269418	2416	816
医药制造业	342883	223994	12917	1087
化学纤维制造业				
橡胶和塑料制品业	302711	268529	1246	177
非金属矿物制品业	1887459	1634162	9818	3729
黑色金属冶炼和压延加工业	273531	262376	909	141
有色金属冶炼和压延加工业	905232	824153	5824	571
金属制品业	728250	646954	3066	793
通用设备制造业	146443	118342	697	218
专用设备制造业	540063	441109	2323	872
汽车制造业	237836	207466	1073	173
铁路、船舶、航空航天和其他运输设备制造业	70357	61289	165	19
电气机械和器材制造业	710238	633071	5572	1887
计算机、通信和其他电子设备制造业	7219316	6871695	29139	3463
仪器仪表制造业	20807	16199	396	5
其他制造业	10165	8580	89	42
废弃资源综合利用业	20703	15346	523	
金属制品、机械和设备修理业	23944	20909	31	3
电力、热力生产和供应业	2099272	1923204	5052	2290
燃气生产和供应业	548898	504380	2643	26
水的生产和供应业	246468	159641	416	674

5—4 续表6

指标名称	销售费用（万元）	管理费用（万元）	财务费用（万元）	
				# 利息费用
总计	**443085**	**790130**	**264997**	**314274**
# 亏损企业	100813	203191	92820	63956
国有控股企业	79011	252785	162863	179451
按登记注册类型分组				
国有企业	3898	16430	2770	2862
中央企业				
地方企业	3898	16430	2770	2862
集体企业	48	1674	-196	
股份合作企业				
联营企业				
有限责任公司	161176	347745	126300	153811
国有独资公司	8709	28244	12954	13473
其他有限责任公司	152468	319500	113346	140338
股份有限公司	14064	36390	76630	62356
私营企业	158479	283255	73441	72217
其他企业				
港、澳、台商投资企业	55950	51783	-4884	4708
外商投资企业	49471	52854	-9064	18320
按轻重工业分				
轻工业	238004	338913	67178	80849
重工业	205081	451217	197819	233425
按大中小型工业分				
大型企业	66627	51019	49436	85290
中型企业	88334	168944	63157	84520
小微型企业	288124	570167	152404	144463

5—4 续表 7

指标名称	销售费用（万元）	管理费用（万元）	财务费用（万元）	
				# 利息费用
按工业行业大类分	**443085**	**790130**	**264997**	**314274**
煤炭开采和洗选业				
石油和天然气开采业				
黑色金属矿采选业				
有色金属矿采选业	92	1013	11	
非金属矿采选业	2619	8046	1594	1370
开采专业及辅助性活动				
其他采矿业				
农副食品加工业	55714	79657	40079	43310
食品制造业	29897	26887	4587	4871
酒、饮料和精制茶制造业	54448	22016	99	2727
烟草制品业	22523	86415	-1957	3803
纺织业	3884	11142	4092	4741
纺织服装、服饰业	636	4766	-139	65
皮革、毛皮、羽毛及其制品和制鞋业	109	2410	218	222
木材加工和木、竹、藤、棕、草制品业	13669	29590	15297	14456
家具制造业	4949	3682	639	388
造纸和纸制品业	8541	25730	7555	7484
印刷和记录媒介复制业	1951	10921	769	954
文教、工美、体育和娱乐用品制造业	326	540	68	69
石油、煤炭及其他燃料加工业	46	594	1269	840
化学原料和化学制品制造业	31883	48132	9596	9636
医药制造业	39820	29158	7764	7938
化学纤维制造业				
橡胶和塑料制品业	5506	13742	2358	2560
非金属矿物制品业	56138	96102	16349	15310
黑色金属冶炼和压延加工业	4184	6260	33	662
有色金属冶炼和压延加工业	9147	18871	35496	38650
金属制品业	9340	32389	6174	5107
通用设备制造业	4590	7638	3141	3190
专用设备制造业	25887	46664	15885	19251
汽车制造业	5992	25196	1861	2743
铁路、船舶、航空航天和其他运输设备制造业	378	3899	9	90
电气机械和器材制造业	11098	27788	5147	5615
计算机、通信和其他电子设备制造业	26174	60083	-9258	21833
仪器仪表制造业	159	3014	-142	49
其他制造业	623	1194	-61	
废弃资源综合利用业	2	1563	997	1064
金属制品、机械和设备修理业	92	1564	45	47
电力、热力生产和供应业	285	31800	47979	49438
燃气生产和供应业	5289	8964	3826	3688
水的生产和供应业	7094	12707	43618	42106

5—4 续表8

指标名称	营业利润（万元）	利润总额（万元）	亏损企业亏损额（万元）
总计	**855037**	**940407**	**250441**
# 亏损企业	-259945	-250441	250441
国有控股企业	217562	228280	83195
按登记注册类型分组			
国有企业	2472	5453	3540
中央企业			
地方企业	2472	5453	3540
集体企业	-36	52	
股份合作企业			
联营企业			
有限责任公司	352533	380622	91684
国有独资公司	49386	50096	3403
其他有限责任公司	303147	330526	88282
股份有限公司	7080	5687	41757
私营企业	178671	219670	70489
其他企业			
港、澳、台商投资企业	94272	105767	23994
外商投资企业	220045	223156	18977
按轻重工业分			
轻工业	356403	384545	111118
重工业	498634	555862	139323
按大中小型工业分			
大型企业	188044	191261	4662
中型企业	205384	231528	38322
小微型企业	461609	517619	207458

5—4 续表9

指标名称	营业利润（万元）	利润总额（万元）	亏损企业亏损额（万元）
按工业行业大类分	**855037**	**940407**	**250441**
煤炭开采和洗选业			
石油和天然气开采业			
黑色金属矿采选业			
有色金属矿采选业	-826	-871	871
非金属矿采选业	2138	2001	1203
开采专业及辅助性活动			
其他采矿业			
农副食品加工业	120487	119759	54457
食品制造业	12180	13355	7833
酒、饮料和精制茶制造业	89879	91989	1861
烟草制品业	90050	88627	
纺织业	6317	8070	8052
纺织服装、服饰业	-4267	2503	
皮革、毛皮、羽毛及其制品和制鞋业	1755	3592	88
木材加工和木、竹、藤、棕、草制品业	28352	31848	16770
家具制造业	261	909	1062
造纸和纸制品业	-1160	-710	15446
印刷和记录媒介复制业	3847	4677	1582
文教、工美、体育和娱乐用品制造业	663	676	
石油、煤炭及其他燃料加工业	-233	-7	778
化学原料和化学制品制造业	63265	64866	5444
医药制造业	29032	40862	8724
化学纤维制造业			
橡胶和塑料制品业	6002	7071	4727
非金属矿物制品业	47942	54034	51121
黑色金属冶炼和压延加工业	-3798	-3030	6826
有色金属冶炼和压延加工业	5775	11028	289
金属制品业	18578	21913	4577
通用设备制造业	3699	4178	1736
专用设备制造业	15656	17108	8663
汽车制造业	-10230	-9330	12624
铁路、船舶、航空航天和其他运输设备制造业	3018	3164	89
电气机械和器材制造业	12453	16139	9452
计算机、通信和其他电子设备制造业	172034	197709	19232
仪器仪表制造业	783	1174	90
其他制造业			507
废弃资源综合利用业	3144	3667	
金属制品、机械和设备修理业	1278	1306	138
电力、热力生产和供应业	89985	92747	5998
燃气生产和供应业	26793	29410	203
水的生产和供应业	20474	20216	

5-5 市区规模以上工业企业主要工业产品产量

（2022年）

产品名称	单 位	生产量	产品名称	单 位	生产量
大米	吨	224232	蒸压加气混凝土板	立方米	63778
精制食用植物油	吨	4933	硅酸盐水泥熟料	吨	3005337
鲜冷藏冻肉	吨	162428	商品混凝土	立方米	17843734
成品糖	吨	356390	平板玻璃	重量箱	
饲料	吨	3738672	钢化玻璃	平方米	47806
乳制品	吨	143947	锂离子电池	只（自然只）	18949955
液体乳	吨	143947	钢材	吨	468615
罐头	吨	122953	铝材	吨	328012
冷冻饮品	吨	87925	起重机	吨	29022
发酵酒精(折96度，商品量)	千升		混凝土机械	台	40
饮料酒	千升	265654	铸钢件	吨	
啤酒	千升	265654	小型拖拉机	台	1698
饮料	吨	2689274	矿山专用设备	吨	18808
卷烟	万支	3591400	沥青和改性沥青防水卷材	平方米	23675317
纱	吨	24330	金属冶炼设备	吨	4833
服装	万件	630	环境污染防治专用设备	台(套)	895
人造板	立方米	3560202	改装汽车	辆	151
胶合板	立方米	2099638	变压器	千伏安	
家具	件	850070	发电机组(发电设备)	千瓦	
机制纸及纸板(外购原纸加工除外)	吨	6382	通信及电子网络用电缆	对千米	
纸制品	吨	358287	电力电缆	千米	366635
单色印刷品	令	688040	家用电风扇	台	45151
多色印刷品	对开色令	4914587	家用吸排油烟机	台	
化学药品原药	吨	8072	电饭锅	个	
中成药	吨	27625	光电子器件	万只	22739
香精	吨		表	只	707762
塑料制品	吨	247327	淀粉及淀粉制品	吨	121797
水泥	吨	7809113	松香	吨	74
水泥混凝土电杆	根	88928	自来水生产量	万立方米	53222

5-6 市区规模以上工业企业主要财务状况

（2022年）

指标名称	单位数（个）	# 亏损企业	从业人员平均人数（人）	负债合计（万元）
总计	**976**	**322**	**121233**	**24743016**
# 亏损企业	322	322	30880	6732806
国有控股企业	97	25	18856	9503188
按登记注册类型分组				
国有企业	7	2	1046	2014823
中央企业				
地方企业	7	2	1046	2014823
集体企业	1		478	1557
股份合作企业				
联营企业				
有限责任公司	238	72	37837	7865589
国有独资公司	17	3	2135	278156
其他有限责任公司	221	69	35702	7587433
股份有限公司	12	5	5060	2660430
私营企业	626	216	42117	6648208
其他企业	0			
港、澳、台商投资企业	50	19	15529	3526229
外商投资企业	42	8	19166	2026181
按轻重工业分				
轻工业	334	112	44599	4028250
重工业	642	210	76634	20714766
按大中小型工业分				
大型企业	12	3	30130	4133600
中型企业	54	11	27848	3186131
小微型企业	910	308	63255	17423285

5—6 续表1

指标名称	单位数(个)	# 亏损企业	从业人员平均人数(人)	负债合计(万元)
按工业行业大类分	**976**	**322**	**121233**	**24743016**
煤炭开采和洗选业				
石油和天然气开采业				
黑色金属矿采选业				
有色金属矿采选业				
非金属矿采选业	13	5	364	88708
开采专业及辅助性活动				
其他采矿业				
农副食品加工业	83	25	8405	1074667
食品制造业	41	15	5593	492922
酒、饮料和精制茶制造业	25	6	4514	230091
烟草制品业	2		326	335958
纺织业	6	1	2032	131139
纺织服装、服饰业	7		1381	18777
皮革、毛皮、羽毛及其制品和制鞋业	2		1693	16741
木材加工和木、竹、藤、棕、草制品业	107	28	6788	454181
家具制造业	12	3	954	73116
造纸和纸制品业	23	6	2767	134521
印刷和记录媒介复制业	20	6	1871	96149
文教、工美、体育和娱乐用品制造业	2		94	578
石油、煤炭及其他燃料加工业	3	1	361	57454
化学原料和化学制品制造业	67	16	4738	842875
医药制造业	41	20	5513	479369
化学纤维制造业				
橡胶和塑料制品业	41	17	3346	159852
非金属矿物制品业	124	67	12128	1258329
黑色金属冶炼和压延加工业	14	5	691	113461
有色金属冶炼和压延加工业	10	2	3644	1249245
金属制品业	73	22	4038	321585
通用设备制造业	14	6	1334	171088
专用设备制造业	49	11	4770	1096990
汽车制造业	15	8	3232	408115
铁路、船舶、航空航天和其他运输设备制造业	5	1	467	16389
电气机械和器材制造业	72	23	7208	905771
计算机、通信和其他电子设备制造业	71	23	27344	8013858
仪器仪表制造业	7	2	768	11550
其他制造业	2	1	410	14265
废弃资源综合利用业	2		236	33693
金属制品、机械和设备修理业	1		237	12153
电力、热力生产和供应业	12	1	662	4458235
燃气生产和供应业	7	1	1631	454094
水的生产和供应业	3		1693	1517099

5—6 续表2

指标名称	资产总计（万元）	流动资产合计（万元）	#存货	#产成品
总计	**35538569**	**20100020**	**3519720**	**1349410**
#亏损企业	8771229	6113243	689357	318802
国有控股企业	13964458	4148109	924433	127821
按登记注册类型分组				
国有企业	2028821	245297	17686	7532
#中央企业				
地方企业	2028821	245297	17686	7532
集体企业	10730	10019	3801	1052
股份合作企业				
联营企业				
有限责任公司	12629299	5376934	1290115	254538
#国有独资公司	470911	232166	27596	8204
其他有限责任公司	12158388	5144768	1262519	246333
股份有限公司	3727735	1138306	50693	26641
私营企业	8692055	6882234	1403533	846916
其他企业				
港、澳、台商投资企业	4564484	3559791	300500	125237
外商投资企业	3885446	2887438	453393	87494
按轻重工业分				
轻工业	6939716	4138416	1194720	284866
重工业	28598853	15961604	2325000	1064544
按大中小型工业分				
大型企业	6041556	2952541	655246	120307
中型企业	5697866	2954840	416068	219320
小微型企业	23799147	14192640	2448405	1009783

5—6 续表3

指标名称	资产总计（万元）	流动资产合计（万元）	#存货	#产成品
按工业行业大类分	**35538569**	**20100020**	**3519720**	**1349410**
煤炭开采和洗选业				
石油和天然气开采业				
黑色金属矿采选业				
有色金属矿采选业				
非金属矿采选业	122887	70266	3625	3600
开采专业及辅助性活动				
其他采矿业				
农副食品加工业	1811097	1061967	135111	54276
食品制造业	716742	409680	74676	23015
酒、饮料和精制茶制造业	642342	323258	66562	25625
烟草制品业	1078739	721280	484459	6751
纺织业	215440	118669	47681	30790
纺织服装、服饰业	51901	37163	10200	5963
皮革、毛皮、羽毛及其制品和制鞋业	23205	18988	6279	4499
木材加工和木、竹、藤、棕、草制品业	997911	511907	73075	34911
家具制造业	101941	75370	32554	10106
造纸和纸制品业	210862	108922	32015	10660
印刷和记录媒介复制业	189845	96881	15558	3645
文教、工美、体育和娱乐用品制造业	2371	2189	921	62
石油、煤炭及其他燃料加工业	82658	22743	2348	1578
化学原料和化学制品制造业	1426428	886320	158811	83199
医药制造业	704260	444952	116118	45643
化学纤维制造业				
橡胶和塑料制品业	265099	181549	64079	29546
非金属矿物制品业	2167856	1446716	129971	51765
黑色金属冶炼和压延加工业	149053	106567	34543	16386
有色金属冶炼和压延加工业	1775670	738940	161442	31295
金属制品业	488011	406512	94544	49262
通用设备制造业	249700	172677	43581	10432
专用设备制造业	1610595	988004	88846	39928
汽车制造业	1051274	531858	53532	28973
铁路、船舶、航空航天和其他运输设备制造业	64086	40963	4906	48
电气机械和器材制造业	1222571	751471	205207	94743
计算机、通信和其他电子设备制造业	9442522	8755369	1300723	620602
仪器仪表制造业	27779	20944	7434	2848
其他制造业	26834	11921	1963	518
废弃资源综合利用业	47190	38867	820	289
金属制品、机械和设备修理业	34073	17970		
电力、热力生产和供应业	5913958	550457	40610	11518
燃气生产和供应业	619752	203317	18906	16936
水的生产和供应业	2003920	225366	8620	

5—6 续表4

指标名称	营业收入（万元）	营业成本（万元）	营业外收入（万元）	营业外支出（万元）
总计	**21809566**	**18799951**	**97942**	**20115**
# 亏损企业	3406524	3184567	16297	6871
国有控股企业	5987234	4506342	17251	6737
按登记注册类型分组				
国有企业	1568919	1540643	4203	1296
中央企业				
地方企业	1568919	1540643	4203	1296
集体企业	6109	4493	88	0.10
股份合作企业				
联营企业				
有限责任公司	6430614	4745918	33503	5732
国有独资公司	181800	141552	396	133
其他有限责任公司	6248814	4604367	33107	5598
股份有限公司	735413	586316	536	1627
私营企业	6163881	5572503	40755	6915
其他企业				
港、澳、台商投资企业	2229670	2019771	14855	3816
外商投资企业	4674960	4330308	4001	730
按轻重工业分				
轻工业	6358788	4586347	36425	8093
重工业	15450778	14213604	61517	12023
按大中小型工业分				
大型企业	5085420	4691942	5357	2141
中型企业	3071393	2726600	26772	2257
小微型企业	13652753	11381410	65813	15717

5—6 续表5

指标名称	营业收入（万元）	营业成本（万元）	营业外收入（万元）	营业外支出（万元）
按工业行业大类分	**21809566**	**18799951**	**97942**	**20115**
煤炭开采和洗选业				
石油和天然气开采业				
黑色金属矿采选业				
有色金属矿采选业				
非金属矿采选业	71952	58541	448	511
开采专业及辅助性活动				
其他采矿业				
农副食品加工业	2335702	2151730	2739	1429
食品制造业	411994	335266	1478	458
酒、饮料和精制茶制造业	721226	547388	1919	299
烟草制品业	1491208	393944	893	2316
纺织业	89022	79816	1607	241
纺织服装、服饰业	49772	49019	6730	18
皮革、毛皮、羽毛及其制品和制鞋业	55013	50387	1795	50
木材加工和木、竹、藤、棕、草制品业	688268	637248	1803	249
家具制造业	54102	43434	696	55
造纸和纸制品业	237397	215746	597	90
印刷和记录媒介复制业	109458	90775	949	189
文教、工美、体育和娱乐用品制造业	3589	3370	1	1
石油、煤炭及其他燃料加工业	11887	9915	237	9
化学原料和化学制品制造业	1004097	867984	1440	621
医药制造业	330925	214932	12901	1085
化学纤维制造业				
橡胶和塑料制品业	238917	210716	1048	170
非金属矿物制品业	1188919	1048583	6364	2633
黑色金属冶炼和压延加工业	218651	201615	295	124
有色金属冶炼和压延加工业	894028	813407	5806	571
金属制品业	525681	464284	2451	669
通用设备制造业	111693	86787	697	118
专用设备制造业	486972	401854	2264	862
汽车制造业	237836	207466	1073	173
铁路、船舶、航空航天和其他运输设备制造业	67954	59729	156	19
电气机械和器材制造业	598054	528810	5307	1852
计算机、通信和其他电子设备制造业	7054602	6719455	28522	3402
仪器仪表制造业	20807	16199	396	5
其他制造业	10165	8580	89	42
废弃资源综合利用业	18382	13218	523	
金属制品、机械和设备修理业	19838	16985	1	3
电力、热力生产和供应业	1673218	1601890	4205	1214
燃气生产和供应业	541634	498151	2193	26
水的生产和供应业	236602	152728	320	612

5—6 续表6

指标名称	销售费用（万元）	管理费用（万元）	财务费用（万元）	
				# 利息费用
总计	**368553**	**632736**	**201226**	**248072**
# 亏损企业	82247	170372	82599	52999
国有控股企业	65401	217453	134276	149739
按登记注册类型分组				
国有企业	2812	15072	2482	2572
中央企业				
地方企业	2812	15072	2482	2572
集体企业	5.90	1650	-196	
股份合作企业				
联营企业				
有限责任公司	130084	280068	88390	114636
国有独资公司	3959	17589	4280	4694
其他有限责任公司	126125	262479	84110	109942
股份有限公司	14064	36161	74290	59992
私营企业	119691	206738	50366	48264
其他企业				
港、澳、台商投资企业	52887	46339	-5327	4372
外商投资企业	49009	46708	-8778	18237
按轻重工业分				
轻工业	208176	273657	44327	58418
重工业	160377	359079	156899	189655
按大中小型工业分				
大型企业	66627	51019	49436	85290
中型企业	73135	118764	47490	66841
小微型企业	228791	462954	104301	95941

5—6 续表7

指标名称	销售费用（万元）	管理费用（万元）	财务费用（万元）	#利息费用
按工业行业大类分	**368553**	**632736**	**201226**	**248072**
煤炭开采和洗选业				
石油和天然气开采业				
黑色金属矿采选业				
有色金属矿采选业				
非金属矿采选业	1568	5280	1459	1269
开采专业及辅助性活动				
其他采矿业				
农副食品加工业	38751	49503	29019	32268
食品制造业	28116	24629	4029	4279
酒、饮料和精制茶制造业	51887	18879	-1196	1626
烟草制品业	22523	86415	-1957	3803
纺织业	2441	7331	1249	1936
纺织服装、服饰业	601	3917	-108	65
皮革、毛皮、羽毛及其制品和制鞋业	1	1609	56	59
木材加工和木、竹、藤、棕、草制品业	6144	17779	5996	5202
家具制造业	4764	3479	574	322
造纸和纸制品业	5076	10053	2039	2058
印刷和记录媒介复制业	1951	10413	726	904
文教、工美、体育和娱乐用品制造业		157	1	2
石油、煤炭及其他燃料加工业	19	422	1235	807
化学原料和化学制品制造业	23234	33339	8143	8394
医药制造业	38718	27798	7419	7592
化学纤维制造业				
橡胶和塑料制品业	4620	11693	1980	2190
非金属矿物制品业	36252	63256	13183	11263
黑色金属冶炼和压延加工业	4155	5032	1211	523
有色金属冶炼和压延加工业	9087	18771	35483	38636
金属制品业	6957	25020	4726	3906
通用设备制造业	4361	6685	2848	2967
专用设备制造业	22509	43449	15408	18743
汽车制造业	5992	25196	1861	2743
铁路、船舶、航空航天和其他运输设备制造业	374	2981	1	83
电气机械和器材制造业	10934	26391	4965	5436
计算机、通信和其他电子设备制造业	24523	55809	-10210	20962
仪器仪表制造业	159	3014	-142	49
其他制造业	623	1194	-61	
废弃资源综合利用业		1533	976	1064
金属制品、机械和设备修理业		1361	-2	
电力、热力生产和供应业	285	21528	23123	23276
燃气生产和供应业	4959	8174	3690	3652
水的生产和供应业	6972	10647	43501	41994

5—6 续表8

指标名称	营业利润（万元）	利润总额（万元）	亏损企业亏损额（万元）
总计	**651818**	**730713**	**203682**
# 亏损企业	-213111	-203682	203682
国有控股企业	125782	137360	73358
按登记注册类型分组			
国有企业	3482	6389	1924
中央企业			
地方企业	3482	6389	1924
集体企业	-62	26	
股份合作企业			
联营企业			
有限责任公司	212490	241327	71094
国有独资公司	12254	12517	3071
其他有限责任公司	200237	228810	68023
股份有限公司	777	-314	41757
私营企业	125169	159011	56727
其他企业			
港、澳、台商投资企业	82990	94030	22860
外商投资企业	226973	230245	9321
按轻重工业分			
轻工业	300781	329116	89649
重工业	351037	401597	114034
按大中小型工业分			
大型企业	188044	191261	4662
中型企业	140654	165169	26659
小微型企业	323120	374284	172362

5—6 续表9

指标名称	营业利润（万元）	利润总额（万元）	亏损企业亏损额（万元）
按工业行业大类分	**651818**	**730713**	**203682**
煤炭开采和洗选业			
石油和天然气开采业			
黑色金属矿采选业			
有色金属矿采选业			
非金属矿采选业	1115	1051	1203
开采专业及辅助性活动			
其他采矿业			
农副食品加工业	82665	83975	46745
食品制造业	11070	12091	7714
酒、饮料和精制茶制造业	87049	88669	1832
烟草制品业	90050	88627	
纺织业	-3454	-2087	7873
纺织服装、服饰业	-4384	2328	
皮革、毛皮、羽毛及其制品和制鞋业	1850	3595	
木材加工和木、竹、藤、棕、草制品业	26897	28452	7730
家具制造业	-55	586	1062
造纸和纸制品业	1239	1746	2626
印刷和记录媒介复制业	3497	4256	1582
文教、工美、体育和娱乐用品制造业	25	27	
石油、煤炭及其他燃料加工业	-239	-11	778
化学原料和化学制品制造业	46698	47518	3491
医药制造业	28981	40796	8501
化学纤维制造业			
橡胶和塑料制品业	4305	5183	4446
非金属矿物制品业	-4425	-693	46697
黑色金属冶炼和压延加工业	2350	2521	1275
有色金属冶炼和压延加工业	5492	10728	289
金属制品业	14346	17189	2827
通用设备制造业	2985	3563	1189
专用设备制造业	9396	10798	8576
汽车制造业	-10230	-9330	12624
铁路、船舶、航空航天和其他运输设备制造业	3111	3248	4
电气机械和器材制造业	6400	9855	9434
计算机、通信和其他电子设备制造业	170840	195960	18562
仪器仪表制造业	783	1174	90
其他制造业	-289	-242	507
废弃资源综合利用业	3006	3528	
金属制品、机械和设备修理业	1445	1443	
电力、热力生产和供应业	22398	25390	5998
燃气生产和供应业	27025	29192	30
水的生产和供应业	19880	19588	

5-7 各县(市、区)规模以上工业企业单位数

(2022年)

单位:个

指标名称	兴宁区	青秀区	江南区	西乡塘区	良庆区	邕宁区
总计	**36**	**32**	**213**	**278**	**72**	**46**
# 亏损企业	11	11	60	110	21	18
国有控股企业	8	14	17	27	8	10
按登记注册类型分组						
国有企业	8	2		3		1
中央企业	1					
地方企业	7	2		3		1
集体企业						
有限责任公司	11	17	55	60	17	22
国有独资公司	2	5		4	4	1
其他有限责任公司	9	12	55	56	13	21
股份有限公司			5	3		
私营企业	24	12	124	180	46	21
港、澳、台商投资企业	1		12	21	6	1
外商投资企业			17	11	3	
按轻重工业分						
轻工业	11	16	96	76	29	7
重工业	25	16	117	202	43	39
按大中小型工业分						
大型企业			6	2		2
中型企业	2	4	14	17	4	4
小微型企业	34	28	193	259	68	40

5—7续表 单位:个

指标名称	武鸣区	隆安县	马山县	上林县	宾阳县	横州市
总计	**296**	**76**	**23**	**24**	**131**	**161**
#亏损企业	90	15	5	4	31	40
国有控股企业	10	5	5		9	11
按登记注册类型分组						
国有企业		2			1	
中央企业						
地方企业		2			1	
集体企业						1
有限责任公司	55	15	7	5	34	22
国有独资公司	1		2		5	4
其他有限责任公司	54	15	5	5	29	18
股份有限公司	2	1	1			
私营企业	219	56	15	19	88	134
港、澳、台商投资企业	9	2			6	2
外商投资企业	11				2	2
按轻重工业分						
轻工业	97	36	6	8	56	64
重工业	199	40	17	16	75	97
按大中小型工业分						
大型企业	2					
中型企业	9	5	2	3	23	8
小微型企业	285	71	21	21	108	153

六 运输、邮电

6-1 全市主要年份交通通信情况

年 份	年末电话用户（户）	客运量（万人次）	货运量（万吨）
1950	174		8
1965	4859		215
1978	7691		347
1980	9195		313
1985	17277	3907	1055
1986	20423	4615	1268
1987	24171	5795	1428
1988	28145	6234	2703
1989	33663	6338	1915
1990	37131	3908	1863
1991	47878	2625	2226
1992	60333	2896	2589
1993	87174	2545	2908
1994	140004	3835	3457
1995	228940	4545	3341
1996	248387	4959	3413
1997	361554	5457	3450
1998	403001	5026	3470
1999	645717	5130	3293
2000	865319	5149	3291
2001	913508	5266	3371
2002	1543341	5343	3442
2003	2678588	7017	5893
2004	3527773	8451	6791
2005	3658498	9131	7236
2006	4040947	9665	7853
2007	4408556	10532	9237
2008	4880161	8066	13044
2009	5498397	8987	15491
2010	6043808	10153	19171
2011	7917861	11170	24326
2012	8247169	12036	29783
2013	8526254	8364	30877
2014	8305419	8697	33146
2015	8213790	9185	36282
2016	8478748	8898	32429
2017	10096927	9914	35142
2018	13594994	10212	38382
2019	13721305	10280	41324
2020	13536276	7401	36769
2021	12112705	7595	42929
2022	12113000	5382	41538

6-2 全市车辆拥有量

（2022年）

单位:辆

指标名称	总 计	#个 人
一、汽车	**2448754**	**2230759**
载客汽车	2265473	2131300
#大型	8061	127
中型	2407	500
小型	2248050	2123849
微型	6955	6824
#轿车	1520217	1452874
载货汽车	182215	98577
#重型	40795	7521
中型	5730	2091
轻型	135667	88951
微型	23	14
#普通载货	1064	882
其他汽车	1066	882
三轮汽车		
低速货车	1066	882
二、摩托车	**669227**	**663205**
普通	523248	517472
轻便	145979	145733
三、挂车	**13041**	**1996**
重型	12982	1949
中型	7	2
轻型	52	45
四、拖拉机		
五、其他类型车		
全市民用汽车拥有量	**2303147**	**2178913**
#私人	2178913	2178913

注:数据由南宁市公安局提供

6-3 全市民用运输船舶拥有量

（2022年）

指标名称	单 位	总 计	
			#私 人
机动船	艘	1369	71
载客量	客位	599	
净载重量	吨位	2164246	65187
总功率	千瓦	480575	13742
客船	艘	5	
载客量	客位	599	
货船	艘	1364	71
净载重量	吨位	2164246	65187

注:数据由南宁市交通运输局提供。

6-4 全市全社会客货运输量

（2022年）

指标名称	客运量（万人次）	旅客周转量（万人公里）	货运量（万吨）	货物周转量（万吨公里）
合计	**5382**	**285374**	**41538**	**8241867**
公路运输合计	2815.5	285195	36360	4364649
水上运输合计	13.63	178.7	4554.3	3877218
铁路发送运输合计	1901.01		608.7	
民航运输合计	665.95		15.2	

注:南宁市对外客运量合计数不含水运。

6-5 全市邮政和电信主要指标

（2022年）

指标名称	单 位	全 市
邮政业务总量	万元	687065
邮政行业业务收入	万元	694589
#邮政寄递服务收入	万元	21647
函件	万件	805
包裹	万件	8
汇兑	万笔	5
快递业务量	万件	48751
#同城	万件	10389
异地	万件	38337
订销报纸累计数	万份	7315
订销杂志累计数	万份	458
电信业务收入	万元	1089000
移动电话年末用户数	万户	1211
互联网宽带接入用户数	万户	422

七 固定资产投资

7-1 全市主要年份固定资产投资情况

单位:万元

年 份	全社会固定资产投资额	# 固定(城镇固定)资产投资额	新增固定资产
1950	312	312	
1965	5578	4577	3476
1978	17731	16886	6772
1980	16704	16078	12713
1985	44590	38447	25868
1986	59292	47569	37857
1987	67975	59092	52193
1988	91450	82364	64369
1989	73920	66787	64217
1990	75907	60046	61328
1991	84364	70739	75259
1992	113593	96412	59784
1993	236508	219395	123995
1994	339036	310598	191587
1995	563515	432100	247895
1996	643874	525891	330844
1997	747843	613987	379500
1998	823561	689875	533250
1999	880793	759931	480493
2000	1131659	878145	776010
2001	1214061	974531	836988
2002	1455615	1223609	807002
2003	1903567	1699199	1367881
2004	2627634	2401050	1776841
2005	3628975	3462384	2382248
2006	4472211	4077515	2410404
2007	5602200	5179195	2967701
2008	6934353	6500237	2786431
2009	10439120	9772424	5410422
2010	14830158	13893035	6761138
2011	20189453	19661255	9556262
2012	25851818	25176100	17714243
2013	24750080	24326855	15048368
2014	29338739	28866773	17754500
2015	34184261	33668913	20128960
2016		38247267	18708978
2017		43079465	25142928

注:1.2000年以后为行政区划调整后的数据,其余年份为原南宁口径。

2.2011年起以“固定资产投资”口径取代原“城镇固定资产投资”口径。

3.2013年起,固定资产投资起报点从计划总投资50万起报调整为计划总投资500万元起报。

4.2016年起,取消全社会固定资产投资统计。

5.2018年起,固定资产投资统计方法改变,统计口径发生变化,根据国家要求不公布总量数据,只公布增速,不可用2017年总量和2018年增速推算2018年总量。

7-2 全市固定资产投资增速

（2022年）

单位：%

指标名称	固定资产投资增速	国有控股	集体控股	私人控股	港澳台商控股	外商控股	其他
合计	**-17.8**	**-7.4**	**-44.1**	**-29.4**	**-25.3**	**-4.0**	**6.9**
按隶属关系分							
中央	-23.2	-25.4				456.4	-100.0
地方	0.9	1.4	96.1	-63.2	-100.0	-100.0	-13.8
其他	-30.2	-56.8	-70.4	-29.3	-24.9	-21.7	15.3
按三次产业分							
第一产业	-8.6	80.7	-100.0	-34.9			1.2
第二产业	50.3	35.5		82.4	-23.9	-13.4	37.4
＃工业	53.2	40.2		82.2	-23.9	-13.4	37.5
第三产业	-29.5	-15.1	-44.5	-46.4	-25.8	-0.2	-9.6
批发和零售业	22.9	8.3	13557.1	14.7	-99.4	32.5	168.2
交通运输、仓储和邮政业	-15.2	-16.8	202.4	19.8	7.9	362.3	-13.4
住宿和餐饮业	-26.6	-66.9		49.3			207.7
信息传输、软件和信息技术服务业	3.0	-5.7		172.5	105.2		-100.0
金融业	-52.5	-87.1	119.3	-100.0			
房地产业	-41.7	-21.6	-56.8	-50.7	-28.6	2.7	-8.4
租赁和商务服务业	-23.7	-59.9	1410.2	23.7	-43.3		-96.7
科学研究和技术服务业	8.9	22.6		-35.3			
水利、环境和公共设施管理业	-19.5	-19.2		-24.2		-82.0	291.5
居民服务、修理和其他服务业	-33.7	18.4		-56.5			
教育	-15.7	-12.6	-100.0	-39.0			2290.7
卫生和社会工作	19.1	35.9		-44.0			128.7
文化、体育和娱乐业	130.4	388.7	-80.6	-18.3			278.1
公共管理、社会保障和社会组织	-49.8	-58.7	54.7				-4.8

7-3 全市按行业、注册类型、隶属关系和建设性质分固定资产投资增速

（2022年）

单位:%

指标名称	固定资产投资增速
本年完成投资	**-17.8**
投资额按登记注册类型分	
内资	**-18.1**
国有	-0.9
集体	-33.0
股份合作	62.8
联营	191.9
有限责任公司	-21.3
股份有限公司	8.1
私营	-27.3
其他	11.2
港澳台商投资	**-9.5**
合资经营	11.3
合作经营	
独资	-14.8
股份有限	-100.0
其他	677.2
外商投资	**-14.8**
合资经营	12.2
合作经营	-84.2
独资	-20.4
股份有限	298.9
其他	
个体经营	**-4.7**
个人经营	-15.4
个人合伙	132.5
按国民经济行业分	
农、林、牧、渔业	8.8
采矿业	206.5
制造业	59.3
# 制糖业	422.3
电力、煤气及水的生产和供应业	28.9
建筑业	1.7
第三产业	-29.5
批发和零售业	22.9
交通运输、仓储和邮政业	-15.2
住宿和餐饮业	-26.6
信息传输、软件和信息技术服务业	3.0
金融业	-52.5
房地产业	-41.7
租赁和商务服务业	-23.7
科学研究和技术服务业	8.9
水利、环境和公共设施管理业	-19.5
居民服务、修理和其他服务业	-33.7
教育	-15.7
卫生和社会工作	19.1
文化、体育和娱乐业	130.4
公共管理、社会保障和社会组织	-49.8
投资额按隶属关系分	
中央	-23.2
地(区、市、州、盟)	0.9
其他	-30.2
投资额按建设性质分(不含房开)	
新建	5.0
扩建	25.3
改建和技术改造	25.0
单纯建造生活设施	-17.4
迁建	103.5
恢复	45.1
单纯购置	-31.4

7-4 全市固定资产投资完成情况

（2022年）

单位：%

指标名称	合 计	国有控股	集体控股	私人控股	港澳台商控股	外商控股	其 他
本年完成投资	**-17.8**	**-7.4**	**-44.1**	**-29.4**	**-25.3**	**-4.0**	**6.9**
#住宅(不含500万-5000万元项目)	-44.0	-26.0	-73.3	-51.7	-17.6	28.0	-85.2
投资额按构成分							
建筑安装工程	-14.7	-7.7	42.8	-25.1	-27.2	-14.4	15.1
设备工器具购置	41.5	-13.7	341.0	137.8	60.0	-18.5	-12.0
其他费用	-34.9	-4.8	-94.5	-54.9	-38.5	51.8	-17.8
#土地购置费	-51.1	-26.6	-99.8	-65.4	-23.8	122.7	22.2
本年新增固定资产	28.8	95.6	-71.2	-22.5	63.8	777.1	118.8
施工项目个数	10.6	13.3	92.9	1.0	34.0	39.1	28.2
#本年新开工	-5.3	-13.7	25.0	-1.1	0.0	100.0	46.3
本年投产项目个数	10.0	27.8	25.0	-15.2	100.0	16.7	23.2
上年末结余资金	-15.5	-16.0	72.7	-13.1	-30.0	-59.3	2915.7
本年资金来源小计	-22.2	-10.1	-51.0	-33.8	-19.8	-5.3	-25.3
国家预算内资金	44.6	42.6		649.4			1088.0
国内贷款	-35.8	-18.0	-100.0	-53.5	-93.0	-87.6	
债券	-7.3	-10.6					
利用外资	95.0	202.1		120.0	39.3		
自筹资金	-7.0	-4.2	-34.7	-8.9	-34.0	26.7	-30.8
其他资金来源	-38.6	-29.9	-37.7	-46.2	-1.9	12.1	-44.9
各项应付款合计	-41.2	-31.3	-86.5	-48.3	-68.1	-38.7	-43.8
#工程款	-25.4	-14.5	-1.2	-36.2	21.0	-42.9	43.6

注：施工、投产项目个数不含房地产开发项目。本年新增固定资产、资金来源不含500万-5000万元项目。

7-5 房地产开发投资

单位:万元

指标名称	全市		市区	
	2022年	2021年	2022年	2021年
本年完成投资	**7438272**	**13599484**	**6833397**	**12723710**
投资额按登记注册类型分				
内资企业	**6893462**	**12974227**	**6288587**	**12098453**
国有企业	82224		82224	
其他联营企业				
国有独资公司	796025	914148	796025	914148
其他有限责任公司	4675106	9752857	4529374	9585414
股份有限公司	12696	19950	12696	19950
私营企业	1319881	2287272	860738	1578941
港澳台投资	**383843**	**408554**	**383843**	**408554**
合资经营	76224	64277	76224	64277
合作经营				
独资	307619	344277	307619	344277
外商投资	**160967**	**216703**	**160967**	**216703**
合资经营	101173	101230	101173	101230
合作经营				
外资企业	59794	115473	59794	115473
其他外商投资				
投资额按隶属关系分				
中央	236354	768999	236354	768999
地方	1689241	2128210	1683890	2128210
其他	5496319	10702275	4896795	9826501

7-6 房地产开发投资完成情况

指标名称	单 位	全 市		市 区	
		2022年	2021年	2022年	2021年
本年完成投资	**万元**	**7438272**	**13599484**	**6833397**	**12723710**
投资额按构成分					
建筑工程	万元	4179083	6392001	3633954	5703175
安装工程	万元	389063	491849	370685	455896
设备工器具购置	万元	30604	57826	29376	52462
其他费用	万元	2839522	6657808	2799382	6512177
# 土地购置费	万元	2099056	5635387	2070793	5506347
投资额按工程用途分					
住宅	万元	5268468	9751717	4815540	9002927
办公楼	万元	306882	530474	306482	529888
商业营业用房	万元	456965	844976	417795	779957
其他	万元	1405957	2472317	1293580	2410938
本年新增固定资产	万元	4830489	4233083	4438489	3908817
本年购置土地面积	平方米	498554	1564771	449628	1408072
上年末结余资金	万元	6074742	7299866	5841760	7100613
本年实际到位资金	万元	10071673	18572977	9402748	17608864
国内贷款	万元	1338685	3090044	1278248	3022702
利用外资	万元				
自筹资金	万元	2969407	5838157	2840391	5557625
其他资金来源	万元	878067	546358	829174	529114
本年各项应付款合计	万元	4853354	7585133	4674723	7366884
竣工房屋住宅套数合计	套	65548	67440	57256	60163
施工房屋面积	平方米	103814508	112465190	95065843	104268954
# 住宅	平方米	67620259	73309099	60786836	66733334
本年新开工房屋面积	平方米	6293738	13636672	4272991	11850969
# 住宅	平方米	4400340	9394142	2991780	8081981
竣工房屋面积	平方米	10435167	9869721	9164038	8828913
# 住宅	平方米	7466976	7122614	6377103	6307694
竣工房屋价值	万元	5079441	3846730	4698361	3573231
# 住宅	万元	3944978	2986578	3611801	2752604
商品房销售面积	平方米	13247227	14940807	12022186	13373820
# 住宅	平方米	6785191	11255128	5913304	9864972
商品房待售面积	平方米	4538567	3251888	3710802	2476950
# 住宅	平方米	1650183	998410	1315143	761940
办公楼	平方米	431637	149125	429916	149125
商业营业用房	平方米	709156	690660	435450	443692
其他	平方米	1747591	1413693	1530293	1122193
商品房销售额	万元	8849798	12402780	8323849	11642824
# 住宅	万元	6057463	10084347	5652674	9416206

7-7 房地产开发经营情况

单位:万元

指标名称	全市		市区	
	2022年	2021年	2022年	2021年
资产总计	867857878	1007626787	842730902	986134620
固定资产累计折旧	4020109	3207670	3800279	3098415
#本年折旧	522738	486609	479741	461565
负债总计	672468067	791455989	651093800	772089593
所有者权益合计	195389811	216170798	191637102	214045027
#实收资本合计	75525656	108913096	72970708	107283132
土地转让收入		498220		498220
商品房屋销售收入	117145646	119689712	108708247	115040538
房屋出租收入	1644050	1319572	1608684	1285897
其他收入	1389275	1295272	1308614	1274043
主营业务成本	93759151	96945867	86030278	92634499
主营业务税金及附加	6336892	5515732	6225972	5433134
其他业务利润	1212845	305014	1174420	278843
销售费用	4046414	5159694	3836836	4968325
管理费用及财务费用	4528448	5305504	4225121	5099110
投资收益及营业外收入	2238616	948624	2229102	937803
营业外支出	267360	558129	237501	554247
利润总额	14118103	13314128	13660111	13090878

7-8 全市总承包和专业承包建筑业企业生产情况

（2022年）

指标名称	企业个数(个)		建筑业总产值(万元)			
		#有工作量的企业个数	合 计	建筑工程	安装工程	其 他
总计	**575**	**542**	**29769788**	**27375893**	**1054677**	**1339218**
国有及国有控股	95	93	22005683	20649898	394689	961096
按登记注册类型分组						
国有企业	8	8	230246	226289		3957
集体企业	8	6	49979	49637	342	
有限责任公司	144	135	23310656	21591348	627241	1092068
股份有限公司	1	1	623	623		
私营企业	414	392	6178284	5507996	427095	243193
按国民经济行业分组						
房屋建筑业	300	277	12377380	11702812	357884	316684
土木工程建筑	163	157	16249947	14797839	481895	970214
建筑安装业	51	49	642188	410838	194995	36355
建筑装饰和其他建筑业	61	59	500273	464404	19903	15966
按企业资质等级分组						
施工总承包	454	426	28346072	26206014	829210	1310848
特级	10	10	13594575	12980031	38552	575992
一级	68	64	6666778	5804520	339718	522540
二级	157	150	6285927	5859778	267052	159097
三级及以下	219	202	1798792	1561685	183889	53218
专业承包	121	116	1423716	1169879	225467	28370
一级	43	42	1072982	931338	126502	15142
二级	52	48	229737	149176	74269	6292
三级及以下	26	26	120997	89365	24696	6936
按地区分						
兴宁区	51	51	3098094	3025764	65318	7012
青秀区	196	188	5798129	5160030	323599	314501
江南区	37	34	2615832	2565420	44210	6202
西乡塘区	46	42	3508712	2978733	57350	472629
良庆区	63	56	6229388	5651852	172211	405326
邕宁区	14	13	2676726	2344618	254157	77952
武鸣区	8	7	1124966	1117974	6992	
隆安县	10	9	38913	34764	2460	1689
马山县	17	17	86053	71846	7975	6232
上林县	24	22	106021	84903	18685	2434
宾阳县	17	17	731341	718362	6654	6326
横州市	20	17	112264	98618	4914	8733
高新区	14	13	2211682	2205798	1652	4232
经开区	32	32	1106321	1043449	62804	68
东盟区	26	24	325344	273763	25698	25884

7—8 续表1

指标名称	合 计	建筑业总产值(万元)			竣工产值(万元)
		装配式建筑工程	装饰装修工程	在外省完成产值	
总计	**29769788**	**174562**	**493940**	**6409509**	**13580242**
国有及国有控股	22005683	97583	116140	4863529	11092835
按登记注册类型分组					
国有企业	230246		726		9929
集体企业	49979		1702		57180
有限责任公司	23310656	108458	127831	5308472	11344507
股份有限公司	623				623
私营企业	6178284	66104	363682	1101037	2168003
按国民经济行业分组					
房屋建筑业	12377380	137249	319694	2983801	5959779
土木工程建筑	16249947	30850	25742	3322971	7228433
建筑安装业	642188	1394	6785	66846	302403
建筑装饰和其他建筑业	500273	5069	141720	35890	89626
按企业资质等级分组					
施工总承包	28346072	170713	349339	6342254	13422471
特级	13594575	76532	64768	2104714	9991986
一级	6666778	56625	166346	2843884	2032622
二级	6285927	22625	50726	1321902	1059187
三级及以下	1798792	14932	67499	71754	338675
专业承包	1423716	3849	144601	67255	157771
一级	1072982		123832	50805	110087
二级	229737	3849	19563	11276	15720
三级及以下	120997		1206	5174	31964
按地区分					
兴宁区	3098094	6369	58006	303944	900570
青秀区	5798129	51909	147069	1062622	2658076
江南区	2615832		16240	799786	597671
西乡塘区	3508712	72245	51157	609236	3011860
良庆区	6229388	13811	72451	1256930	4386074
邕宁区	2676726		18652	631268	339871
武鸣区	1124966		7342	221637	50338
隆安县	38913	1208	601		30638
马山县	86053	423	6446		54744
上林县	106021	6055	16969		35154
宾阳县	731341	1086	1660	211526	85264
横州市	112264	47	4577		54277
高新区	2211682	18251	27291	678630	1062836
经开区	1106321	1314	61122	622060	273649
东盟区	325344	1844	4357	11868	39219

7—8 续表2

指标名称	房屋施工面积（万平方米）	#新开工面积	房屋竣工面积（万平方米）	从事建筑业活动的平均人数（万人）	建筑业企业期末人数（万人）
总计	**9256**	**1832**	**2445**	**51**	**40**
国有及国有控股	6543	1172	1770	33	27
按登记注册类型分组					
国有企业	4	1	1	1	0.1
集体企业	43	4	15	0.1	0.1
有限责任公司	7186	1397	1869	38	32
股份有限公司					
私营企业	2023	429	560	13	8
按国民经济行业分组					
房屋建筑业	7806	1506	2023	27	21
土木工程建筑	1274	266	384	22	17
建筑安装业	135	54	35	1	1
建筑装饰和其他建筑业	41	6	2	1	1
按企业资质等级分组					
施工总承包	9203	1816	2440	48	38
特级	5095	602	1471	20	17
一级	2226	521	466	15	9
二级	1246	363	356	10	9
三级及以下	636	329	147	4	3
专业承包	53	16	4	3	2
一级	8	6	2	2	1
二级	44	10	2	1	0.5
三级及以下	0.1			0.3	0.2
按地区分					
兴宁区	652	61	206	5	5
青秀区	2770	472	783	14	10
江南区	314	58	182	2	1
西乡塘区	3315	395	829	6	2
良庆区	985	484	145	11	9
邕宁区	383	143	58	6	7
武鸣区	123	42	16	1	1
隆安县	22	10	13	0.1	0.1
马山县	48	37	45	0.3	0.2
上林县	24	16	3	0.4	0.2
宾阳县	161	35	77	1.5	0.4
横州市	109	51	30	0.3	0.4
高新区	275	21	53	2	2
经开区	1			1	1
东盟区	76	8	4	0.5	0.4

7-9 全市总承包和专业承包建筑业企业财务状况

（2022年）

单位:万元

指标名称	年初存货	期末资产负债		
		流动资产合　计	#应收工程款	#存 货
总计	**2216576**	**21935504**	**4830698**	**2107260**
国有及国有控股	1559291	15848479	2704627	1370788
按登记注册类型分组				
国有企业	8098	92661	14748	9746
集体企业	11940	33541	4827	13294
有限责任公司	1645806	17329090	3586712	1472406
股份有限公司	13	473		4
私营企业	550719	4479741	1224411	611810
按国民经济行业分组				
房屋建筑业	1037918	9341002	2677359	1034849
土木工程建筑	981075	11146687	1782790	827327
建筑安装业	160792	1055438	270459	213470
建筑装饰和其他建筑业	36791	392377	100089	31614
按企业资质等级分组				
施工总承包	2147948	20769263	4544332	2003558
特级	1179019	8030635	1336052	894669
一级	501015	7652111	1152191	615887
二级	332098	3953865	1669458	333518
三级及以下	135816	1132652	386631	159485
专业承包	68628	1166241	286366	103701
一级	40212	801251	169272	66578
二级	19319	243318	64814	25945
三级及以下	9097	121673	52280	11178
按地区分				
兴宁区	444075	2453460	426004	239066
青秀区	547452	4898480	1123529	645315
江南区	74015	947207	269026	88816
西乡塘区	249647	3194342	657552	332964
良庆区	452714	6496345	1404075	381332
邕宁区	96767	1145463	178173	123397
武鸣区	8100	410972	193628	25196
隆安县	13097	33507	14180	13978
马山县	4433	52634	14654	7421
上林县	865	35535	13384	1611
宾阳县	27214	121199	11336	29443
横州市	11684	54652	29451	11346
高新区	180348	1292318	233426	113378
经开区	92435	615356	225130	77796
东盟区	13730	184038	37151	16203

单位:万元

指标名称	期末资产负债			
	固定资产减值准备	固定资产原价	累计折旧	# 本年折旧
总计	**2104**	**1159406**	**672935**	**86757**
国有及国有控股	732	718042	451978	54156
按登记注册类型分组				
国有企业		11230	8043	365
集体企业		6432	3457	43
有限责任公司	732	786365	488462	62048
股份有限公司		36.7	8.9	2.3
私营企业	1372	355343	172964	24299
按国民经济行业分组				
房屋建筑业	1280	328753	181729	22591
土木工程建筑	76	709858	435314	54560
建筑安装业	749	74477	35089	3616
建筑装饰和其他建筑业		46318	20803	5991
按企业资质等级分组				
施工总承包	1355	1028418	604049	74646
特级		189897	99633	19124
一级	1134	499941	322687	36292
二级	108	239717	134349	9722
三级及以下	113	98864	47381	9509
专业承包	749	130988	68885	12111
一级	17	82518	41013	6508
二级	732	33039	19324	4273
三级及以下		15431	8549	1329
按地区分				
兴宁区		154219	90660	12182
青秀区	277	379665	235420	32433
江南区		75485	46943	5642
西乡塘区		95385	41971	8864
良庆区	732	126795	65235	8318
邕宁区		42337	26385	3814
武鸣区		34749	16672	1432
隆安县		4077	2795	39
马山县		1801	525	93
上林县	50	2470	680	318
宾阳县		2581	1336	103
横州市		12238	6073	1263
高新区		102789	54321	7752
经开区		104227	77257	1526
东盟区	1045	20588	6663	2981

指标名称	期末资产负债					
	资产总计	负债合计	流动负债合计	# 应付账款	所有者权益合计	# 实收资本
总计	**28793972**	**22076231**	**19613350**	**8415625**	**6717741**	**3654205**
国有及国有控股	21901440	16882671	14832203	6549679	5018769	2313736
按登记注册类型分组						
国有企业	101906	65835	64337	33784	36071	20530
集体企业	37199	23886	23537	5010	13313	7585
有限责任公司	23571781	18313156	16138024	7422795	5258624	2493157
股份有限公司	501	383	383	238	117	83
私营企业	5082586	3672971	3387069	953798	1409615	1132849
按国民经济行业分组						
房屋建筑业	10162761	8402968	8059425	3960479	1759793	1140834
土木工程建筑	17031258	12397881	10362883	3903852	4633377	2290281
建筑安装业	1147353	951179	918353	415849	196174	145938
建筑装饰和其他建筑业	452601	324203	272690	135446	128398	77152
按企业资质等级分组						
施工总承包	27453991	21140116	18764681	8009621	6313874	3401007
特级	11134946	8422394	7305443	3504400	2712552	803201
一级	10455515	8209724	7303123	2099307	2245791	1730998
二级	4420221	3496328	3233499	1936979	923893	581972
三级及以下	1443309	1011670	922616	468936	431639	284837
专业承包	1339982	936115	848670	406004	403867	253198
一级	931375	654961	623032	303584	276414	172045
二级	272994	194015	144758	59412	78979	46701
三级及以下	135613	87139	80880	43008	48475	34451
按地区分						
兴宁区	3290380	2532377	2288543	1023119	758002	238480
青秀区	5532970	4471977	3980997	1580541	1060993	817070
江南区	1186169	977768	920942	479753	208401	159966
西乡塘区	3435141	2688351	2621870	1600878	746790	401183
良庆区	10703215	8022082	6789509	2507556	2681134	1241149
邕宁区	1221427	955663	920661	466450	265764	141188
武鸣区	456482	391808	388600	92017	64673	54670
隆安县	37324	30915	30836	4258	6409	4169
马山县	56282	32118	31560	16675	24164	18834
上林县	69670	51542	27791	11858	18128	11761
宾阳县	132241	67953	61253	8892	64287	46189
横州市	79298	52137	49445	35433	27161	16817
高新区	1531495	1011096	882969	270359	520400	303512
经开区	853398	640674	527668	286776	212724	162160
东盟区	208481	149771	90709	31061	58710	37059

7—9 续表3

单位:万元

指标名称	损益及分配					
	营业收入	# 主营业务收入	营业成本	# 主营业务收入	税金及附加	# 主营业务税金及附加
总计	**23237247**	**23007685**	**21280847**	**20981591**	**72199**	**67704**
国有及国有控股	17541441	17449881	15947464	15805425	53895	51736
按登记注册类型分组						
国有企业	146918	146394	123471	123469	474	474
集体企业	37849	37849	34841	34841	967	967
有限责任公司	19272810	19114480	17634924	17430827	57162	54628
股份有限公司	577	577	531	531	0.4	0.4
私营企业	3779092	3708385	3487081	3391923	13596	11635
按国民经济行业分组						
房屋建筑业	8163161	8105745	7751431	7685022	20663	19531
土木工程建筑	13823193	13686864	12423325	12251681	46097	44374
建筑安装业	770030	758497	692603	678430	3011	2744
建筑装饰和其他建筑业	480863	456579	413488	366457	2427	1056
按企业资质等级分组						
施工总承包	21904241	21692621	20130662	19873680	65941	62842
特级	10231367	10198732	9335560	9278734	25730	25077
一级	5848707	5820060	5322873	5266009	22239	20743
二级	4406986	4347542	4182535	4125154	12983	12550
三级及以下	1417182	1326287	1289695	1203783	4989	4472
专业承包	1333005	1315064	1150185	1107911	6258	4862
一级	956367	939917	824075	785622	3385	3336
二级	235636	234213	202864	199409	2019	672
三级及以下	141002	140934	123246	122881	854	854
按地区分						
兴宁区	2871413	2815900	2569239	2519153	10286	8267
青秀区	4322645	4257384	4045410	3980913	16261	15457
江南区	1551165	1542797	1487219	1440938	4007	3313
西乡塘区	2653932	2609939	2521299	2463060	9056	8454
良庆区	6994137	6977725	6203004	6190454	18682	18616
邕宁区	1611132	1601990	1505183	1495136	4261	4248
武鸣区	431983	431180	410072	409324	428	428
隆安县	19979	18762	18320	17177	64	64
马山县	85956	74753	81991	71950	208	202
上林县	69752	67188	64484	62010	273	269
宾阳县	168657	162029	156154	150053	1367	1336
横州市	75844	75844	69723	69671	526	520
高新区	1432860	1430221	1266402	1265641	4510	4438
经开区	764928	760815	708728	673847	1805	1627
东盟区	182865	181160	173619	172265	467	465

7—9 续表4 单位:万元

指标名称	损益及分配				
	其他业务利润	销售费用	管理费用	财务费用	# 利息支出
总计	**12991**	**21260**	**623475**	**141842**	**112801**
国有及国有控股	11042	9786	372313	108569	97562
按登记注册类型分组					
国有企业		1	6030	132	69
集体企业		405	2676	-12	2
有限责任公司	11352	13120	407330	112684	98719
股份有限公司		0.2	11	1	
私营企业	1638	7734	207429	29039	14011
按国民经济行业分组					
房屋建筑业	5895	4987	208748	50133	23425
土木工程建筑	6826	14637	327313	77240	78043
建筑安装业	198	1053	50032	12952	10532
建筑装饰和其他建筑业	72	584	37381	1517	802
按企业资质等级分组					
施工总承包	12528	18331	532517	138284	110402
特级	4515	3858	186281	28631	19877
一级	7444	6311	178082	90943	75011
二级	251	1247	75426	12552	10847
三级及以下	319	6915	92729	6159	4667
专业承包	463	2930	90958	3558	2399
一级	459	1726	57203	2300	1427
二级	3	496	19959	700	512
三级及以下		708	13796	557	460
按地区分					
兴宁区	1187	467	80575	13174	14931
青秀区	7581	3335	192036	22024	6208
江南区	-2993	171	42824	5903	5804
西乡塘区	2710	4873	81388	13309	6859
良庆区	3607	5886	106807	66622	64224
邕宁区	91	452	31181	3430	-128
武鸣区			8753	308	354
隆安县		149	799	32	31
马山县	1	391	2662	26	28
上林县		12	3508	151	65
宾阳县	8	578	6598	741	779
横州市		285	3421	309	289
高新区	798	2837	27687	7009	7317
经开区	-1	1717	28577	7117	5785
东盟区	3	109	6661	1689	258

7—9 续表5 单位:万元

指标名称	损益及分配			应付职工薪酬	应交增值税	境外营业收入
	营业利润	利润总额	所得税费用			
总计	**999904**	**1053294**	**133813**	**1789675**	**442175**	**58831**
国有及国有控股	933365	993640	116171	1316752	318823	58831
按登记注册类型分组						
国有企业	12975	11650	2474	11360	5374	
集体企业	338	412	50	5884	795	
有限责任公司	942682	1004668	118944	1531601	341097	58831
股份有限公司	26	26	1	33	10	
私营企业	43883	36538	12343	240798	94899	
按国民经济行业分组						
房屋建筑业	113038	110512	22475	859007	130052	
土木工程建筑	859512	916218	106925	795751	286924	58831
建筑安装业	6959	7716	728	94925	15687	
建筑装饰和其他建筑业	20395	18848	3685	39993	9512	
按企业资质等级分组						
施工总承包	951777	1006980	127702	1639162	413929	58831
特级	522062	581357	61660	898666	207996	
一级	298590	295507	45187	437873	125041	58831
二级	102156	102229	15265	179176	44976	
三级及以下	28969	27887	5590	123447	35916	
专业承包	48128	46314	6111	150514	28247	
一级	33964	34005	3393	116772	18030	
二级	12456	10593	2349	20309	6991	
三级及以下	1708	1717	369	13433	3227	
按地区分						
兴宁区	153715	213859	22534	141001	55816	51395
青秀区	78076	72591	14814	621652	61202	
江南区	19630	19925	2774	86197	18346	7436
西乡塘区	36996	36702	5385	254518	62674	
良庆区	553144	554637	64329	246286	140615	
邕宁区	49723	47511	6810	184715	23771	
武鸣区	5490	5424	1030	26385	8867	
隆安县	616	618	212	3109	596	
马山县	877	857	294	4848	3900	
上林县	1523	1517	451	8169	1974	
宾阳县	3076	2641	932	21203	3554	
横州市	2067	2033	821	13367	1935	
高新区	79715	79574	11726	109679	29227	
经开区	15698	15801	1492	63280	27313	
东盟区	-442	-394	209	5267	2387	

7-10 市区固定资产投资

（2022年）

单位:%

指标名称	固定资产投资增速	国有控股	集体控股	私人控股	港澳台商控股	外商控股	其他
合计	**-19.5**	**-6.8**	**-45.5**	**-31.9**	**-25.4**	**-3.1**	**9.4**
按隶属关系分							
中央	-22.7	-26.2				456.4	-100.0
地方	1.8	2.3	88.2	-70.0	-100.0	-100.0	27.0
其他	-32.8	-62.0	-71.1	-31.7	-25.2	-20.9	9.4
按三次产业分							
第一产业	38.7	260.0		-6.1			131.9
第二产业	66.3	48.8		112.0	-24.1	-10.5	101.3
#工业	72.3	58.4		112.4	-24.1	-10.5	101.6
第三产业	-31.6	-15.7	-45.5	-47.6	-25.8	-0.2	-22.8
批发和零售业	19.4	-6.6	8382.9	16.5	-99.4	32.5	303.3
交通运输、仓储和邮政业	-15.3	-18.0	5.8	11.9	7.9	362.3	13.1
住宿和餐饮业	-29.0	-65.9		121.8			207.7
信息传输、软件和信息技术服务业	3.1	-5.1		169.7	105.2		-100.0
金融业	-53.9	-88.9	119.3	-100.0			
房地产业	-42.3	-23.1	-56.8	-51.8	-28.6	2.7	-8.4
租赁和商务服务业	-23.2	-60.1	1410.2	32.5	-43.3		-96.7
科学研究和技术服务业	10.2	18.6		-11.6			
水利、环境和公共设施管理业	-17.5	-15.9		-24.9		-82.0	349.8
居民服务、修理和其他服务业	-42.1	-7.6		-53.4			
教育	-12.8	-8.4	-100.0	-41.9			2054.9
卫生和社会工作	18.4	39.6		-50.8			-41.5
文化、体育和娱乐业	186.6	474.8		-29.5			
公共管理、社会保障和社会组织	-50.8	-58.0	54.7				-31.0

7-11 市区按行业、注册类型、隶属关系和建设性质分固定资产投资

（2022年）

单位:%

指标名称	固定资产投资增速	指标名称	固定资产投资增速
本年完成投资	**-11.4**	电力、煤气及水的生产和供应业	91.8
投资额按登记注册类型分		建筑业	-1.0
内资	**-11.5**	第三产业	-25.4
国有	17.6	批发和零售业	21.2
集体	-42.5	交通运输、仓储和邮政业	26.0
股份合作	62.8	住宿和餐饮业	-23.8
联营		信息传输、软件和信息技术服务业	3.6
有限责任公司	-16.9	金融业	-53.9
股份有限公司	13.3	房地产业	-41.7
私营	-19.5	租赁和商务服务业	-23.2
其他	25.2	科学研究和技术服务业	13.2
港澳台商投资	**-9.3**	水利、环境和公共设施管理业	-15.0
合资经营	9.0	居民服务、修理和其他服务业	-42.1
合作经营		教育	-12.6
独资	-14.4	卫生和社会工作	20.2
股份有限	-100.0	文化、体育和娱乐业	188.4
其他	677.2	公共管理、社会保障和社会组织	-50.6
外商投资	**-10.4**	**投资额按隶属关系分**	
合资经营	29.1	中央	13.9
合作经营	-84.2	地(区、市、州、盟)	10.8
独资	-19.5	其他	-28.6
股份有限	19601.6	**投资额按建设性质分(不含房开)**	
其他		新建	31.6
个体经营	**-43.5**	扩建	30.9
个人经营	-60.0	改建和技术改造	46.2
个人合伙	89.8	单纯建造生活设施	-17.4
按国民经济行业分		迁建	131.4
农、林、牧、渔业	56.1	恢复	45.1
采矿业	216.6	单纯购置	-28.1
制造业	96.3		
# 制糖业	270.6		

7-12 各县(市)固定资产投资完成情况

（2022年）

单位:%

指标名称	隆安县	马山县	上林县	宾阳县	横州市
固定资产投资	**3.3**	**5.9**	**-47.0**	**-13.1**	**-4.3**
# 住宅(不含500-5000万元项目)	-39.6	-46.5	-18.0	-40.5	-48.7
按构成分					
建筑安装工程	-6.0	1.5	-48.6	-1.0	-5.5
设备工器具购置	-37.7	-16.8	208.1	-29.7	19.9
其他费用	75.5	88.3	-57.5	-62.4	-11.2
# 土地购置费	-19.5	-52.1	-22.4	-76.2	-36.2
本年新增固定资产(不含5000万以下项目)	152.6	-3.7	24.7	-11.1	137.8
施工项目个数(不含房地产开发)	11.3	-8.5	5.9	-6.1	2.9
# 本年新开工	42.3	80.0	65.0	111.1	175.0
本年投产项目个数	-25.0	-17.3	-69.0	-8.4	-32.8
上年末结余资金	658.7	-83.8	-40.9	-27.3	-5.8
本年资金来源小计	12.1	-31.4	-27.5	4.5	8.4
国家预算内资金	37.5	-29.5	-36.6	174.6	32.6
国内贷款	105.8	-51.8	-80.6	-56.3	3.4
债券	-100.0		829.6		30.0
利用外资			92		
自筹资金	-2.6	-29.8	182	-3	23.4
其他资金来源	-50.6	-44.4	-20.4	21.5	-40.6
本年各项应付款合计	-67.6	-91.7	-62.5	-78	68.3
# 工程款	-29	-92.3	-59.6	-76	136.1

7-13 各县(市)按行业、注册类型、隶属关系和建设性质分固定资产投资

（2022年）

单位:%

指标名称	隆安县	马山县	上林县	宾阳县	横州市
本年完成投资	**3.3**	**5.9**	**-47.0**	**-13.1**	**-4.3**
投资额按登记注册类型分					
内资	**4.5**	**5.8**	**-47.0**	**-13.3**	**-3.3**
国有	23.1	14.4	-79.6	9.6	-7.8
集体					
股份合作					
联营					-100.0
有限责任公司	-6.9	-12.5	69.8	-4.8	5.7
股份有限公司	-1.6	…	48.8	-43.2	-12.8
私营	1.9	-13.1	-31.5	-28.5	-32.1
其他	-96.0	10.0	-54.1	0.4	-11.4
港澳台商投资	**-69.5**			**60.9**	**-14.7**
合资经营	-96.6				
合作经营					
独资	-67.9			32.7	-14.7
股份有限				-100.0	
其他					
外商投资				**-61.9**	**-99.9**
合资经营				-53.1	-99.8
合作经营					
独资				-100.0	
股份有限					-100.0
其他					
个体经营				**34.1**	**-95.7**
个人经营				23.4	-95.7
个人合伙				146.6	
按国民经济行业分					
农、林、牧、渔业	-48.8	-8.1	-65.0	21.2	-50.3
采矿业		-17.5		359.7	-80.0
制造业	-11.9	-2.3	151.9	1.6	91.6

7—13 续表

单位:%

指标名称	隆安县	马山县	上林县	宾阳县	横州市
#制糖业				631.7	
电力、煤气及水的生产和供应业	2013.4	21.1	272.1	-23.2	-58.7
建筑业					-81.8
第三产业	8.1	7.0	-64.3	-14.7	-15.7
批发和零售业	-100.0			75.5	6.5
交通运输、仓储和邮政业	60.4	29.2	-94.7	-21.5	-7.8
住宿和餐饮业		-85.6	-100.0	-5.5	117.1
信息传输、软件和信息技术服务业				52.5	-55.8
金融业					
房地产业	-38.0	-30.0	-17.1	-30.8	-45.3
租赁和商务服务业		-68.5		-26.2	
科学研究和技术服务业				-33.3	
水利、环境和公共设施管理业	2.0	-56.5	-47.2	8.2	-48.8
居民服务、修理和其他服务业		-55.1		24.4	
教育	-55.2	-72.1	-52.1	-2.1	-87.2
卫生和社会工作	-13.9	160.0	190.8	36.9	-55.5
文化、体育和娱乐业		178.1	178.1	-16.2	-53.4
公共管理、社会保障和社会组织		-89.3	437.1	-76.7	-56.6
投资额按隶属关系分					
中央		-36.7	-2.5	47.3	-30.0
地方	29.5	16.4	-70.2	15.5	1.8
其他	-23.4	-14.7	25.7	-31.8	34.8
投资额按建设性质分(不含房开)					
新建	39.7	18.5	-58.1	-7.5	-17.6
扩建	-64.0	-32.4	123.1	36.4	-52.7
改建和技术改造	-16.8	-12.3	-62.5	-54.0	353.0
单纯建造生活设施					
迁建	-79.5	92.1	-47.7	41.7	-96.1
恢复					
单纯购置	-88.3		-100.0	-27.7	-46.6

7-14 各县(市)房地产开发投资完成情况

（2022年）

指标名称	单位	隆安县	马山县	上林县	宾阳县	横州市
本年完成投资	**万元**	**31995**	**31320**	**78921**	**377632**	**85007**
投资额按构成分						
建筑工程	万元	21128	23676	63518	364185	72622
安装工程	万元	333	700	1570	9419	6356
设备工器具购置	万元	207	97		692	232
其他费用	万元	10327	6847	13833	3336	5797
# 土地购置费	万元	8783	6292	8115	2504	2569
投资额按工程用途分						
住宅	万元	30418	24636	59020	269505	69349
办公楼	万元		30		370	
商业营业用房	万元	228	746	6819	27610	3767
其他	万元	1349	5908	13082	80147	11891
本年新增固定资产	万元	13922	1374	88439	189627	98638
本年购置土地面积	平方米	31221				17705
本年资金来源合计	万元					
上年末结余资金	万元	65193	2683	34421	69947	60738
本年资金来源小计	万元	44711	37649	101003	361206	124356
国内贷款	万元	2375	9762	15030	20270	13000
利用外资	万元					
自筹资金	万元	19656	3479	15265	76264	14352
其他资金来源	万元	556	1146	10934	35941	316
本年各项应付款合计	万元	17461	8360	17856	82599	52355
竣工房屋住宅套数合计	套	626		1825	3531	2310
施工房屋面积	平方米	707839	794903	1725934	3271590	2248399
# 住宅	平方米	555482	668106	1371274	2573081	1665480
本年新开工房屋面积	平方米	99715	65772	291533	1467667	96060
# 住宅	平方米	88114	65772	211089	978890	64695
竣工房屋面积	平方米	100778		243461	593340	333550
# 住宅	平方米	77513		202869	535758	273733
竣工房屋价值	万元	11186		86332	184924	98638
# 住宅	万元	6932		75852	168604	81789
商品房销售面积	平方米	158330	104822	208765	501218	251906
# 住宅	平方米	96837	92229	158699	326916	197206
商品房待售面积	平方米	123673	3717	120940	225233	354202
住宅	平方米	30311	211	40104	111508	152906
办公楼	平方米			1721		
商业营业用房	平方米	37430	2850	62800	90629	79997
其他	平方米	55932	656	16315	23096	121299
商品房销售额	万元	55472	40837	86232	220060	123348
# 住宅	万元	42790	36024	68994	155055	101926

八

能源购进、消费与库存

8-1 全市规模以上工业企业主要能源购进、消费与库存

（2022年）

指标名称	单位	购进量合计	工业生产费量合计	#用于原材料	#运输工具消费	年末库存
全市						
原煤	吨	5171588	5052255	41733		329164
煤制品	吨					
焦炭	吨					100
天然气	万立方米	14961	13840		22	9
汽油	吨	1188	1021		994	10
煤油	吨	13	12			2
柴油	吨	47092	45557		27843	1989
燃料油	吨	9277	9477			33
液化石油气	吨	2520	2532			21
润滑油	吨	27	25			7
石油焦	吨	133405	130212	198		4988
热力	百万千焦	5235123	5850134			
电力	万千瓦时	648623	776122		5276	
生物质能(用于燃料)	吨标准煤	257204	541604		123	7083
市区						
原煤	吨	1095166	1065550			80008
煤制品	吨					
焦炭	吨					100
天然气	万立方米	14025	12903		22	8
汽油	吨	987	852		826	10
柴油	吨	36672	35761		23626	1567
燃料油	吨	2928	3128			33
液化石油气	吨	508	521			21
石油焦	吨	23013	23059			
热力	百万千焦	1530879	1532663			
电力	万千瓦时	459276	498676		4287	
生物质能(用于燃料)	吨标准煤	78542	217246		94	1708

8-2 全市规模以上工业企业主要能源按行业消费量

（2022年）

指标名称	本年消费						
	原煤（吨）	煤制品（吨）	焦炭（吨）	天然气（万立方米）	汽油（吨）	煤油（吨）	柴油（吨）
总计	**5052255**			**13840**	**1021**	**12**	**45557**
按工业行业大类分列							
煤炭开采和洗选业							
石油和天然气开采业							
黑色金属矿采选业							
有色金属矿采选业							
非金属矿采选业							4931
开采专业及辅助性活动							
其他采矿业							
农副食品加工业	7358			905	77		567
食品制造业	877			792	75		121
酒、饮料及精制茶制造业	16206			1097	28		37
烟草制品业				374			
纺织业				75	12		332
纺织服装、服饰业				69			
皮革、毛皮、羽毛及其制品和制鞋业				7	5		5
木材加工和木、竹、藤、棕、草制品业					20		1533
家具制造业				8	11		12
造纸和纸制品业	92834			124	4		1335
印刷和记录媒介复制业					9		10
文教、工美、体育和娱乐用品制造业					19		
石油、煤炭及其他燃料加工业							789
化学原料和化学制品制造业	127915			1666	58		1695
医药制造业				1078	49		11
化学纤维制造业							
橡胶和塑料制品业				23	18		45
非金属矿物制品业	1880399			406	69	12	32914
黑色金属冶炼和压延加工业				105			39
有色金属冶炼和压延加工业				3313			
金属制品业				280	300		124
通用设备制造业				26	1		27
专用设备制造业				2	70		33
汽车制造业				20	23		44
铁路、船舶、航空航天和其他运输设备制造业					8		3
电气机械和器材制造业				209	24		9
计算机、通信和其他电子设备制造业					27		107
仪器仪表制造业					3		
其他制造业							
废弃资源综合利用业					2		33
金属制品、机械和设备修理业					11		23
电力、热力生产和供应业	2926665			3244	14		674
燃气生产和供应业				9	37		16
水的生产和供应业					49		86

8—2 续表

指标名称	本年消费						
	燃料油（吨）	液化石油气（吨）	石油焦（吨）	热力（百万千焦）	电力（万千瓦时）	生物质能（用于燃料），（吨标准煤）	工业废料（用于燃料），（吨）
总计	**9477**	**2532**	**130212**	**5850134**	**776122**	**541604**	**358**
按工业行业大类分列							
煤炭开采和洗选业							
石油和天然气开采业							
黑色金属矿采选业							
有色金属矿采选业					240		
非金属矿采选业					8833		
开采专业及辅助性活动							
其他采矿业							
农副食品加工业		196		665387	54933	281633	
食品制造业	15	145		176667	12434	4509	
酒、饮料及精制茶制造业				393901	22375	1370	
烟草制品业					3735		
纺织业					12860	23277	
纺织服装、服饰业					871		
皮革、毛皮、羽毛及其制品和制鞋业					1139	220	
木材加工和木、竹、藤、棕、草制品业				1477000	66473	67564	358
家具制造业					653		
造纸和纸制品业				2720864	48736	32285	
印刷和记录媒介复制业					2848		
文教、工美、体育和娱乐用品制造业					93		
石油、煤炭及其他燃料加工业					1819	13218	
化学原料和化学制品制造业				46970	24252	19497	
医药制造业				210724	8206	810	
化学纤维制造业							
橡胶和塑料制品业					22843		
非金属矿物制品业	9230	1763	130212	158621	170894	2336	
黑色金属冶炼和压延加工业		3			12412		
有色金属冶炼和压延加工业					31472		
金属制品业		425			6633	555	
通用设备制造业					1143		
专用设备制造业	232				2806	80	
汽车制造业					6169		
铁路、船舶、航空航天和其他运输设备制造业					462		
电气机械和器材制造业					11040	52	
计算机、通信和其他电子设备制造业					32204		
仪器仪表制造业					206		
其他制造业					1448		
废弃资源综合利用业					270		
金属制品、机械和设备修理业					19		
电力、热力生产和供应业					166 907	94197	
燃气生产和供应业					601		
水的生产和供应业					38 094		

8-3 市区规模以上工业企业主要能源按行业消费量

（2022年）

指标名称	本年消费						
	原煤（吨）	煤制品（吨）	焦炭（吨）	天然气（万立方米）	汽油（吨）	煤油（吨）	柴油（吨）
总计	**1065550**			**12903**	**852**		**35761**
按工业行业大类分列							
煤炭开采和洗选业							
石油和天然气开采业							
黑色金属矿采选业							
有色金属矿采选业							
非金属矿采选业							3924
开采专业及辅助性活动							
其他采矿业							
农副食品加工业	3480			727	77		463
食品制造业	616			785	75		121
酒、饮料及精制茶制造业	144			1092	28		2
烟草制品业				374			
纺织业				75			1
纺织服装、服饰业				69			
皮革、毛皮、羽毛及其制品和制鞋业				7	5		
木材加工和木、竹、藤、棕、草制品业							777
家具制造业				8	11		12
造纸和纸制品业	2966				2		22
印刷和记录媒介复制业					9		10
文教、工美、体育和娱乐用品制造业							
石油、煤炭及其他燃料加工业							789
化学原料和化学制品制造业	66317			1409	58		1601
医药制造业				1078	49		11
化学纤维制造业							
橡胶和塑料制品业					5		45
非金属矿物制品业	894893			266	69		27624
黑色金属冶炼和压延加工业				105			
有色金属冶炼和压延加工业				3269			
金属制品业				121	220		75
通用设备制造业				26	1		27
专用设备制造业				2	70		33
汽车制造业				20	23		44
铁路、船舶、航空航天和其他运输设备制造业					8		3
电气机械和器材制造业				209	24		9
计算机、通信和其他电子设备制造业					15		
仪器仪表制造业					3		
其他制造业							
废弃资源综合利用业				9	2		33
金属制品、机械和设备修理业					11		12
电力、热力生产和供应业	97135			3244	3		21
燃气生产和供应业				9	37		16
水的生产和供应业					49		86

8—3 续表

指标名称	本年消费						
	燃料油（吨）	液化石油气（吨）	石油焦（吨）	热力（百万千焦）	电力（万千瓦时）	生物质能（用于燃料），（吨标准煤）	工业废料（用于燃料），（吨）
总计	**3128**	**521**	**23059**	**1532663**	**498676**	**217246**	**358**
按工业行业大类分列							
煤炭开采和洗选业							
石油和天然气开采业							
黑色金属矿采选业							
有色金属矿采选业							
非金属矿采选业					6634		
开采辅助活动							
其他采矿业							
农副食品加工业		196		494306	30939	130946	
食品制造业	15	145		169138	11075	3923	
酒、饮料和精制茶制造业				393901	20847		
烟草制品业					3735		
纺织业					10009		
纺织服装、服饰业					823		
皮革、毛皮、羽毛及其制品和制鞋业					981		
木材加工和木、竹、藤、棕、草制品业					29210	52133	358
家具制造业					605		
造纸和纸制品业				191161	5410	4599	
印刷业和记录媒介复制 业					2722		
文教、工美、体育和娱乐用品制造业					64		
石油加工、炼焦及核燃料加工业					1449	13218	
化学原料和化学制品制造业				30129	14138	10700	
医药制造业				173960	7894	590	
化学纤维制造业							
橡胶和塑料制品业					18892		
非金属矿物制品业	2881	21	23059	80068	88434	704	
黑色金属冶炼及压延加工业		3			2192		
有色金属冶炼及压延加工业					31284		
金属制品业		156			4387	381	
通用设备制造业					799		
专用设备制造业	232				2588		
汽车制造业					6169		
铁路、船舶、航空航天和其他运输设备制造业					460		
电气机械和器材制造业					9988	52	
计算机、通信和其他电子设备制造业					29189		
仪器仪表制造业					206		
其他制造业					1448		
废弃资源综合利用业					205		
金属制品、机械和设备修理业					14		
电力、热力生产和供应业					118020		
燃气生产和供应业					573		
水的生产和供应业					37295		

8-4 各县(市)规模以上工业企业主要能源购进、消费与库存

（2022年）

指标名称	单 位	购进量合 计	工业生产消费量合 计	#用于原材料	#运输工具消 费	年 末库 存
隆安县						
原煤	吨	301529	299462	41733		21914
汽油	吨	1	1			
柴油	吨	1864	1158		83	26
热力	百万千焦	1597859	1597859			
电力	万千瓦时	42659	52917		8	
生物质能(用于燃料)	吨标准煤	101534	120504			3296
马山县						
原煤	吨	64066	66233			1428
汽油	吨	2	2		2	
柴油	吨	1134	1152		1046	11
石油焦	吨	133	198	198		
电力	万千瓦时	12012	15137		5	
生物质能(用于燃料)	吨标准煤	1473	11794			262
上林县						
原煤	吨					
柴油	吨	2285	2280		1227	16
液化石油气	吨	8	8			
电力	万千瓦时	3149	4159			
生物质能(用于燃料)	吨标准煤	14704	31420			711
宾阳县						
原煤	吨	243945	243276			12320
天然气	万立方米	130	130			0.2
汽油	吨	111	79		79	
柴油	吨	2804	2735		1133	74
石油焦	吨	102059	99735			2896
电力	万千瓦时	49719	66437		452	
生物质能(用于燃料)	吨标准煤	31584	89241			808
横州市						
原煤	吨	3466881	3377734			213494
天然气	万立方米	434	434			1
汽油	吨	87	87		87	
柴油	吨	2332	2472		729	295
液化石油气	吨	264	264			
石油焦	吨	8200	7220			2092
热力	百万千焦	2082740	2695966			
电力	万千瓦时	81807	138796		522	
生物质能(用于燃料)	吨标准煤	29366	71399			298

8-5 规模以上工业企业综合能耗

（2022年）

单位：吨标准煤

指标名称	全市	市区	隆安县	马山县	上林县	宾阳县	横州市
综合能耗	**4764652**	**2008322**	**398073**	**72645**	**38600**	**462038**	**1784974**
煤炭开采和洗选业							
石油和天然气开采业							
黑色金属矿采选业							
有色金属矿采选业	295		295				
非金属矿采选业	18042	13871		2346	1824		
开采辅助活动							
其他采矿业							
农副食品加工业	362958	186154	28954	10629	16859	70014	50348
食品制造业	36579	33798	421	19	758	1581	1
酒、饮料和精制茶制造业	63235	51983	8937				2315
烟草制品业	8935	8935					
纺织业	40432	13152	28	61	12342	9459	5389
纺织服装、服饰业	1992	1933				59	
皮革、毛皮、羽毛及其制品和制鞋业	1710	1289			78	27	317
木材加工和木、竹、藤、棕、草制品业	202493	89316	69642	464	45	19072	23954
家具制造业	921	862				59	
造纸和纸制品业	241177	19072	4719	22334		40349	154703
印刷业和记录媒介复制 业	3528	3373	155				
文教、工美、体育和娱乐用品制造业	141	79				62	
石油加工、炼焦及核燃料加工业	15153	14698					455
化学原料和化学制品制造业	187982	108885	55718	611	2566	12909	7292
医药制造业	31535	29679	1857				
化学纤维制造业							
橡胶和塑料制品业	28417	23290	3844			775	508
非金属矿物制品业	1732617	799089	184966	31649	2825	298088	416000
黑色金属冶炼及压延加工业	16679	4061	209				12409
有色金属冶炼及压延加工业	81864	81146	719				
金属制品业	13352	7975	587	325	1237	660	2569
通用设备制造业	1759	1337	297	16			109
专用设备制造业	4044	3695	134			215	
汽车制造业	7924	7924					
铁路、船舶、航空航天和其他运输设备制造业	584	581					3
电气机械和器材制造业	16056	14762	44	721		527	3
计算机、通信和其他电子设备制造业	39775	35896	283	562		3035	
仪器仪表制造业	257	257					
其他制造业	1780	1780					
废弃资源综合利用业	486	406				80	
金属制品、机械和设备修理业	74	50				24	
电力、热力生产和供应业	1553922	402058	36239	2908	66	4728	1107923
燃气生产和供应业	937	904	24			9	
水的生产和供应业	47015	46033				307	675

8-6 规模以上工业企业产值能耗

（2022年）　　单位:吨标准煤/万元

指标名称	全 市	市 区	隆安县	马山县	上林县	宾阳县	横州市
产值能耗	**0.17**	**0.09**	**0.36**	**0.35**	**0.24**	**0.23**	**0.76**
煤炭开采和洗选业							
石油和天然气开采业							
黑色金属矿采选业							
有色金属矿采选业	0.21		0.21				
非金属矿采选业	0.24	0.22		0.47	0.28		
开采辅助活动							
其他采矿业							
农副食品加工业	0.10	0.08	0.05	0.56	0.68	0.15	0.14
食品制造业	0.09	0.09	0.03	0.01	0.33	0.15	0.00
酒、饮料和精制茶制造业	0.08	0.08	0.56				0.02
烟草制品业	0.01	0.01	0.00				
纺织业	0.12	0.14	0.01	0.01	0.24	0.09	0.10
纺织服装、服饰业	0.04	0.04				0.01	0.00
皮革、毛皮、羽毛及其制品和制鞋业	0.02	0.02			0.02	0.00	0.06
木材加工和木、竹、藤、棕、草制品业	0.11	0.13	0.46	0.03	0.01	0.06	0.04
家具制造业	0.01	0.02	0.00				
造纸和纸制品业	0.35	0.08	0.09	1.12		0.47	0.50
印刷业和记录媒介复制 业	0.03	0.03	0.04				
文教、工美、体育和娱乐用品制造业	0.02	0.02				0.02	
石油加工、炼焦及核燃料加工业	1.01	1.21				0.00	0.16
化学原料和化学制品制造业	0.15	0.13	0.48	0.18	0.14	0.08	0.06
医药制造业	0.08	0.08	0.18				
化学纤维制造业							
橡胶和塑料制品业	0.10	0.10	0.14			0.03	0.07
非金属矿物制品业	0.88	0.68	2.01	1.17	0.08	0.70	1.98
黑色金属冶炼及压延加工业	0.06	0.02	0.07				0.23
有色金属冶炼及压延加工业	0.10	0.10	0.06				
金属制品业	0.02	0.02	0.05	0.06	0.15	0.01	0.04
通用设备制造业	0.01	0.01	0.04				
专用设备制造业	0.01	0.01	0.04				
汽车制造业	0.03	0.03					
铁路、船舶、航空航天和其他运输设备制造业	0.01	0.01					
电气机械和器材制造业	0.02	0.02	0.02	0.06			
计算机、通信和其他电子设备制造业	0.01		0.03	0.01		0.03	
仪器仪表制造业	0.02	0.02					
其他制造业	0.11	0.11					
废弃资源综合利用业	0.02	0.02				0.03	
金属制品、机械和设备修理业	0.00					0.01	
电力、热力生产和供应业	0.77	0.25	2.16	0.08	0.03	0.11	3.62
燃气生产和供应业	0.00		0.01				
水的生产和供应业	0.20	0.20				0.04	0.29

8-7 全社会用电量

（2022年）

单位:万千瓦时

指标名称	全　市	市 区	横州市	宾阳县	上林县	隆安县	马山县
总计	**3057735**	**1898317**	**284110**	**187744**	**60789**	**132382**	**74681**
全行业用电量	**2099190**	**1276017**	**213299**	**121937**	**29823**	**106230**	**39058**
农林牧渔业	140989	24685	19790	14853	5002	28539	5905
工业	910549	385972	157713	79831	12768	64061	21155
建筑业	55260	32081	7257	2190	774	714	2228
交通运输、仓储、邮政业	144428	135818	1117	633	272	867	349
批发和零售业	149659	131243	4650	3378	722	1051	1534
住宿和餐饮业	68226	57720	1857	2210	1244	758	1028
城乡居民生活用电	**958545**	**622299**	**70811**	**65807**	**30966**	**26152**	**35623**
城镇	622591	518678	16324	24992	9889	8873	10871
乡村	335955	103621	54487	40815	21076	17279	24752

注:1.本表数据来自于南宁供电局;

2.指标为南宁口径,包括市区、邕宁、武鸣、横州市、宾阳县、上林县、马山县、隆安县,其中市区范围包括兴宁区、青秀区、西乡塘区、江南区和良庆区。

商业、旅游、物价

9-1 全市主要年份商品销售总额和社会消费品零售总额、居民消费价格总指数

单位:万元

年 份	商品销售总额	社会消费品零售总额			居民消费价格总指数
			# 批发零售业	# 住宿餐饮业	
1950	3760	3331	2698	326	
1965	41791	17034	14651	1008	
1978	50735	34737	28682	1916	
1980	67827	49381	37008	2595	
1985	180035	117249	89369	5129	118.3
1986	192905	124956	90024	5966	105.2
1987	278652	151615	106832	6823	111.1
1988	403478	205927	142668	8656	121.6
1989	506027	237944	173722	10727	119.4
1990	688049	251606	173490	13231	98.0
1991	1183943	306330	209751	17191	104.1
1992	1330612	367574	236449	22925	106.7
1993	1858423	520934	320946	28447	125.1
1994	2778661	667903	423470	39138	124.8
1995	2393263	839856	545805	62980	118.6
1996	2121924	1006556	654329	109594	103.3
1997	2555047	1153593	595818	170827	100.2
1998	2553541	1286387	738214	164742	96.7
1999	2629390	1371382	845114	181460	95.9
2000	4967441	2124265	1902756	213107	100.0
2001	5332548	2313462	2054150	249629	102.8
2002	6160693	2567758	2270643	287402	99.4
2003	7865973	2884483	2559611	318557	100.8
2004	9308593	3191846			104.2
2005	10108931	3658768			101.1
2006	9965245	4206948			102.5
2007	10937511	4988185			104.4
2008	14856054	6202910			108.4
2009	15526320	7209601			98.2
2010	18567715	8684461			102.5
2011	24523398	10241898			105.7
2012	29974127	11883979			102.9
2013	34986886	13587834			102.1
2014	39240173	15180676			101.6
2015	43611658	16733639			101.9
2016	49231802	18465449			101.4
2017	55184950	20533283			102.3
2018	59938683	22342673			102.5
2019	62153291	23277990			
2020	69801335	21803598			
2021	80217549	23641734			
2022	82719510	23587533			

注:2000年以后为区划调整后的数据,其余年份仍为原南宁口径。2004-2019年数据根据第四次经济普查对社会消费品零售总额指标作了相应调整。

9-2 全市及各县区社会消费品零售总额

单位:万元

指标名称	2022年	比上年增长(%)
全市	23587533	-0.2
兴宁区	5539118	-0.3
青秀区	5386457	-1.4
江南区	3784217	0.7
西乡塘区	4736033	-1.5
良庆区	956561	23.2
邕宁区	327422	-2.4
武鸣区	429230	-5.0
隆安县	124500	-3.8
马山县	203084	-4.1
上林县	226771	-9.1
宾阳县	1077755	0.9
横州市	796386	-5.0

9-3 全市限额以上批发业商品购销存总额

（2022年）

指标名称	企业数（个）	年末从业人员数（人）	购进总额（万元）	#进口	年末商品库存额（万元）
总计	**1089**	**36344**	**70745661**	**3111476**	**2418264**
按批发行业小类分组					
农、林、牧、渔产品批发	35	480	1082693	67517	100408
食品、饮料及烟草制品批发	190	6844	8531172	170199	310016
纺织、服装及家庭用品批发	70	2896	2811610		142483
文化、体育用品及器材批发	25	696	485578		42248
医药及医疗器材批发	117	7815	3257295	28131	239107
矿产品、建材及化工产品批发	482	11020	47793117	2703984	1330063
机械设备、五金产品及电子产品批发	152	5658	2705662	141645	229797
贸易经纪与代理	2	30	7513		3980
其他批发业	16	905	4071022		20162
按登记注册类型分组					
内资企业	1073	34992	63523864	3014051	2255564
国有企业	5	989	1261929	28131	49988
集体企业	1	9	13926		622
有限责任公司	250	14397	42410604	2867005	1125957
股份有限公司	6	1046	2650240	1014	134970
私营企业	811	18551	17187166	117902	944028
港、澳、台商投资企业	5	352	601589	97425	20431
外商投资企业	11	1000	6620208		142268
按企业控股情况分					
国有控股	139	9848	46195139	2804037	1152710
集体控股	4	225	141693		1833
私人控股	931	25144	22373747	155305	1208486
港澳台商控股	6	384	1564239	152135	31583
外商控股	9	743	470843		23652
按经营形式分组					
独立门店	625	18479	28359381	1077224	1027369
连锁总店(总部)	7	1554	6142492		125021
连锁直营店	4	446	203178		8717
连锁加盟店	2	14	31350		122
其他	451	15851	36009261	2034252	1257035

9—3 续表

指标名称	商品销售总额（万元）	批发额	#出口	零售额（万元）	年末零售营业面积（平方米）
总计	**65894812**	**64630618**	**287712**	**1100041**	**763623**
按批发行业小类分组					
农、林、牧、渔产品批发	1053398	1049694	12716	801	1803
食品、饮料及烟草制品批发	8991113	8845529	9301	142760	66022
纺织、服装及家庭用品批发	2878002	2835788	66161	19226	16568
文化、体育用品及器材批发	525664	520692		3152	7482
医药及医疗器材批发	3629367	3411370		216058	101730
矿产品、建材及化工产品批发	41964116	41321974	84013	518005	511189
机械设备、五金产品及电子产品批发	2844764	2638065	115523	199157	58621
贸易经纪与代理	3938	3938			168
其他批发业	4004451	4003568		883	40
按登记注册类型分组					
内资企业	63746698	62494582	267436	1087962	757490
国有企业	1580873	1531020		49853	118367
集体企业	13459	13459			
有限责任公司	43093569	42578711	132851	426273	177944
股份有限公司	980524	783294		197230	226832
私营企业	18078273	17588099	134586	414607	234347
港、澳、台商投资企业	630434	630434	20276		504
外商投资企业	1517679	1505601		12078	5629
按企业控股情况分					
国有控股	39255322	38681871	67467	573281	452311
集体控股	151023	151023			120
私人控股	23374274	22695610	145886	514682	305059
港澳台商控股	1629009	1629009	74359		504
外商控股	1485183	1473105		12078	5629
按经营形式分组					
独立门店	27300138	26659408	87331	485827	240258
连锁总店（总部）	1402415	1221465		180950	217086
连锁直营店	223625	187248		36377	2596
连锁加盟店	32802	32631		171	420
其他	36935833	36529865	200381	396717	303263

9-4 全市限额以上零售业商品购销存总额

（2022年）

指标名称	企业数（个）	年末从业人员数（人）	购进总额（万元）	#进 口	年末商品库存总额（万元）
总计	**640**	**46377**	**9288327**	**247576**	**1020341**
按零售行业小类分组					
综合零售	75	11775	835287	4	106985
食品、饮料及烟草制品专门零售	53	1272	266848	55	41762
纺织、服装及日用品专门零售	40	2053	140111		30448
文化、体育用品及器材专门零售	23	892	220241		84455
医药及医疗器材专门零售	29	9856	392494		56391
汽车、摩托车、零配件和燃料及其他动力销售	289	14958	5807448	247004	620289
家用电器及电子产品专门零售	90	3397	546288	331	57563
五金、家具及室内装饰材料专门零售	9	328	26173		6106
货摊、无店铺及其他零售业	32	1846	1053438	183	16342
按登记注册类型分组					
内资企业	618	39422	7180617	161406	758535
国有企业	3	532	50250		5945
有限责任公司	203	16428	4165799	75445	370566
股份有限公司	1	631	39396		17026
私营企业	410	21826	2924472	85961	364998
其他企业	1	5	700		
港、澳、台商投资企业	12	2313	596572	86171	57820
外商投资企业	10	4642	1511138		203986
按企业控股情况分					
国有控股	49	4744	1825834	770	143721
集体控股	1	246	143024		14375
私人控股	567	34369	5975431	160636	600073
港澳台商控股	14	2393	605768	86171	58221
外商控股	8	4620	737569		203950
其他	1	5	700		
按经营形式分组					
独立门店	508	27881	5513496	223407	694480
连锁总店（总部）	32	8601	1922002		188364
连锁直营店	12	6986	338760		60676
连锁加盟店	7	233	46849		2655
其他	81	2676	1467220	24169	74166
按零售业态分组					
有店铺零售	548	43797	7993351	247394	986701
便利店	6	500	56838		5741
超市	69	10463	727736	4	84103
仓储会员店	3	371	24551		8164
百货店	12	2172	169400		27599
购物中心	5	344	53870		2763
专业店	191	13429	2810371	105344	232189
品牌专卖店	244	16177	4070217	142045	616199
集合店	18	341	80369		9944
无店铺零售	92	2580	1294976	183	33640
网络零售	21	830	988248		14540
电视/广播零售	1	68	1809		148
邮寄零售	1	35	23285		1958
直销	2	106	5011		160
其他	67	1541	276624	183	16835

9—4 续表

指标名称	商品销售总额（万元）	批发额	零售额	年末零售营业面积（平方米）
总计	**9819629**	**873936**	**8945692**	**4321142**
按零售行业小类分组				
综合零售	1018174	31788	986386	1381395
食品、饮料及烟草制品专门零售	322738	47585	275153	45867
纺织、服装及日用品专门零售	179538	6885	172652	134890
文化、体育用品及器材专门零售	255845	24736	231108	35567
医药及医疗器材专门零售	526999	12618	514382	330283
汽车、摩托车、零配件和燃料及其他动力销售	5799117	674715	5124401	2186349
家用电器及电子产品专门零售	576492	45276	531216	148960
五金、家具及室内装饰材料专门零售	32329	1288	31041	31536
货摊、无店铺及其他零售业	1108396	29043	1079353	26295
按登记注册类型分组				
内资企业	7726514	549091	7177421	3080521
国有企业	69749	18741	51009	147529
有限责任公司	4434449	319596	4114853	1545941
股份有限公司	88553		88553	200000
私营企业	3133032	210755	2922277	1186871
其他企业	731		731	180
港、澳、台商投资企业	618025	2301	615724	223751
外商投资企业	1475090	322543	1152547	1016870
按企业控股情况分				
国有控股	2013022	469005	1544017	1803654
集体控股	152692		152692	7000
私人控股	6323382	331067	5992314	2077242
港澳台商控股	629734	2301	627433	233863
外商控股	700068	71563	628505	199203
其他	731		731	180
按经营形式分组				
独立门店	5840825	355466	5485358	2432947
连锁总店（总部）	1982645	411099	1571547	1349854
连锁直营店	389512		389512	311509
连锁加盟店	52177	2038	50140	6161
其他	1554470	105334	1449136	220671
按零售业态分组				
有店铺零售	8438218	772240	7665977	4268904
便利店	68536	7031	61505	21537
超市	799033	52925	746108	1040963
仓储会员店	17884		17884	11919
百货店	304902		304902	501572
购物中心	65912		65912	107765
专业店	3017935	406849	2611085	1612368
品牌专卖店	4084687	303590	3781097	956684
集合店	79329	1845	77483	16096
无店铺零售	1381411	101696	1279715	52238
网络零售	1019031	34259	984773	8959
电视/广播零售	2855		2855	
邮寄零售	24556	8056	16500	
直销	5574	870	4704	1420
其他	329395	58511	270884	41859

9-5 全市限额以上批发和零售业商品销售类值

（2022年）

单位：万元

指标名称	合计	批发	零售
合计	**73033998**	**62825018**	**10208980**
粮油、食品类	8080578	7290076	790502
#粮油类	1061881	937442	124439
肉禽蛋类	448384	298895	149489
水产品类	51430	36758	14672
蔬菜类	123322	46044	77277
干鲜果品类	477267	383604	93663
饮料类	327563	262507	65055
烟酒类	1471068	1172063	299004
服装、鞋帽、针纺织品类	404974	109602	295372
服装类	286164	64589	221575
鞋帽类	91191	42605	48587
针纺织品类	27619	2408	25211
化妆品类	296527	198692	97834
金银珠宝类	41910	5320	36590
日用品类	408449	139480	268969
#可穿戴智能设备	971	218	752
五金、电料类	33166	25893	7273
体育、娱乐用品类	141851	12959	128892
#照相器材类	24189	12630	11558
书报杂志类	439734	311344	128391
电子出版物及音像制品类	23443	369	23074
家用电器和音像器材类	2708280	1942677	765603
#能效等级为1级和2级的商品	892085	588302	303783
#智能家用电器和音像器材	586861	505282	81579
中西药品类	3386442	2864515	521927
#西药类	2517586	2131877	385709
中草药及中成药类	380942	283310	97632
文化办公用品类	589756	392293	197464
#计算机及其配套产品	359763	199302	160461
家具类	28865	4244	24621
通讯器材类	551313	270648	280665
#智能手机	433657	189920	243737
煤炭及制品类	4768014	4768014	
木材及制品类	211453	211453	
石油及制品类	5420827	3544582	1876246
化工材料及制品类	2077460	2076755	706
#化肥类	707784	707784	
金属材料类	31729064	31728967	97
建筑及装潢材料类	2073690	2047156	26534
机电产品及设备类	882704	840388	42316
#农机类	37071	37071	
汽车类	4957709	663779	4293930
#新能源汽车	1588339	453221	1135118
#新车	4625589	592452	4033137
二手车	40420		40420
种子饲料类	908697	908697	0.1
棉麻类	26274	26274	
其他未列明商品类	1044188	1006272	37916

9-6 全市限额以上批发和零售业商品购销存数量

（2022年）

指标名称	计量单位	购进量	销售量	年末库存量
大米(稻米)	千克	150525539	124594773	32398944
白面(小麦面)	千克	7430543	7370606	664614
食用植物油	千克	355585524	341388092	25257376
猪肉	千克	70293640	68251015	3296091
牛肉	千克	3532148	3649306	699694
羊肉	千克	216779	221197	30521
禽肉	千克	14753907	13481481	2259684
鲜蛋	千克	25490163	25618930	439590
彩色电视机	台	600347	596044	11423
家用电冰箱	台	650165	646861	39204
房间空调器	台	3361089	3406207	154620
电脑(微型计算机)	台	396102	425614	26584
汽车	辆	244539	236250	41557
#轿车	辆	216594	207741	22354
钢材	吨	14514322	15103511	650109
铜	吨	452197	452364	
铝	吨	5959863	5966521	60935
水泥	吨	31095491	31171353	255444
化学肥料	吨	2300229	2198491	220216
化学农药	吨	40513	40074	3889

9-7 全市限额以上批发业法人企业财务状况

（2022年）

单位：万元

指标名称	企业数(个)	年初存货	流动资产合计	#应收账款	#存货	固定资产原价
总计	**1089**	**2558898**	**21851343**	**4832315**	**2400388**	**1163940**
按批发行业小类分组						
农、林、牧、渔产品批发	35	58253	280461	58000	91338	37855
食品、饮料及烟草制品批发	190	332406	3820395	472005	287684	256707
纺织、服装及家庭用品批发	70	175841	853629	69497	129018	25353
文化、体育用品及器材批发	25	56179	604121	101390	51130	21840
医药及医疗器材批发	117	256594	2172910	1263712	286979	135201
矿产品、建材及化工产品批发	482	1263830	11557420	2011162	1222951	584976
机械设备、五金产品及电子产品批发	152	387904	2163519	775750	307272	99321
贸易经纪与代理	2	712	7470	1128	3609	988
其他批发业	16	27178	391418	79671	20407	1702
按登记注册类型分组						
内资企业	1073	2444503	21108377	4702977	2274355	998690
国有企业	5	49128	280573	28035	40278	53892
集体企业	1	1150	2297	1483	801	138
有限责任公司	250	1107586	12697741	2572737	1150422	536320
股份有限公司	6	118213	605139	48113	136059	57680
私营企业	811	1168426	7522628	2052610	946796	350660
港、澳、台商投资企业	5	12915	270694	93840	14095	563
外商投资企业	11	101480	472272	35499	111938	164688
按控股情况分组						
国有控股	139	976974	11038175	1827105	1035288	552483
集体控股	4	3513	26585	4291	1929	369
私人控股	931	1511127	10247643	2815093	1276995	461533
港澳台商控股	6	46079	411111	151373	36885	1948
外商控股	9	21205	127829	34454	49291	147608
其他						
按经营形式分组						
独立门店	625	1270692	8744195	1904119	1096252	470448
连锁总店(总部)	7	96592	343109	5531	89074	190458
连锁直营店	4	8085	53956	1910	9861	2271
连锁加盟店	2	122	47988	444	122	2
其他	451	1183406	12662094	2920311	1205078	500761

9—7续表1 单位:万元

指标名称	累计折旧	# 本年折旧	在建工程	资产总计	流动负债合计	# 应付账款
总计	**440020**	**62852**	**343096**	**30146655**	**18117924**	**-191868**
按批发行业小类分组						
农、林、牧、渔产品批发	13604	1473	2165	405322	278926	101791
食品、饮料及烟草制品批发	115855	13886	15949	5046199	3291759	510372
纺织、服装及家庭用品批发	10228	1322		885622	769251	256479
文化、体育用品及器材批发	10433	1027	816	854014	530421	171274
医药及医疗器材批发	44671	9129	15718	2417292	1854083	547290
矿产品、建材及化工产品批发	193358	27648	274797	17577597	9142518	-2707588
机械设备、五金产品及电子产品批发	51054	7881	3270	2493129	1987388	839137
贸易经纪与代理	189	53		8320	7701	2443
其他批发业	629	432	30380	459160	255877	86935
按登记注册类型分组						
内资企业	382248	56200	274171	28914253	16894497	3538599
国有企业	32553	2390	65	405970	143669	46005
集体企业				2435	2650	2623
有限责任公司	172557	24799	182507	19084642	10450317	1768035
股份有限公司	33109	2101	12502	890189	-734953	91330
私营企业	144029	26911	79097	8531017	7032813	1630607
港、澳、台商投资企业	260	38		275717	186187	117531
外商投资企业	57512	6614	68925	956686	1037241	-3847998
按控股情况分组						
国有控股	213273	23097	253585	17454096	8160381	-2267116
集体控股	122	13		26873	24255	5895
私人控股	180373	33843	89511	11883198	9516322	2294310
港澳台商控股	494	160		441943	320875	160315
外商控股	45759	5738		340546	96092	-385271
其他						
按经营形式分组						
独立门店	168431	28777	176939	12233872	6268837	1513586
连锁总店(总部)	74711	7559	68925	784846	1216985	-3881022
连锁直营店	1174	132	79	62749	27845	8360
连锁加盟店	2			47988	46025	40716
其他	195702	26383	97153	17017200	10558232	2126492

9—7续表2　　　　　　　　　　　　　　　　　　　　　　单位:万元

指标名称	负债合计	所有者权益合计	# 实收资本	# 个人资本
总计	**21216191**	**7856443**	**5086013**	**525402**
按批发行业小类分组				
农、林、牧、渔产品批发	293162	111973	111703	10090
食品、饮料及烟草制品批发	3844643	1246084	546795	53653
纺织、服装及家庭用品批发	772054	111754	51047	10076
文化、体育用品及器材批发	539915	314127	166391	10172
医药及医疗器材批发	1882859	532350	294086	73400
矿产品、建材及化工产品批发	11153178	5265102	3412207	323694
机械设备、五金产品及电子产品批发	2179918	312551	437437	37090
贸易经纪与代理	7701	619	376	200
其他批发业	542761	-38117	65972	7028
按登记注册类型分组				
内资企业	19910603	7929629	4973817	515222
国有企业	198636	207335	16464	278
集体企业	2650	-216	182	
有限责任公司	13011234	6085649	4057559	166685
股份有限公司	-722919	543760	133484	20
私营企业	7421002	1093100	766129	348240
港、澳、台商投资企业	186617	89100	78731	1480
外商投资企业	1118971	-162285	33465	8700
按控股情况分组				
国有控股	10722233	5676460	3599438	1532
集体控股	24259	2614	1432	200
私人控股	9994457	1870123	1374594	522190
港澳台商控股	326517	115426	98731	1480
外商控股	148726	191820	11818	
按经营形式分组				
独立门店	7306073	3840577	1722294	257012
连锁总店(总部)	1304301	-519454	8522	1022
连锁直营店	27890	34859	13260	1300
连锁加盟店	46025	1963	1000	
其他	12531901	4498499	3340937	266068

9—7续表3 单位:万元

指标名称	营业收入	#主营业务收入	营业成本	税金及附加
总计	**59057262**	**58540329**	**57160979**	**210186**
按批发行业小类分组				
农、林、牧、渔产品批发	980752	958241	954710	978
食品、饮料及烟草制品批发	8159901	8070421	7673579	136557
纺织、服装及家庭用品批发	2552276	2514828	2456420	2039
文化、体育用品及器材批发	504520	501825	462992	654
医药及医疗器材批发	3273742	3260027	2934984	7406
矿产品、建材及化工产品批发	37325779	37002339	36473617	37070
机械设备、五金产品及电子产品批发	2650378	2622762	2526883	3492
贸易经纪与代理	6151	6151	6001	22
其他批发业	3603764	3603736	3671792	21968
按登记注册类型分组				
内资企业	57006144	56511285	55153521	207944
国有企业	1417774	1416779	1121314	128227
集体企业	12428	12428	12261	2
有限责任公司	38319122	37978490	37489081	61020
股份有限公司	929012	917620	849385	1449
私营企业	16327808	16185967	15681480	17246
港、澳、台商投资企业	565392	564352	553563	551
外商投资企业	1485726	1464693	1453895	1691
按控股情况分组				
国有控股	34853719	34621937	33932464	184454
集体控股	137664	137500	129636	131
私人控股	21160321	20897298	20243977	22840
港澳台商控股	1449411	1448047	1430892	1144
外商控股	1456148	1435548	1424010	1616
按经营形式分组				
独立门店	24318721	24049172	23439942	27495
连锁总店(总部)	1383886	1352308	1345011	1855
连锁直营店	210866	198928	174971	447
连锁加盟店	29040	29040	28010	33
其他	33114748	32910881	32173045	180356

9—7续表4 单位:万元

指标名称	其他业务利润	销售费用	管理费用	研发费用	财务费用	
						#利息收入
总计	**58789**	**718256**	**480587**	**8038**	**307046**	**74005**
按批发行业小类分组						
农、林、牧、渔产品批发	186	11460	8624	22	3870	791
食品、饮料及烟草制品批发	22168	108036	103138	184	33737	14216
纺织、服装及家庭用品批发	627	57662	26973	587	-4543	10901
文化、体育用品及器材批发	87	12687	16622		-2574	6237
医药及医疗器材批发	8917	133266	83678	659	26302	3263
矿产品、建材及化工产品批发	18705	297741	182101	4073	219298	37097
机械设备、五金产品及电子产品批发	7679	93279	51954	1458	27490	103
贸易经纪与代理		152	522		-1	-2
其他批发业	420	3975	6976	1054	3467	1399
按登记注册类型分组						
内资企业	49231	679127	453683	7902	302030	73785
国有企业	219	19908	38861		-879	4120
集体企业		47	12			
有限责任公司	27349	259314	191904	4503	269096	48745
股份有限公司	32	33153	6679	211	-3608	6628
私营企业	21631	366705	216225	3188	37421	14292
港、澳、台商投资企业	734	2644	3375		-1147	162
外商投资企业	8823	36485	23530	136	6163	59
按控股情况分组						
国有控股	20168	180234	195685	4499	225446	53367
集体控股		6478	633		5	0.4
私人控股	28928	499578	273609	3506	78685	19994
港澳台商控股	900	3790	4817		-0.1	586
外商控股	8793	28177	5843	33	2911	58
按经营形式分组						
独立门店	31359	313115	219749	3763	109430	24506
连锁总店(总部)	8894	45927	21784	103	4549	99
连锁直营店	160	11748	5557		-130	23
连锁加盟店		260	300		1	
其他	18376	347207	233198	4172	193196	49378

单位:万元

指标名称	# 利息费用	投资收益	营业利润	营业外收入
总计	**321430**	**270721**	**515404**	**32803**
按批发行业小类分组				
农、林、牧、渔产品批发	3035	3116	3238	364
食品、饮料及烟草制品批发	39154	46233	122818	5665
纺织、服装及家庭用品批发	5958	-63	8107	460
文化、体育用品及器材批发	1534	4141	13905	93
医药及医疗器材批发	19891	-403	59511	2359
矿产品、建材及化工产品批发	223499	219026	368160	17678
机械设备、五金产品及电子产品批发	23839	-1253	-62588	3844
贸易经纪与代理			-545	3
其他批发业	4521	-78	2797	2338
按登记注册类型分组				
内资企业	317105	230471	504631	31421
国有企业	3051	5785	116268	373
集体企业			106	
有限责任公司	266410	184132	340188	23007
股份有限公司	2986	5523	43934	300
私营企业	44658	35031	4136	7741
港、澳、台商投资企业	20	226	7373	52
外商投资企业	4306	40024	3399	1330
按控股情况分组				
国有控股	236899	239005	501258	22485
集体控股		4	812	23
私人控股	80843	31153	12011	10012
港澳台商控股	738	226	7390	202
外商控股	2949	332	-6068	81
按经营形式分组				
独立门店	117227	74172	225507	10671
连锁总店(总部)	4646	36068	279	1422
连锁直营店	-117	4912	23556	123
连锁加盟店			437	5
其他	199675	155569	265625	20582

9—7续表6 单位:万元

指标名称	利润总额	所得税费用	应付职工薪酬	应交增值税
总计	**520218**	**147262**	**443128**	**557927**
按批发行业小类分组				
农、林、牧、渔产品批发	3226	213	5984	1274
食品、饮料及烟草制品批发	129307	37758	97964	57711
纺织、服装及家庭用品批发	7826	3129	24526	12020
文化、体育用品及器材批发	12575	715	12475	2100
医药及医疗器材批发	57702	9267	69363	51234
矿产品、建材及化工产品批发	377354	91504	169734	161221
机械设备、五金产品及电子产品批发	-72139	2214	52426	23433
贸易经纪与代理	-549	12	260	23
其他批发业	4916	2449	10396	248910
按登记注册类型分组				
内资企业	508556	125578	412801	548506
国有企业	116360	28693	41327	38984
集体企业	106		45	46
有限责任公司	345587	83993	206463	384457
股份有限公司	43937	937	20200	8212
私营企业	2566	11956	144766	116806
港、澳、台商投资企业	7332	1430	4126	1717
外商投资企业	4330	20254	26201	7704
按控股情况分组				
国有控股	509684	123480	217539	398033
集体控股	834	381	2316	649
私人控股	8452	21218	207520	149492
港澳台商控股	7497	1492	4681	2214
外商控股	-6249	691	11072	7539
按经营形式分组				
独立门店	213385	61182	183490	130810
连锁总店(总部)	1196	20460	29817	9332
连锁直营店	23596	4561	4170	2762
连锁加盟店	442	110	137	127
其他	281600	60948	225514	414896

9-8 全市限额以上零售业法人企业财务状况

（2022年）

单位:万元

指标名称	企业数(个)	年初存货	流动资产合计	#应收账款	#存货	固定资产原价
总计	**640**	**789326**	**3237439**	**450260**	**976266**	**743241**
按零售行业小类分组						
综合零售	75	104539	519553	50049	102309	281933
食品、饮料及烟草制品专门零售	53	35632	163724	46611	39765	14797
纺织、服装及日用品专门零售	40	34352	68276	12816	33437	6871
文化、体育用品及器材专门零售	23	63494	134556	16622	52650	38671
医药及医疗器材专门零售	29	73447	206514	76209	73910	23265
汽车、摩托车、零配件和燃料及其他动力销售	289	395346	1700351	128850	585526	306750
家用电器及电子产品专门零售	90	56566	294266	98102	61444	11406
五金、家具及室内装饰材料专门零售	9	4723	20251	9304	5628	43577
货摊、无店铺及其他零售业	32	21226	129948	11698	21597	15972
按登记注册类型分组						
内资企业	618	670495	2701657	404623	758861	615369
国有企业	3	3820	12065	1321	5358	6373
有限责任公司	203	317905	1308274	187493	359812	271720
股份有限公司	1	7796	84314	4830	9035	112109
私营企业	410	340975	1296818	210979	384657	225163
其他企业	1		185			3
港、澳、台商投资企业	12	39015	165738	9655	50598	40837
外商投资企业	10	79816	370043	35982	166807	87036
按控股情况分组						
国有控股	49	117712	495036	62228	137018	236864
集体控股	1	8149	23377	4882	14103	7157
私人控股	567	549066	2223223	337902	612136	370973
港澳台商控股	14	39402	174336	10528	51006	42733
外商控股	8	74996	321282	34720	162004	85511
其他	1		185			3
按经营形式分组						
独立门店	508	558532	2166210	210345	641470	550965
连锁总店(总部)	32	94524	553538	130558	188795	91619
连锁直营店	12	59544	139637	27660	66617	38144
连锁加盟店	7	1485	24957	1117	2914	103
其他	81	75242	353097	80581	76471	62410
按零售业态分组						
有店铺零售	548	750458	2938819	370397	938034	687245
便利店	6	4630	21512	1340	5984	7459
超市	69	92845	270449	21346	83382	98155
仓储会员店	3		14161	188	7299	2981
百货店	12	23561	242434	15462	24443	134496
购物中心	5	8936	42355	24286	8966	50899
专业店	191	212716	892741	166196	236608	127179
品牌专卖店	244	401819	1430531	136273	562067	263330
集合店	18	5950	24637	5306	9285	2746
无店铺零售	92	38868	298620	79864	38232	55996
网络零售	21	14959	123473	10823	16370	5590
电视/广播零售	1	185	501	18	138	479
邮寄零售	1	1958	4020		1758	3
直销	2	546	5710	2221	155	301
其他	67	21220	164917	66802	19811	49623

9—8续表1

单位:万元

指标名称	累计折旧	#本年折旧	在建工程	资产总计	流动负债合计	#应付账款
总计	**298664**	**49433**	**50530**	**4845988**	**3069516**	**875076**
按零售行业小类分组						
综合零售	117252	12341	40	1087316	586012	194636
食品、饮料及烟草制品专门零售	3825	1331	3	184849	122283	19200
纺织、服装及日用品专门零售	3963	825	24	184046	129462	56412
文化、体育用品及器材专门零售	18926	4201	202	163950	106696	41023
医药及医疗器材专门零售	12590	2283	5	344825	180916	95117
汽车、摩托车、零配件和燃料及其他动力销售	124871	23623	50117	2261217	1563993	367822
家用电器及电子产品专门零售	6629	734		338836	245697	61790
五金、家具及室内装饰材料专门零售	3525	2496	6	118033	44985	4365
货摊、无店铺及其他零售业	7083	1599	134	162917	89472	34712
按登记注册类型分组						
内资企业	247530	38079	46139	3904330	2457214	629654
国有企业	2795	226		25288	4209	1960
有限责任公司	120603	20257	36083	1939661	1158979	335292
股份有限公司	40444	2965	7	190450	78454	15043
私营企业	83684	14631	10050	1748746	1215557	277344
其他企业	3	0.3		186	15	15
港、澳、台商投资企业	25215	2279	24	214191	78093	12557
外商投资企业	25919	9075	4367	727468	534209	232865
按控股情况分组						
国有控股	85030	10972	35458	886121	463199	142410
集体控股	3733	424		27147	13797	2809
私人控股	158419	26679	10681	3029263	1988902	484114
港澳台商控股	26590	2410	24	225371	79580	13530
外商控股	24889	8949	4367	677902	524023	232198
其他	3			186	15	15
按经营形式分组						
独立门店	222148	35658	44034	3064883	1893727	359165
连锁总店(总部)	36816	4619	4532	920018	672126	310303
连锁直营店	22694	3862	-69	303519	182219	83427
连锁加盟店	18	13		25126	23947	18216
其他	16987	5280	2032	532443	297497	103964
按零售业态分组						
有店铺零售	284064	44423	48626	4468879	2850547	794724
便利店	2660	564	5	29019	11032	3574
超市	58363	7253	-102	605659	339035	118149
仓储会员店	60	60	5	34763	19771	12775
百货店	57319	4739	66	383640	180072	31710
购物中心	6635	2854	101	247833	117143	37849
专业店	60712	8842	35761	1228208	738502	165420
品牌专卖店	97069	19743	12790	1913263	1422334	421885
集合店	1246	369		26494	22657	3362
无店铺零售	14600	5010	1904	377109	218969	80352
网络零售	2387	581	60	146035	90008	35055
电视/广播零售	380	14		604	501	166
邮寄零售	0.1	0.1		4223	3959	1029
直销	195	22		6129	4626	1937
其他	11639	4394	1844	220118	119876	42165

9—8续表2

单位:万元

指标名称	负债合计	所有者权益合计		
			实收资本	
				# 个人资本
总计	**3605202**	**1228414**	**1782091**	**1064160**
按零售行业小类分组				
综合零售	790380	296163	166081	4110
食品、饮料及烟草制品专门零售	130680	51692	27022	4329
纺织、服装及日用品专门零售	161120	23136	44789	910
文化、体育用品及器材专门零售	107001	56949	8858	1685
医药及医疗器材专门零售	266075	78750	65550	2987
汽车、摩托车、零配件和燃料及其他动力销售	1688548	563459	339360	29897
家用电器及电子产品专门零售	269022	68908	1066783	1016040
五金、家具及室内装饰材料专门零售	98974	19060	39822	900
货摊、无店铺及其他零售业	93404	70297	23826	3302
按登记注册类型分组				
内资企业	2781311	1110647	1696355	1063730
国有企业	5509	19779	14899	50
有限责任公司	1392280	538692	341486	9922
股份有限公司	81482	108968	54466	
私营企业	1302026	443038	1285405	1053758
其他企业	15	170	100	
港、澳、台商投资企业	95228	118962	23904	430
外商投资企业	728663	-1195	61832	
按控股情况分组				
国有控股	520373	366073	226578	5960
集体控股	13797	13350	2500	
私人控股	2253778	762788	1477178	1057770
港澳台商控股	98804	126567	26404	430
外商控股	718435	-40534	49332	
其他	15	170	100	
按经营形式分组				
独立门店	2140908	913164	1523710	1035780
连锁总店(总部)	789103	130915	69935	11425
连锁直营店	296276	7242	56876	
连锁加盟店	24544	792	1566	365
其他	354372	176301	130004	16590
按零售业态分组				
有店铺零售	3367078	1090716	1697984	1049273
便利店	12278	16742	12940	
超市	506238	97573	72172	5910
仓储会员店	33504	1260	3287	100
百货店	201048	182234	61880	100
购物中心	198821	49012	74350	
专业店	846493	376378	1179865	1017084
品牌专卖店	1545380	364131	289309	24921
集合店	23317	3387	4182	1158
无店铺零售	238124	137697	84107	14887
网络零售	91533	55286	19531	3900
电视/广播零售	501	104	392	192
邮寄零售	3959	264		
直销	4626	1503	1509	1340
其他	137506	80541	62675	9455

9—8续表3

单位:万元

指标名称	营业收入	# 主营业务收入	营业成本	税金及附加
总计	**9008131**	**8753667**	**8116198**	**25736**
按零售行业小类分组				
综合零售	940868	860642	749071	4237
食品、饮料及烟草制品专门零售	308459	300311	253968	544
纺织、服装及日用品专门零售	167498	166266	125400	2762
文化、体育用品及器材专门零售	242683	240662	209380	544
医药及医疗器材专门零售	491608	483187	394867	737
汽车、摩托车、零配件和燃料及其他动力销售	5287209	5151757	4952816	14720
家用电器及电子产品专门零售	539751	533349	497731	484
五金、家具及室内装饰材料专门零售	33122	29965	25177	965
货摊、无店铺及其他零售业	996934	987529	907787	744
按登记注册类型分组				
内资企业	7140314	6935241	6434526	19678
国有企业	55099	55048	43068	177
有限责任公司	4108897	4026852	3712402	12527
股份有限公司	48589	48589	35264	1065
私营企业	2926999	2804022	2643092	5908
其他企业	731	731	700	
港、澳、台商投资企业	554350	538422	494052	4038
外商投资企业	1313467	1280004	1187620	2021
按控股情况分组				
国有控股	1786049	1743335	1599752	5825
集体控股	143453	137627	131015	2734
私人控股	5864241	5683693	5320505	11641
港澳台商控股	565663	549411	502834	4060
外商控股	647995	638870	561391	1476
其他	731	731	700	
按经营形式分组				
独立门店	5376501	5200888	4849838	18229
连锁总店(总部)	1769835	1721300	1600797	2206
连锁直营店	384682	375106	325244	657
连锁加盟店	46370	45950	39990	63
其他	1430742	1410423	1300329	4582
按零售业态分组				
有店铺零售	7730089	7497698	6961553	24748
便利店	63094	61732	50250	145
超市	762571	711153	616253	1718
仓储会员店	16472	16160	14368	32
百货店	255293	233731	193047	2471
购物中心	68079	60490	53800	1816
专业店	2740094	2670285	2475821	3946
品牌专卖店	3753936	3688243	3493320	14539
集合店	70551	55903	64695	80
无店铺零售	1278042	1255969	1154645	988
网络零售	914983	904915	845845	561
电视/广播零售	2629	2526	1602	8
邮寄零售	21731	21731	20606	4
直销	6669	5011	4972	13
其他	332031	321786	281621	402

9—8续表4

单位:万元

指标名称	其他业务利润	销售费用	管理费用	研发费用	财务费用	
						#利息收入
总计	**104381**	**703467**	**253723**	**4548**	**41463**	**1054**
按零售行业小类分组						
综合零售	22637	165680	45964		14768	213
食品、饮料及烟草制品专门零售	154	26997	13949	130	1120	165
纺织、服装及日用品专门零售	534	39783	11044		3096	12
文化、体育用品及器材专门零售	1030	18645	11996		58	175
医药及医疗器材专门零售	6290	95283	25105		4177	71
汽车、摩托车、零配件和燃料及其他动力销售	23751	253347	102028	54	12307	394
家用电器及电子产品专门零售	6356	28732	20841	2316	3427	42
五金、家具及室内装饰材料专门零售		4632	10059	10	2492	3
货摊、无店铺及其他零售业	43630	70368	12738	2039	18	-21
按登记注册类型分组						
内资企业	94101	513277	208692	4502	34644	1177
国有企业	51	7788	2290		99	43
有限责任公司	62528	307348	76714	430	20454	1420
股份有限公司		4859	8549		1123	90
私营企业	31522	193280	121110	4072	12969	-376
其他企业		2	28			
港、澳、台商投资企业	2496	49400	11112		385	119
外商投资企业	7784	140790	33920	46	6434	-242
按控股情况分组						
国有控股	9686	92569	38396	31	6996	1121
集体控股	2893	3618	2894		-5	27
私人控股	84974	424354	167592	4471	27628	30
港澳台商控股	2496	51014	11640		487	139
外商控股	4332	131909	33173	46	6357	-263
其他		2	28			
按经营形式分组						
独立门店	35791	360361	167335	4012	25793	805
连锁总店(总部)	24267	156477	47454	46	5229	-77
连锁直营店	3454	92734	10903		5552	123
连锁加盟店	20	3137	3423		59	-3
其他	40849	90758	24608	490	4830	206
按零售业态分组						
有店铺零售	60974	612565	229710	64	39827	866
便利店		5031	3036		365	32
超市	22129	118080	35180	0.1	12943	19
仓储会员店	312	3670	365		405	21
百货店	114	50469	16398	0.2	1500	208
购物中心		11593	12712		4601	10
专业店	20693	157661	63434	18	8893	650
品牌专卖店	17310	261975	96578	46	10818	-104
集合店	417	4087	2007		303	31
无店铺零售	43407	90901	24013	4484	1636	189
网络零售	43144	60477	6798	1978	-109	13
电视/广播零售	91	756	213		-2	3
邮寄零售		48	128		2	
直销		750	461	442	46	1
其他	172	28871	16414	2065	1699	172

单位:万元

指标名称	#利息费用	投资收益	营业利润	营业外收入
总计	**27329**	**7311**	**-68417**	**16829**
按零售行业小类分组				
综合零售	7521	-6103	-42333	1576
食品、饮料及烟草制品专门零售	847	12	11106	821
纺织、服装及日用品专门零售	2429		-12567	409
文化、体育用品及器材专门零售	113	1410	10781	129
医药及医疗器材专门零售	2068	165	10504	1280
汽车、摩托车、零配件和燃料及其他动力销售	10702	11213	-28164	9702
家用电器及电子产品专门零售	1038	40	-11379	1188
五金、家具及室内装饰材料专门零售	2476		-10275	18
货摊、无店铺及其他零售业	135	574	3909	1706
按登记注册类型分组				
内资企业	22174	5987	-10609	15074
国有企业	130	478	2199	100
有限责任公司	14175	5555	-478	6036
股份有限公司	972	2	-3909	23
私营企业	6897	-48	-8425	8914
其他企业			5	
港、澳、台商投资企业	696		-3014	1356
外商投资企业	4459	1325	-54794	400
按控股情况分组				
国有控股	6891	372	50967	1216
集体控股	18	70	3496	24
私人控股	15356	5614	-36218	13793
港澳台商控股	703		-2742	1397
外商控股	4361	1256	-83925	400
其他			5	
按经营形式分组				
独立门店	18300	12857	-17892	12283
连锁总店(总部)	4021	-8237	-48302	1429
连锁直营店	1212	2243	-8741	805
连锁加盟店	49		-282	5
其他	3749	449	6800	2308
按零售业态分组				
有店铺零售	25593	6577	-72015	14315
便利店	59	41	4479	53
超市	6375	-6147	-25654	1404
仓储会员店	7		-2369	3
百货店	1177	2	-8351	300
购物中心	4600		-16417	46
专业店	5018	8919	53424	3484
品牌专卖店	8217	3761	-76530	8900
集合店	140		-597	125
无店铺零售	1737	735	3598	2514
网络零售	81	579	-102	1600
电视/广播零售	1		53	17
邮寄零售			158	1
直销	39		-14	65
其他	1616	156	3503	831

单位:万元

指标名称	利润总额	所得税费用	应付职工薪酬	应交增值税
总计	**-61501**	**22397**	**341739**	**64238**
按零售行业小类分组				
综合零售	-44415	-887	66823	10362
食品、饮料及烟草制品专门零售	11520	2430	9137	3834
纺织、服装及日用品专门零售	-12456	-1432	14109	2770
文化、体育用品及器材专门零售	10458	39	10670	527
医药及医疗器材专门零售	11625	1717	55955	5809
汽车、摩托车、零配件和燃料及其他动力销售	-20692	19449	145104	30090
家用电器及电子产品专门零售	-13168	92	22672	5585
五金、家具及室内装饰材料专门零售	-10282	19	3304	340
货摊、无店铺及其他零售业	5908	970	13966	4921
按登记注册类型分组				
内资企业	-4847	13390	270751	64082
国有企业	2292	420	5734	897
有限责任公司	1693	8484	131572	29176
股份有限公司	-4083		5331	799
私营企业	-4753	4486	128085	33211
其他企业	5	0.2	29	
港、澳、台商投资企业	-1933	1098	20697	4782
外商投资企业	-54722	7909	50291	-4627
按控股情况分组				
国有控股	50853	13320	53275	16584
集体控股	3499	566	3985	755
私人控股	-30386	6688	212949	51183
港澳台商控股	-1621	1193	21675	4932
外商控股	-83850	630	49827	-9216
其他	5		29	
按经营形式分组				
独立门店	-13396	10893	200423	54024
连锁总店(总部)	-47915	9734	74154	-1846
连锁直营店	-8580	126	41383	4623
连锁加盟店	-278	7	895	408
其他	8667	1638	24884	7030
按零售业态分组				
有店铺零售	-67650	21205	317758	57322
便利店	4497	959	4527	1089
超市	-27611	319	58135	7403
仓储会员店	-2366	-345	1460	209
百货店	-8608	214	16255	4251
购物中心	-16405	-1069	4048	39
专业店	53053	12970	93502	25645
品牌专卖店	-69672	7897	137738	17102
集合店	-539	261	2094	1585
无店铺零售	6149	1192	23981	6915
网络零售	1820	587	8467	3645
电视/广播零售	68		556	111
邮寄零售	160	3	175	7
直销	5	0.3	1125	182
其他	4097	603	13657	2970

9-9 全市限额以上住宿业经营情况

（2022年）

指标名称	企业数（个）	从业人员期末人数（人）	客房数（间）	床位数（个）	餐位数（位）	年末餐饮营业面积（平方米）
总计	**241**	**13339**	**40573**	**61193**	**56544**	**627576.0**
按住宿行业小类分组						
旅游饭店	97	9098	20466	31849	43781	399647.0
一般旅馆	142	4202	19794	28846	11763	221700.0
其他住宿业	2	39	313	498	1000	6229.0
按登记注册类型分组						
内资企业	233	11763	38258	57937	46023	606121.0
国有企业	1	449	382	570		5848.0
集体企业	1					
有限责任公司	53	5047	10280	16182	17944	142900.0
私营企业	178	6267	27596	41185	28079	457373.0
港、澳、台商投资企业	5	1153	1650	2293	8363	8154.0
外商投资企业	3	423	665	963	2158	13301.0
按控股情况分组						
国有控股	17	3683	4623	7937	12570	52433.0
集体控股	1					
私人控股	217	8230	34047	50615	33953	558848.0
港澳台商控股	4	1028	1358	1848	7863	7754.0
外商控股	2	398	545	793	2158	8541.0
按经营形式分组						
独立门店	170	11250	30142	46017	51460	497854.0
连锁直营店	15	245	1898	2989	298	15930.0
连锁加盟店	45	1238	6557	9324	2345	90910.0
其他	11	606	1976	2863	2441	22882.0
按星级分组						
五星级	3	654	799	1151	3423	13979.0
四星级	15	2225	3773	5849	14626	45929.0
三星级	11	563	2043	3343	3120	37654.0
二星级						
其他	212	9897	33958	50850	35375	530014.0

9—9续表

指标名称	营业额（万元）	客房收入	餐费收入	商品销售收入	其他收入
总计	**265432**	**164102**	**56037**	**11967**	**33326**
按住宿行业小类分组					
旅游饭店	177066	89131	49359	11166	27411
一般旅馆	87333	73958	6670	801	5904
其他住宿业	1032	1013	7	0.3	12
按登记注册类型分组					
内资企业	238353	151368	46518	10639	29828
国有企业	6377	5097	1183	60	37
集体企业	499	90	26		384
有限责任公司	98808	43825	24334	9276	21373
私营企业	132669	102357	20975	1303	8034
港、澳、台商投资企业	19534	8858	6956	976	2744
外商投资企业	7545	3876	2563	352	754
按控股情况分组					
国有控股	64804	20775	17642	8797	17591
集体控股	499	90	26		384
私人控股	176697	132275	29460	2110	12853
港澳台商控股	16319	7520	6346	709	1744
外商控股	7112	3442	2563	352	754
按经营形式分组					
独立门店	215754	119951	52450	11748	31605
连锁直营店	6974	6382	38	59	496
连锁加盟店	28795	27076	1041	26	652
其他	13909	10693	2508	134	574
按星级分组					
五星级	10995	5175	4219	488	1113
四星级	33373	11029	8712	3689	9944
三星级	14013	5809	2942	3068	2194
二星级					
其他	207050	142089	40164	4722	20075

9-10 全市限额以上餐饮业经营情况

（2022年）

指标名称	企业数（个）	从业人员期末人数（人）	客房数（间）	床位数（个）	餐位数（位）	年末餐饮营业面积（平方米）
总计	**194**	**21991**	**1586**	**2453**	**173824**	**576305**
按餐饮行业小类分组						
正餐服务	167	13024	1586	2453	122508	468745
快餐服务	11	7615			46232	83782
饮料及冷饮服务	6	470			2241	7345
餐饮配送及外卖送餐服务	3	386				11068
其他餐饮业	7	496			2843	5365
按登记注册类型分组						
内资企业	188	16081	1151	1847	156072	512457
集体企业	2	59			600	1150
有限责任公司	43	4413	676	1130	62772	153947
私营企业	143	11609	475	717	92700	357360
港、澳、台商投资企业	4	910	435	606	3043	14552
外商投资企业	2	5000			14709	49296
按控股情况分组						
国有控股	3	1369	346	547	13304	49015
集体控股	3	197			1050	2692
私人控股	183	14723	805	1300	141883	461862
港澳台商控股	3	702	435	606	2878	13440
外商控股	2	5000			14709	49296
按经营形式分组						
独立门店	159	11646	1586	2453	128728	434885
连锁总店(总部)	7	8045			26325	83849
连锁直营店	11	949			5614	12923
连锁加盟店	9	172			595	1349
其他	8	1179			12562	43299

9—10续表

指标名称	营业额（万元）	客房收入	餐费收入	商品销售收入	其他收入
总计	**491806**	**9574**	**432372**	**25774**	**24087**
按餐饮行业小类分组					
正餐服务	295964	9574	246769	23797	15824
快餐服务	146680		141310	36	5334
饮料及冷饮服务	26229		24588	508	1133
餐饮配送及外卖送餐服务	10260		8828	1432	
其他餐饮业	12673		10877		1796
按登记注册类型分组					
内资企业	388353	5746	338378	25372	18857
集体企业	801		688		113
有限责任公司	104915	3259	90286	6708	4663
私营企业	282636	2487	247404	18664	14081
港、澳、台商投资企业	16975	3828	12241	402	505
外商投资企业	86479		81753		4726
按控股情况分组					
国有控股	29337	2055	21107	5234	941
集体控股	3961		3259		702
私人控股	358972	3691	317930	20138	17214
港澳台商控股	13057	3828	8323	402	505
外商控股	86479		81753		4726
按经营形式分组					
独立门店	275823	9574	228149	24962	13139
连锁总店（总部）	169270		160740	482	8048
连锁直营店	25844		23357	38	2449
连锁加盟店	3500		3366		134
其他	17369		16760	292	317

9-11 全市限额以上住宿业法人企业财务状况

（2022年）

指标名称	法人企业数（个）	年初存货	流动资产合计	#应收账款	#存货	固定资产原价
总计	**241**	**8730**	**434256**	**34489**	**8705**	**651430**
按行业小类分组						
旅游饭店	97	6627	340732	21008	6724	526659
一般旅馆	142	1351	92690	13474	1278	124197
其他住宿业	2	752	835	7	703	574
按登记注册类型分组						
内资企业	233	8234	344948	27805	8272	426462
国有企业	1	423	13029	1022	540	108794
集体企业	1	4	1741	55	16	3260
有限责任公司	53	3285	145330	10020	3292	232839
私营企业	178	4522	184848	16708	4424	81569
港、澳、台商投资企业	5	437	85965	5423	379	165849
外商投资企业	3	60	3342	1261	54	59119
按控股情况分组						
国有控股	17	1944	109979	6353	2150	311814
集体控股	1	4	1741	55	16	3260
私人控股	217	6354	238276	22740	6148	131507
港澳台商控股	4	370	81534	4697	336	145916
外商控股	2	60	2726	645	54	58933
按经营形式分组						
独立门店	170	7973	360058	30373	8096	584889
连锁直营店	15	101	7428	610	42	2171
连锁加盟店	45	490	29397	2572	453	12381
其他	11	166	37373	935	114	51989
按星级分组						
五星级	3	172	63294	4807	164	112226
四星级	15	2645	50324	2689	2428	94490
三星级	11	944	25419	3531	864	27677
二星级						
其他	212	4969	295220	23462	5249	417038

9—11续表1 单位:万元

指标名称	累计折旧	# 本年折旧	在建工程	资产总计	流动负债合 计	# 应付账款
总计	**347555**	**23945**	**30869**	**1185934**	**556250**	**70406**
按行业小类分组						
旅游饭店	284964	17524	23718	983405	392678	47880
一般旅馆	62076	6401	7151	200712	161974	20976
其他住宿业	515	20		1816	1598	1550
按登记注册类型分组						
内资企业	224293	16616	30801	986385	499212	66547
国有企业	65612	2054	2529	59690	1299	568
集体企业	2304	40		2702		
有限责任公司	102296	8053	17519	605734	185203	20450
私营企业	54082	6469	10754	318259	312710	45528
港、澳、台商投资企业	108426	5899	68	151854	50894	2745
外商投资企业	14836	1429		47695	6144	1114
按控股情况分组						
国有控股	141770	8596	18311	590496	124818	9026
集体控股	2304	40		2702		
私人控股	97393	8046	12556	402576	379428	58825
港澳台商控股	91396	5848	2	143140	47952	2234
外商控股	14692	1414		47021	4052	322
按经营形式分组						
独立门店	305593	17857	26068	1048540	450772	55076
连锁直营店	1712	96		10375	8052	868
连锁加盟店	8608	2474	4502	56576	60111	8021
其他	31643	3518	300	70444	37315	6441
按星级分组						
五星级	72791	4710		108259	29723	3209
四星级	49175	4307	15179	222150	114252	12247
三星级	14082	678	1532	47210	16388	1190
二星级						
其他	211507	14250	14158	808316	395888	53759

9—11续表2 单位:万元

指标名称	负债合计	所有者权益合计		
			实收资本	
				# 个人资本
总计	**787640**	**396719**	**218765**	**26104**
按行业小类分组				
旅游饭店	593539	389640	178453	15906
一般旅馆	191847	7516	39992	9908
其他住宿业	2254	-437	320	290
按登记注册类型分组				
内资企业	681631	303178	172600	26104
国有企业	4286	55404	2179	
集体企业	426			
有限责任公司	282733	322045	99237	9466
私营企业	394186	-74271	71185	16638
港、澳、台商投资企业	99865	51989	46165	
外商投资企业	6144	41551		
按控股情况分组				
国有控股	202173	388322	85209	660
集体控股	426			
私人控股	489825	-86548	101299	25444
港澳台商控股	91163	51977	32256	
外商控股	4052	42968		
按经营形式分组				
独立门店	662121	384709	194803	20068
连锁直营店	9089	1286	1928	75
连锁加盟店	75621	-18911	17259	4223
其他	40809	29634	4775	1738
按星级分组				
五星级	54238	54021	22109	
四星级	166505	55645	72914	868
三星级	21992	24128	7413	1070
二星级				
其他	544905	262926	116329	24166

9—11续表3 单位:万元

指标名称	营业收入	# 主营业务收入	营业成本	税金及附加
总计	**787640**	**396719**	**218765**	**26104**
按行业小类分组				
旅游饭店	593539	389640	178453	15906
一般旅馆	191847	7516	39992	9908
其他住宿业	2254	-437	320	290
按登记注册类型分组				
内资企业	681631	303178	172600	26104
国有企业	4286	55404	2179	
集体企业	426			
有限责任公司	282733	322045	99237	9466
私营企业	394186	-74271	71185	16638
港、澳、台商投资企业	99865	51989	46165	
外商投资企业	6144	41551		
按控股情况分组				
国有控股	202173	388322	85209	660
集体控股	426			
私人控股	489825	-86548	101299	25444
港澳台商控股	91163	51977	32256	
外商控股	4052	42968		
按经营形式分组				
独立门店	662121	384709	194803	20068
连锁直营店	9089	1286	1928	75
连锁加盟店	75621	-18911	17259	4223
其他	40809	29634	4775	1738
按星级分组				
五星级	54238	54021	22109	
四星级	166505	55645	72914	868
三星级	21992	24128	7413	1070
二星级				
其他	544905	262926	116329	24166

单位:万元

指标名称	其他业务利润	销售费用	管理费用	研发费用	财务费用	#利息收入
总计	**3309**	**95288**	**104394**	**1**	**7766**	**1232**
按行业小类分组						
旅游饭店	2357	66679	71003	0.1	5584	1172
一般旅馆	819	27858	32519	1	2176	59
其他住宿业	133	751	872		6	0.4
按登记注册类型分组						
内资企业	3309	87550	85427	1	6130	851
国有企业		3503	4502		-3	5
集体企业		367	387		-2	3
有限责任公司	1787	28036	30989		1565	830
私营企业	1522	55645	49549	1	4570	12
港、澳、台商投资企业		7149	14864		1627	381
外商投资企业		589	4103		9	0.2
按控股情况分组						
国有控股	1763	13259	20873		545	829
集体控股		367	387		-2	3
私人控股	1546	74100	64563	1	5843	23
港澳台商控股		6973	14614		1371	377
外商控股		589	3957		9	0.2
按经营形式分组						
独立门店	3015	76875	74460	0.1	6815	854
连锁直营店		4642	628		71	0
连锁加盟店	0	6241	17933	1	863	1
其他	294	7530	11374	1	18	376
按星级分组						
五星级		4728	11607		947	377
四星级	1787	11467	11822		532	30
三星级	69	3402	2770		-653	710
二星级						
其他	1453	75691	78195	1	6941	115

9—11续表5

单位:万元

指标名称	# 利息费用	投资收益	营业利润	营业外收入
总计	**6937**	**1482**	**-68518**	**23779**
按行业小类分组				
旅游饭店	5519	1574	-48098	22805
一般旅馆	1413	-92	-20124	972
其他住宿业	5		-296	2
按登记注册类型分组				
内资企业	5382	1418	-55323	2807
国有企业	2		-2939	137
集体企业			-284	19
有限责任公司	2029	1549	-16503	1070
私营企业	3350	-131	-35597	1581
港、澳、台商投资企业	1548		-11684	20966
外商投资企业	8	64	-1511	6
按控股情况分组				
国有控股	1294	1539	-9253	1043
集体控股			-284	19
私人控股	4346	-120	-45339	1778
港澳台商控股	1289		-12090	20939
外商控股	8	64	-1551	
按经营形式分组				
独立门店	6183	1482	-47294	2552
连锁直营店	8		-761	58
连锁加盟店	673		-10176	353
其他	74		-10288	20816
按星级分组				
五星级	1290	19	-9777	20825
四星级	74		-5197	623
三星级	36	5	-2365	197
二星级				
其他	5537	1458	-51179	2134

单位:万元

指标名称	利润总额	所得税费用	应付职工薪酬	应交增值税
总计	**-45022**	**1831**	**75376**	**6048**
按行业小类分组				
旅游饭店	-25439	1766	54601	4762
一般旅馆	-19284	65	20624	1271
其他住宿业	-299	1	150	15
按登记注册类型分组				
内资企业	-52564	262	66015	4268
国有企业	-2807		3511	375
集体企业	-273	2		21
有限责任公司	-15274	292	32546	2294
私营企业	-34211	-32	29958	1579
港、澳、台商投资企业	9047	1569	6899	1696
外商投资企业	-1505		2461	84
按控股情况分组				
国有控股	-8041	453	26775	2142
集体控股	-273	2		21
私人控股	-43799	-194	39811	2515
港澳台商控股	8641	1569	6339	1286
外商控股	-1551		2451	84
按经营形式分组				
独立门店	-44989	277	64786	4797
连锁直营店	-710	-10	1195	111
连锁加盟店	-9837	1	5215	243
其他	10513	1562	4181	896
按星级分组				
五星级	10849	1569	4068	1119
四星级	-4634	321	13483	1075
三星级	-2173	1	2070	249
二星级				
其他	-49065	-60	55755	3606

9-12 全市限额以上餐饮业法人企业财务状况

（2022年）

单位：万元

指标名称	法人企业数（个）	年初存货	流动资产合计	#应收账款	#存货	固定资产原价
总计	**194**	**16800**	**184029**	**19595**	**11220**	**219107**
按行业小类分组						
正餐服务	167	14283	151169	16432	8449	177042
快餐服务	11	2267	18841	1359	2298	39759
饮料及冷饮服务	6	163	5143	312	254	921
餐饮配送及外卖送餐服务	3	5	4608	1169	138	537
其他餐饮业	7	82	4267	323	81	848
按登记注册类型分组						
内资企业	188	9420	154592	19120	9276	99357
集体企业	2	13	404	6	13	398
有限责任公司	43	2672	41455	3595	2838	41122
私营企业	143	6735	112733	15519	6425	57837
港、澳、台商投资企业	4	6479	25249	417	1055	103173
外商投资企业	2	902	4188	58	889	16577
按控股情况分组						
国有控股	3	556	4768	825	475	2539
集体控股	3	41	842	281	39	656
私人控股	183	8847	158463	18014	8786	96513
港澳台商控股	3	6455	15769	417	1031	102821
外商控股	2	902	4188	58	889	16577
按经营形式分组						
独立门店	159	13027	144348	15229	8070	176231
连锁总店（总部）	7	2744	20870	1068	2054	38265
连锁直营店	11	381	7016	662	425	2469
连锁加盟店	9	109	1249	40	127	58
其他	8	541	10546	2596	544	2084

9—12续表1

单位:万元

指标名称	累计折旧	# 本年折旧	在建工程	资产总计	流动负债合 计	# 应付账款
总计	**99480**	**11389**	**3292**	**395470**	**221904**	**38122**
按行业小类分组						
正餐服务	78462	8466	1422	294181	177213	31057
快餐服务	19567	2593	1855	74301	34053	4873
饮料及冷饮服务	426	107		9183	2299	673
餐饮配送及外卖送餐服务	377	117		5267	4155	1043
其他餐饮业	648	107	15	12537	4184	476
按登记注册类型分组						
内资企业	43696	6374	1454	265949	194727	32448
集体企业	238	16		580	17	10
有限责任公司	11299	1808	605	94553	69567	9068
私营企业	32160	4550	849	170817	125144	23370
港、澳、台商投资企业	47676	4042		92446	10929	3479
外商投资企业	8108	974	1839	37075	16247	2195
按控股情况分组						
国有控股	1378	279	24	8167	11675	2083
集体控股	449	48		1666	668	203
私人控股	41996	6095	1430	267831	182551	30162
港澳台商控股	47550	3993		80732	10763	3479
外商控股	8108	974	1839	37075	16247	2195
按经营形式分组						
独立门店	78987	8534	1036	277898	172485	29788
连锁总店(总部)	18100	2496	1839	83396	33401	5422
连锁直营店	1527	209	15	18546	6935	1722
连锁加盟店	19	10		1314	1153	278
其他	848	140	402	14317	7931	912

9—12续表2

单位:万元

指标名称	负债合计	所有者权益合计	# 实收资本	# 个人资本
总计	**297016**	**97495**	**300637**	**7887**
按行业小类分组				
正餐服务	228338	65117	288070	7790
快餐服务	51703	22262	8020	55
饮料及冷饮服务	5195	4091	400	
餐饮配送及外卖送餐服务	4155	1112	773	
其他餐饮业	7623	4914	3374	42
按登记注册类型分组				
内资企业	238242	26748	296032	7887
集体企业	17	563	140	31
有限责任公司	76312	18239	17227	323
私营企业	161913	7947	278665	7533
港、澳、台商投资企业	31662	60784	2371	
外商投资企业	27112	9963	2235	
按控股情况分组				
国有控股	11689	-3522	4345	
集体控股	1143	523	240	31
私人控股	225576	41296	292227	7856
港澳台商控股	31496	49235	1591	
外商控股	27112	9963	2235	
按经营形式分组				
独立门店	217640	59301	287021	7513
连锁总店(总部)	57061	26335	7922	200
连锁直营店	11070	7473	3554	30
连锁加盟店	1176	138	102	42
其他	10069	4248	2039	101

9—12续表3

单位:万元

指标名称	营业收入	#主营业务收入	营业成本	税金及附加
总计	**481780**	**471796**	**273553**	**4078**
按行业小类分组				
正餐服务	297007	292067	176829	4001
快餐服务	137944	134687	68609	64
饮料及冷饮服务	24717	23058	14338	8
餐饮配送及外卖送餐服务	10153	10153	8687	1
其他餐饮业	11958	11831	5091	4
按登记注册类型分组				
内资企业	373436	365526	222769	992
集体企业	775	775	175	1
有限责任公司	100038	97751	60714	344
私营企业	272623	267000	161880	647
港、澳、台商投资企业	27254	27254	5637	3041
外商投资企业	81090	79016	45148	44
按控股情况分组				
国有控股	28616	28607	16855	37
集体控股	3756	3200	915	2
私人控股	344762	337417	206435	956
港澳台商控股	23556	23556	4201	3038
外商控股	81090	79016	45148	44
按经营形式分组				
独立门店	276543	269730	167955	3942
连锁总店(总部)	159236	157158	79874	51
连锁直营店	24506	23725	11314	32
连锁加盟店	3342	3330	1827	1
其他	18152	17853	12585	52

9—12续表4

单位:万元

指标名称	其他业务利 润	销售费用	管理费用	研发费用	财务费用	#利息收入
总计	**987**	**135985**	**60278**	**14**	**5804**	**194**
按行业小类分组						
正餐服务	987	77034	43660	14	4065	127
快餐服务		48623	11188		1625	36
饮料及冷饮服务		5703	1930		110	
餐饮配送及外卖送餐服务		358	982		12	
其他餐饮业		4268	2518		-7	31
按登记注册类型分组						
内资企业	987	109632	43248	14	3680	173
集体企业		2	146		-2	2
有限责任公司	86	31959	10849		970	77
私营企业	901	77671	32254	14	2712	93
港、澳、台商投资企业		7311	10113		1442	-14
外商投资企业		19042	6917		682	36
按控股情况分组						
国有控股		9017	3290		163	6
集体控股		2469	146		31	1
私人控股	987	100643	40665	14	3444	99
港澳台商控股		4814	9261		1485	52
外商控股		19042	6917		682	36
按经营形式分组						
独立门店	987	71505	43047	13	3951	122
连锁总店(总部)		53762	10613		1676	43
连锁直营店		9397	3733		32	30
连锁加盟店		328	620		3	
其他		993	2265		143	

9—12续表5 单位:万元

指标名称	# 利息费用	投资收益	营业利润	营业外收入
总计	**4360**	**3376**	**7594**	**2841**
按行业小类分组				
正餐服务	2759	3323	-3325	1692
快餐服务	1580		7838	1059
饮料及冷饮服务	4	53	2764	53
餐饮配送及外卖送餐服务			114	7
其他餐饮业	17		203	30
按登记注册类型分组				
内资企业	2230	-53	-4831	2591
集体企业	0	7	13	1
有限责任公司	748	54	-3976	519
私营企业	1481	-115	-868	2071
港、澳、台商投资企业	1437	3430	3140	170
外商投资企业	693		9285	80
按控股情况分组				
国有控股	149		-593	175
集体控股	4	7	-214	2
私人控股	2100	-60	-5071	2430
港澳台商控股	1413	3430	4187	153
外商控股	693		9285	80
按经营形式分组				
独立门店	2736	3439	-9176	1730
连锁总店(总部)	1580	-133	13923	1172
连锁直营店	19		359	-156
连锁加盟店	2		336	28
其他	24	70	2153	67

9—12续表6

单位:万元

指标名称	利润总额	所得税费用	应付职工薪酬	应交增值税
总计	**8897**	**3297**	**103660**	**4028**
按行业小类分组				
正餐服务	-2329	318	66076	3606
快餐服务	8231	2255	29126	341
饮料及冷饮服务	2682	700	3929	51
餐饮配送及外卖送餐服务	121	2	873	5
其他餐饮业	192	21	3656	25
按登记注册类型分组				
内资企业	-3173	1038	81142	3236
集体企业	14	1	257	33
有限责任公司	-3846	775	25756	875
私营企业	659	263	55129	2328
港、澳、台商投资企业	3003	4	6090	787
外商投资企业	9066	2256	16427	5
按控股情况分组				
国有控股	-435	166	8600	288
集体控股	-212	8	1255	69
私人控股	-3576	868	72628	2880
港澳台商控股	4053		4749	787
外商控股	9066	2256	16427	5
按经营形式分组				
独立门店	-8019	290	58738	3247
连锁总店(总部)	14215	2830	33151	11
连锁直营店	182	149	6262	307
连锁加盟店	352	4	761	25
其他	2167	23	4747	437

9-13 全市亿元以上商品交易市场基本情况

（2022年）

指标名称	市场数（个）	总摊位数（个）	年末出租摊位数（个）	营业面积（平方米）	成交额（万元）
总 计	**24**	**23540**	**18144**	**1777001**	**5691840**
按市场类别分组					
综合市场	6	6347	5393	528048	1507622
综合贸易市场	6	6347	5393	528048	1507622
农产品综合市场	5	5523	4723	515048	1486069
其他综合市场	1	824	670	13000	21553
专业市场	18	17193	12751	1248953	4184218
生产资料市场	6	2892	1057	323413	1985061
农用生产资料市场	2	715	395	52000	48000
建材市场	1	108	108	20000	15061
金属材料市场	2	1932	453	243893	1920000
机械设备市场	1	137	101	7520	2000
农产品市场	2	7198	5522	434490	1708890
肉禽蛋市场	1	4698	4102	64490	628890
蔬菜市场	1	2500	1420	370000	1080000
食品、饮料及烟酒市场	2	230	230	12500	66118
食品饮料市场	1	112	112	6000	27608
茶叶市场	1	118	118	6500	38510
纺织、服装、鞋帽市场	3	4384	3578	41524	106037
服装市场	3	4384	3578	41524	106037
电器、通讯器材、电子设备市场	1	630	537	18500	44784
计算机及辅助设备市场	1	630	537	18500	44784
家具、五金及装饰材料市场	3	1789	1789	338526	252051
家具市场	1	609	609	148526	172000
装饰材料市场	1	780	780	140000	53051
五金材料市场	1	400	400	50000	27000
汽车、摩托车及零配件市场	1	70	38	80000	21277
汽车市场	1	70	38	80000	21277
按营业状态分组					
常年营业	23	23428	18032	1771001	5664232
季节性营业	1	112	112	6000	27608
按经营方式分组					
以批发为主	12	9304	6107	905916	4440463
以零售为主	12	14236	12037	871085	1251377
按经营环境分组					
露天式	2	968	772	82251	1261500
封闭式	15	13997	10811	823322	1909157
其他	7	8575	6561	871428	2521183

9-14 各县区限额以上批发和零售业商品销售类值

（2022年）

单位：万元

指标名称	兴宁区	青秀区	江南区	西乡塘区	良庆区	邕宁区
合计	**3346513**	**20085063**	**7945329**	**18370569**	**19472640**	**1887746**
粮油、食品类	160191	3513547	607582	865494	2381913	326964
#粮油类	68168	250461	69068	382388	180004	83959
肉禽蛋类	9081	78398	74399	181492	53227	3707
水产品类	306	13848	17613	13498	3106	17
蔬菜类	2372	25239	28721	26031	24008	845
干鲜果品类	5638	187335	190747	38492	12878	1348
饮料类	7304	44697	15877	24716	9642	986
烟酒类	5857	278284	18432	1138875	11408	1018
服装、鞋帽、针纺织品类	153809	138847	44281	12626	2528	245
服装类	120838	97874	34442	5598	1641	24
鞋帽类	25253	31051	7577	3666	304	13
针纺织品类	7719	9922	2262	3362	583	208
化妆品类	58085	25981	1045	185091	483	187
金银珠宝类	23666	15664	1123	1457		
日用品类	81854	174453	55455	45343	14920	3471
#可穿戴智能设备	16	53	377		255	
五金、电料类	90	11694	9704	5007	2740	83
体育、娱乐用品类	11098	25721	102037	2094	126	105
#照相器材类	3221	20933			24	
书报杂志类	6137	377654	163	55626	27	24
电子出版物及音像制品类	22480	614	2		343	
家用电器和音像器材类	530068	2021178	120931	7039	5810	1927
#能效等级为1级和2级的商品	246287	551129	82791	3300	4436	921
#智能家用电器和音像器材	66723	514261	2359	139	338	553
中西药品类	255209	94135	2272524	503067	115072	99020
#西药类	229022	61835	1682798	404792	112524	
中草药及中成药类	26187	11032	291469	28903	2543	11
文化办公用品类	112399	370829	11990	58688	32655	582
#计算机及其配套产品	84817	237417	2012	2307	31957	509
家具类	1610	2804	38	3643	14958	101
通讯器材类	197469	268370	9079	73879	434	
#智能手机	187408	235386	8690	85	6	
煤炭及制品类	44565	2635874	509044	508115	952835	101516
木材及制品类	4557	38992		4308	49890	13020
石油及制品类	136222	1467395	189443	2551692	973759	11627
化工材料及制品类	28023	518067	373147	587971	175919	69595
#化肥类	8586	80155	148922	337683	9221	63186
金属材料类	623554	6023654	646905	9264370	13665630	964628
建筑及装潢材料类	207592	476826	29431	848715	422838	18938
机电产品及设备类	12077	79601	515398	76341	35127	106087
#农机类		531	29213			7276
汽车类	642407	791800	1693362	1369785	400949	34462
#新能源汽车	92954	652427	331915	239320	265380	1695
#新车	601208	762102	1562280	1266501	380989	27570
二手车	1859	234	15834	11585	10466	442
种子饲料类	1455	328406	300571	43682	103850	126091
棉麻类		26274				
其他未列明商品类	18738	333704	417768	132949	98788	7070

9—14续表 单位:万元

指标名称	武鸣区	隆安县	马山县	上林县	宾阳县	横州市
合计	**920391**	**126825**	**35020**	**14045**	**373666**	**456188**
粮油、食品类	74414	16646	5126	10542	50564	67596
# 粮油类	11233	1425	1076	2286	9347	2467
肉禽蛋类	7619	7777	1585	5279	22808	3011
水产品类	1381	21	238	163	1031	207
蔬菜类	6835	250	832	2309	4763	1119
干鲜果品类	33561	334	666	504	4358	1407
饮料类	1441	1417	2338	299	5245	213601
烟酒类	1608	555	390	138	3605	10898
服装、鞋帽、针纺织品类	47876	188	224	109	2120	2121
服装类	24029	41	48	42	780	809
鞋帽类	22255	26	40	27	517	463
针纺织品类	1592	122	136	40	823	850
化妆品类	21664	701	125	43	1372	1751
金银珠宝类						2
日用品类	5551	1481	1085	164	10523	14149
# 可穿戴智能设备	11		251		2	6
五金、电料类	38		49		3309	455
体育、娱乐用品类	56		10	19	480	106
# 照相器材类	0		10			
书报杂志类	56		46			2
电子出版物及音像制品类	3		0			
家用电器和音像器材类	13742		1698	485	4455	948
# 能效等级为1级和2级的商品	438		876	328	1267	312
# 智能家用电器和音像器材	489		764	44	904	288
中西药品类	4056				34930	8430
# 西药类	2433				16343	7839
中草药及中成药类	1622				18586	591
文化办公用品类	1606	26	62	11	753	155
# 计算机及其配套产品	621		62		61	
家具类	28		187		5440	55
通讯器材类						2083
# 智能手机						2083
煤炭及制品类	16065					
木材及制品类	42	67183	11774			21686
石油及制品类	7683	2475	9386		57580	13566
化工材料及制品类	204014	34901			85824	
# 化肥类	5336	23377			31319	
金属材料类	443004				18773	78547
建筑及装潢材料类	15097				49782	4472
机电产品及设备类	56285				626	1162
# 农机类	50					
汽车类		1183	2477	2236	15133	3918
# 新能源汽车		650		1220	949	1828
# 新车		1183	2477	2229	15133	3918
二手车						
种子饲料类						4642
棉麻类						
其他未列明商品类	6061	71	42		23154	5844

9-15 各县区限额以上批发和零售业法人企业财务状况

（2022年）

单位:万元

指标名称	兴宁区	青秀区	江南区	西乡塘区	良庆区	邕宁区
法人企业数(个)	119	636	300	245	215	30
年初存货	223281	1173030	671238	503526	533209	78962
流动资产合计	1170835	9297384	3467420	3886193	4905331	1607635
# 应收账款	246248	1693015	1271521	713724	780485	315727
存货	214474	972434	638311	633533	624906	144436
固定资产原价	232032	585522	365339	435496	165236	82907
累计折旧	100107	227982	156917	179909	42599	19087
# 本年折旧	11165	33590	26828	23361	11478	3171
在建工程	7966	164665	37374	85793	9209	48415
资产总计	1643167	12920935	4420453	5098928	7017867	3052952
流动负债合计	1098615	7972833	2914757	2938845	3773517	1763509
# 应付账款	203036	-1736265	889911	181744	736020	130086
负债合计	1169879	8764875	3513820	3265433	5144990	2218677
所有者权益合计	471867	2980426	903172	1814397	1989411	834275
# 实收资本	320808	2755242	765409	692419	1597815	673625
#个人资本	26893	1179894	227808	50767	79024	8613
营业收入	3023948	18865471	7572603	16854039	18380096	1781515
# 主营业务收入	2960452	18679848	7405970	16634223	18274654	1773227
营业成本	2825607	18081634	7025351	15930665	18229458	1716125
税金及附加	7063	23515	19750	144778	35052	4127
其他业务利润	45051	34310	31060	49113	1454	785
销售费用	134440	409274	350664	245709	173663	36792
管理费用	62169	244936	145410	137201	90875	28665
研发费用	31	3883	2101	3736	2458	18
财务费用	16427	93035	47142	43149	88865	51524
# 利息收入	377	33352	3771	8165	16133	12899
利息费用	12005	99538	41134	40516	91369	57257
投资收益	-213	198008	6302	1630	29246	44429
营业利润	-29396	177752	22388	363399	-109302	12069
营业外收入	6369	19625	8625	5645	7431	880
利润总额	-27958	187194	17301	364316	-104787	12464
所得税费用	525	46442	13595	97852	7243	293
应付职工薪酬	49613	240887	177953	167946	85630	29857
本年应交增值税	17766	99092	66000	121168	295500	8122

9—15续表 单位:万元

指标名称	武鸣区	隆安县	马山县	上林县	宾阳县	横州市
法人企业数(个)	66	11	10	8	60	29
年初存货	121073	5635	4838	759	14728	17944
流动资产合计	511314	66669	12184	5863	99375	58580
# 应收账款	201678	17813	3278	1948	23176	13963
存货	115895	4079	5182	518	13089	9797
固定资产原价	20351	2347	2909	436	8526	6080
累计折旧	4761	1033	875	152	3436	1828
# 本年折旧	1289	217	194	66	480	446
在建工程			44	3	39125	1033
资产总计	533677	68150	14646	6214	146266	69389
流动负债合计	485064	62256	8399	3297	118898	47452
# 应付账款	221580	8426	2546	1679	26314	18129
负债合计	493039	62973	11072	3992	123875	48768
所有者权益合计	39923	4669	3574	1564	22048	19531
# 实收资本	21529	995	2093	857	22753	14558
#个人资本	2990	66	370	69	5194	7877
营业收入	876641	108500	33641	14827	323138	230974
# 主营业务收入	874057	107552	33550	10888	320657	218917
营业成本	806806	104361	30520	13001	309933	203717
税金及附加	604	68	20	11	285	650
其他业务利润	-83				1428	52
销售费用	45455	1730	1999	634	7546	13817
管理费用	11179	1297	509	653	4250	7169
研发费用	32	187		130	10	
财务费用	6378	152	162	9	1009	659
# 利息收入	36	2	-1	1	315	10
利息费用	5545	63	114	8	620	592
投资收益	-1381				12	
营业利润	2559	705	394	390	625	5404
营业外收入	547	24	32	46	123	284
利润总额	2500	723	422	436	675	5433
所得税费用	2068	104	14	8	115	1400
应付职工薪酬	19815	785	1220	317	5400	5446
本年应交增值税	7187	411	179	118	1183	5438

9-16 各县区限额以上住宿和餐饮业经营情况

（2022年）

指标名称	兴宁区	青秀区	江南区	西乡塘区	良庆区	邕宁区
企业数(个)	38	240	46	51	17	4
从业人员期末人数(人)	5573	21098	2152	3350	1753	317
营业额(万元)	130398	441075	48720	79388	27747	6397
客房收入(万元)	14389	106951	17692	17180	8792	1234
餐费收入(万元)	80496	290926	29445	51129	17176	4257
商品销售收入(万元)	19568	9596	113	7650	579	113
其他收入(万元)	15946	33602	1470	3429	1200	794
客房数(间)	5295	22794	4451	4954	2300	305
床位数(个)	8527	33973	6606	7748	3291	477
餐位数(位)	30288	89515	20443	34507	36999	1300
年末餐饮营业面积(平方米)	172891	414952	150992	230875	129342	9371

9—16续表

指标名称	武鸣区	隆安县	马山县	上林县	宾阳县	横州市
企业数(个)	13	2		4	8	12
从业人员期末人数(人)	301	8		106	302	343
营业额(万元)	8503	295		1887	5581	6981
客房收入(万元)	2407	240		783	2012	1995
餐费收入(万元)	5784			978	3189	4763
商品销售收入(万元)	57			55		11
其他收入(万元)	255	55		72	380	212
客房数(间)	592	83		299	576	510
床位数(个)	914	119		491	834	666
餐位数(位)	6414			1740	4348	4619
年末餐饮营业面积(平方米)	33137	5185		6832	22565	26039

注:马山县无独立核算限额以上住宿和餐饮企业,故本表无数据。

9-17 各县区限额以上住宿和餐饮业法人企业财务状况

（2022年）

单位:万元

指标名称	兴宁区	青秀区	江南区	西乡塘区	良庆区	邕宁区
法人企业数(个)	38	240	46	51	17	4
年初存货	2020	18625	2274	1229	597	125
流动资产合计	109069	377889	24523	47234	41790	1877
应收帐款	8912	28572	4572	6080	3137	732
存货	2117	11938	2525	1342	721	146
固定资产原价	135179	625968	47568	19284	4942	510
累计折旧	59991	335763	26246	12719	3623	281
# 本年折旧	5518	23628	2498	1473	791	36
在建工程	15713	14014	1857	1420	971	
资产总计	491587	826296	67920	71789	69906	2762
流动负债合计	109744	458067	53761	65977	51553	3077
# 应付帐款	15252	61721	9293	10308	7413	544
负债合计	195461	608909	85442	77719	75781	3552
所有者权益合计	294949	216239	-15109	-8545	-5875	-790
# 实收资本	83561	376975	22247	15356	13089	252
# 个人资本	1710	21874	700	8168	210	100
营业收入	125521	428777	46446	78742	27242	5991
# 主营业务收入	118009	418092	44650	75806	26361	5435
营业成本	73905	214719	23341	41710	17451	2418
税金及附加	1497	4973	79	191	39	2
其他业务利润	1389	1472	451	621	293	
销售费用	39468	140301	14484	23979	8176	2874
管理费用	15353	106446	11981	16042	8769	1151
研发费用		13	0.3	1		
财务费用	2175	8152	273	598	1844	34
# 利息收入	793	575	5	11	1	-1
利息费用	2642	6195	122	374	1530	4
投资收益	1528	3238	9	55	0.1	22
营业利润	-3424	-39897	-4173	-4484	-8209	-437
营业外收入	1772	23587	428	427	118	9
利润总额	-2199	-17432	-3919	-4024	-8096	-430
所得税费用	392	4749	-195	197	-38	9
应付职工薪酬	30198	112015	9649	14935	6829	1852
应交增值税	1865	6254	365	875	352	39

9—17续表

单位:万元

指标名称	武鸣区	隆安县	马山县	上林县	宾阳县	横州市
法人企业数(个)	13	2		4	8	12
年初存货	396	7		39	183	35
流动资产合计	7335	150		3313	4104	999
应收帐款	828	17		396	541	297
存货	412	9		47	479	190
固定资产原价	34540	21		142	1349	1035
累计折旧	7630	9		53	24	697
#本年折旧	1254	1		34	7	93
在建工程	186					
资产总计	38288	162		3609	6396	2689
流动负债合计	26624	134		2432	4482	2304
#应付帐款	3058	69		196	420	256
负债合计	26668	134		2460	5383	3146
所有者权益合计	11620	28		1149	1013	-466
#实收资本	5313	100		827	1290	394
#个人资本	1063	50			85	31
营业收入	8242	553		1819	5396	6835
#主营业务收入	8226	553		1759	5396	6774
营业成本	7548	374		708	3950	3214
税金及附加	257	0.1		3	34	6
其他业务利润						70
销售费用	419	25		411	196	941
管理费用	1637	172		744	1037	1341
研发费用					1	
财务费用	450	0.4		6	27	11
#利息收入	40					2
利息费用	406				22	3
投资收益						7
营业利润	-1799	2		-53	221	1329
营业外收入	241	7		11	6	13
利润总额	-1558	9		-42	226	1340
所得税费用	0.3			1	12	1
应付职工薪酬	955	110		419	1098	975
应交增值税	246	2		14	25	39

注:马山县无独立核算限额以上住宿和餐饮企业,故本表无数据。

9-18 国际旅游收入

（2022年）

单位：万美元

指标名称	合 计	指标名称	合 计
合计	54.15	长途交通费	14.68
商品性收入	13.33	市内交通费	1.79
商品销售收入	9.59	邮政电讯费	1.15
饮食销售收入	3.74	景区游览	2.92
劳务性收入	40.82	文化娱乐费	2.77
宿费	4.55	其他	12.96

9-19 接待过夜国际旅游人数

（2022年）

指标名称	人数(人)	人天数(人天)	指标名称	人数(人)	人天数(人天)
合计	1530	3759	日本	66	–
港澳同胞	553	1518	韩国	43	–
台湾同胞	228	429	美国	77	–
外国人	749	1812	加拿大	57	–
# 东盟	271	–	英国	19	–
印度尼西亚		–	法国	40	–
马来西亚	32	–	德国	22	–
菲律宾	8	–	意大利	18	–
新加坡	16	–	澳大利亚	18	–
泰国	25	–	新西兰	6	–
越南	42	–			
缅甸	15	–			
文莱	2	–			
柬埔寨	127	–			
老挝	4	–			

9-20 星级宾馆酒店接待能力

指标名称	单 位	2022年	2021年
星级宾馆酒店数	个	33	36
五星级	个	3	2
四星级	个	14	14
三星级	个	16	20
二星级	个		
客房总数	间	6896	5740
床位总数	张	11317	8964

十 服务业、科技

10-1 全市规模以上服务业企业财务状况

（2022年）

单位：万元

指标名称	单位数（个）	资产总计	负债总计	所有者权益总计	营业收入	营业成本
总计	**987**	**169170475**	**90995191**	**78175283**	**19864002**	**17555581**
按行业类型分						
交通运输、仓储和邮政业	93	116962483	62269397	54693087	8986574	9155230
信息传输、软件和信息技术服务业	140	5571269	3032943	2538327	3995166	3154341
房地产业	107	15492559	8894060	6598499	707536	429192
租赁和商务服务业	277	17928871	11363499	6565373	2792254	2307607
科学研究和技术服务业	213	2899341	1709162	1190179	2497873	1889519
水利、环境和公共设施管理业	17	8225009	2527943	5697066	128412	95319
居民服务、修理和其他服务业	39	157394	124434	32960	91834	56130
教育	7	10925	11169	-244	7942	4012
卫生和社会工作	25	278989	249729	29260	195599	124580
文化、体育和娱乐业	69	1643634	812857	830777	460813	339651
按登记注册类型分						
内资企业	**968**	**167414096**	**89766306**	**77647789**	**19281966**	**17018259**
国有企业	17	11614993	8067247	3547746	2516622	2469580
集体企业	2	12709	8599	4110	4565	1352
股份合作企业	1	1210	916	294	4350	4111
有限责任公司	424	145572184	76671950	68900234	11433189	10344264
股份有限公司	12	6043206	2266573	3776633	1883377	1526234
私营企业	511	4165394	2747319	1418075	3439286	2672698
其他企业	1	4400	3703	697	577	20
港、澳、台商投资企业	**8**	**506779**	**289481**	**217297**	**273619**	**257984**
合资经营企业(港或澳、台资)	3	99643	82640	17003	12173	47087
港、澳、台商独资经营企业	5	407136	206842	200294	261446	210897
外商投资企业	**11**	**1249601**	**939404**	**310197**	**308417**	**279338**
中外合资经营企业	3	85052	69705	15346	10279	6735
中外合作经营企业	1	875549	463281	412268	32029	266
外资企业	6	145919	358236	-212317	218820	237994
外商投资股份有限公司	1	143081	48182	94899	47290	34344
按所有制分类						
公有制企业	259	159778486	84552667	75225820	12738181	11668465
非公有制企业	719	9342447	6422737	2919710	7087860	5865141

10—1续表 单位:万元

指标名称	销售费用	管理费用	财务费用	利润总额	期末用工人数（人）
总计	**387818**	**1258433**	**1172466**	**676423**	**353141**
按行业类型分					
交通运输、仓储和邮政业	38463	333368	617275	-378873	108954
信息传输、软件和信息技术服务业	155713	169330	10954	378308	39905
房地产业	28363	128242	199165	130302	38834
租赁和商务服务业	68538	207196	235872	249229	107482
科学研究和技术服务业	28387	268391	1859	205705	39503
水利、环境和公共设施管理业	2745	30036	102404	13739	2785
居民服务、修理和其他服务业	11085	15341	1124	8435	4911
教育	876	6008	67	-5131	374
卫生和社会工作	24814	27994	1162	11652	4491
文化、体育和娱乐业	28835	72528	2583	63058	5902
按登记注册类型分					
内资企业	**370346**	**1226111**	**1144026**	**678666**	**347802**
国有企业	2059	30788	-885	12014	5420
集体企业	1451	2176	-143	-241	515
股份合作企业	77	283	-1	-110	56
有限责任公司	168044	711895	1066846	378670	190011
股份有限公司	93735	73587	68234	113861	28292
私营企业	104980	406826	9975	174473	123480
其他企业	1	556	0.1	-1	28
港、澳、台商投资企业	**15186**	**6375**	**2269**	**23829**	**2787**
合资经营企业(港或澳、台资)	382	1706	1112	1770	2066
港、澳、台商独资经营企业	14804	4669	1158	22059	721
外商投资企业	**2286**	**25948**	**26170**	**-26073**	**2552**
中外合资经营企业	1025	3807	-63	-1433	442
中外合作经营企业		1797	21997	6076	108
外资企业	1227	16816	748	-35754	1912
外商投资股份有限公司	34	3527	3488	5038	90
按所有制分类					
公有制企业	158932	653812	1094922	397301	136209
非公有制企业	228779	591735	77684	278126	215754

10-2 全市研究与试验发展(R&D)经费情况

指标名称	单 位	2022年	2021年	增速(%)
R&D经费内部支出	万元	650846	573101	13.6
按活动类型分				
基础研究支出	万元	94751	91695	3.3
应用研究支出	万元	97098	102894	-5.6
试验发展支出	万元	458996	378512	21.3
按支出性质分				
日常性支出	万元	587608	521200	12.7
资产性支出	万元	63237	51901	21.8
按资金来源分				
企业资金	万元	414151	330177	25.4
政府资金	万元	188050	195168	-3.6
境外资金	万元	59	5	986.6
其他资金	万元	48586	47750	1.7
R&D人员合计	人	52410	40573	29.2
R&D人员折合全时当量合计	人年	27613	20560	34.3

10-3 规模以上工业企业科技研发活动情况

指标名称	单 位	2022年	2021年	增速(%)
单位个数	个	1390	1321	5.2
#有R&D活动	个	405	358	13.1
R&D人员合计	人	12297	8080	52.2
#研究人员	人	2686	2022	32.8
R&D人员折合全时当量合计	人年	7847	4983	57.5
R&D经费内部支出	万元	229994	181006	27.1
日常性支出	万元	222871	177382	25.6
资产性支出	万元	7123	3624	96.5
企业研发机构数	个	239	191	25.1
机构人员	人	7723	6575	17.5
#博士毕业	人	82	101	-18.8
#硕士毕业	人	407	429	-5.1
专利申请数	件	1928	1776	8.6
#发明专利	件	565	579	-2.4
新产品销售收入	万元	2207485	2744385	-19.6

注:规模以上工业企业科技研发活动数据为南宁市直管企业,不含按在地原则统计的自治区直管企业。

10-4 规模以上非工业企业科技研发活动情况

指标名称	单 位	2022年	2021年	增速(%)
单位个数	个	940	867	8.4
有R&D活动	个	147	108	36.1
R&D人员合计	人	7833	5956	31.5
# 研究人员	人	3084	2322	32.8
R&D人员折合全时当量合计	人年	4680	3451	35.6
R&D经费内部支出	万元	159286	132739	20.0
日常性支出	万元	156754	130179	20.4
资产性支出	万元	2532	2560	-1.1
科技机构数	个	83	54	53.7
机构人员	人	7127	4734	50.5
# 博士毕业	人	90	43	109.3
# 硕士毕业	人	1127	628	79.5
专利申请数	件	1311	1042	25.8
# 发明专利	件	513	435	17.9

注:规模以上非工业企业范围:特、一级总承包,一级专业承包建筑业企业法人单位;规模以上交通运输、仓储和邮政业,信息传输、软件和信息技术服务业,租赁和商务服务业,科学研究和技术服务业,水利、环境和公共设施管理业,卫生和社会工作,文化、体育和娱乐业等企业法人单位。

十一 财政、金融、保险

11-1 全市主要年份财政、金融情况

单位:万元

年 份	一般公共预算收入	一般公共预算支出	金融机构本外币存款本外币余额	# 住户存款余额	金融机构本外币贷款余额
1950	394	190	1364	21	34
1965	4479	2116	39443	1426	18356
1978	20102	7074	110660	5735	59521
1980	23682	7410	110309	10358	71873
1985	35447	17967	212380	43646	167691
1986	38873	26745	226697	61348	222735
1987	44078	28971	262623	82535	270298
1988	51071	40532	260827	100160	297861
1989	57352	39426	328250	138715	287226
1990	63930	47677	464879	197821	346755
1991	70051	48397	552636	258819	383694
1992	73459	48401	685440	341946	444498
1993	106465	66850	1077025	515981	657827
1994	73492	85826	1537665	802162	880566
1995	91236	94609	2063550	1123696	1107552
1996	103583	105844	2724968	1439865	1385499
1997	116778	119471	3014072	1618159	1731336
1998	131583	139884	4461444	2001576	3460657
1999	149700	172851	5268177	2190918	4262816
2000	216484	290667	6834187	2938619	4779409
2001	291860	348556	7424543	3329511	5260807
2002	312805	452615	8547872	3916029	7701981
2003	362435	524981	9434021	4514961	9597681
2004	432526	621191	10909576	5157925	12087669
2005	451954	735508	12636347	5982307	13816546
2006	566191	930781	15853616	6814522	16625434
2007	701510	1180007	18715101	7147919	19223502
2008	928812	1660830	23204808	8886542	23166252
2009	1204628	2035519	32313624	11161975	32781209
2010	1560958	2612785	40214534	13758853	41423040
2011	1862928	3018491	47281399	15810297	48450689
2012	2297183	3765096	56271788	18638024	55012783
2013	2562467	4172858	64835258	21566911	61158787
2014	2748518	4657759	70644876	23217437	70914611
2015	2970501	5267231	82577730	27003678	82286621
2016	3127921	5869793	89017247	29245457	94237920
2017	3321500	6463707	93675341	31766881	104704409
2018	3589560	6979853	100931251	35428272	120521342
2019	3709285	7891986	107183153	39603083	139643528
2020	3722520	8227910	114982547	44153458	158688371
2021	3917711	7775953	119964815	48787971	176605924
2022	3926795	8375817	131462703	55218223	198776579

注:1.2000年以后为行政区划调整后的数据,其余年份为原南宁口径。2.2022年起,金融存贷款数据调整为本外币口径。

11-2 全市财政分项目收入

（2022年）

单位：万元

指标名称	收入	指标名称	收入
一般公共预算收入	**3926795**	契税	355927
税收收入	**2229017**	环境保护税	2675
增值税	426103	其他税收收入	-87
企业所得税	416470	**非税收入**	**1697778**
个人所得税	121195	专项收入	264065
资源税	12818	行政事业性收费收入	207574
城市维护建设税	258111	罚没收入	108424
房产税	188035	国有资本经营收入	11662
印花税	105700	国有资源(资产)有偿使用收入	985282
城镇土地使用税	41259	捐赠收入	162
土地增值税	177955	政府住房基金收入	50138
车船税	86887	其他收入	70471
耕地占用税	35969		

11-3 全市财政分项目支出

（2022年）

单位：万元

指标名称	支出	指标名称	支出
一般公共预算支出	**8375817**	卫生健康支出	940589
民生支出	6065678	节能环保	303237
一般公共服务	573911	城乡社区事务	678623
国防	9045	农林水支出	650553
公共安全	437671	#农业农村	163389
教育	1580352	交通运输	144703
#普通教育	1293349	资源勘探信息等	934191
职业教育	104782	商业服务业等事务	90756
科学技术	185170	金融支出	74545
#应用研究	49	自然资源海洋气象等	68647
技术研究与开发	139193	住房保障	276976
科学技术普及	3466	粮油物资储备管理事务	7268
文化旅游体育与传媒	90410	灾害防治及应急管理	53697
社会保障和就业	1048394	其他支出	1587
#财政对基本养老保险基金的补助	113322	债务付息	224208
行政事业单位养老	459585	债务发行费用	1284

11-4 市区财政分项目收入

（2022年）

单位：万元

指标名称	收 入	指标名称	收 入
一般公共预算收入	**3678966**	契税	340015
税收收入	**2092601**	环境保护税	1423
增值税	406278	其他税收收入	-93
企业所得税	392891	**非税收入**	**1586365**
个人所得税	115450	专项收入	249251
资源税	7313	行政事业性收费收入	182477
城市维护建设税	249196	罚没收入	88842
房产税	178043	国有资本经营收入	11645
印花税	100656	国有资源（资产）有偿使用收入	948128
城镇土地使用税	33301	捐赠收入	61
土地增值税	166891	政府住房基金收入	42544
车船税	78837	其他收入	63417
耕地占用税	22400		

11-5 市区财政分项目支出

（2022年）

单位：万元

指标名称	支 出	指标名称	支 出
一般公共预算支出	**2774586**	卫生健康支出	221664
民生支出	1977862	节能环保	104541
一般公共服务	196078	城乡社区事务	180998
国防	3132	农林水支出	216689
公共安全	111925	#农业农村	93583
教育	620434	交通运输	19966
#普通教育	578455	资源勘探信息等	432409
职业教育	2334	商业服务业等事务	31225
科学技术	98362	金融支出	27094
#应用研究	25	自然资源海洋气象等	9516
技术研究与开发	87314	住房保障	102556
科学技术普及	356	粮油物资储备管理事务	765
文化旅游体育与传媒	13516	灾害防治及应急管理	10705
社会保障和就业	357630	其他支出	76
#财政对基本养老保险基金的补助	40038	债务付息	15197
行政事业单位养老	158854	债务发行费用	108

11-6 各县(市、区)一般公共预算收入

(2022年)

单位:万元

指标名称	隆安县	马山县	上林县	宾阳县	横州市
一般公共预算收入	**36516**	**23724**	**38628**	**80846**	**68115**
税收收入	**22242**	**11729**	**17817**	**47088**	**37540**
增值税	5399	5314	4412	10681	-5981
企业所得税	2540	656	1799	8601	9983
个人所得税	737	548	519	2409	1532
资源税	841	192	653	1120	2699
城市维护建设税	738	719	801	2431	4226
房产税	864	437	587	3679	4425
印花税	791	229	207	1457	2360
城镇土地使用税	827	423	428	1742	4538
土地增值税	529	883	1495	2779	5378
车船税	757	826	1443	2506	2518
耕地占用税	6303	527	1538	3881	1320
契税	1728	938	3846	5496	3904
环境保护税	188	36	89	304	635
其他税收收入		1		2	3
非税收入	**14274**	**11995**	**20811**	**33758**	**30575**
专项收入	1741	1407	1271	3885	6510
行政事业性收费收入	3484	2927	3759	8390	6537
罚没收入	1508	3679	1951	6181	6263
国有资本经营收入				17	
国有资源(资产)有偿使用收入	6326	2739	12364	6019	9706
捐赠收入		5		96	
政府住房基金收入	1206	1200	1466	2179	1543
其他收入	9	38		6991	16

11—6续表

单位:万元

指标名称	兴宁区	青秀区	江南区	西乡塘区	良庆区	邕宁区	武鸣区
一般公共预算收入	**99849**	**284342**	**70255**	**104037**	**208662**	**30012**	**109110**
税收收入	**60267**	**217430**	**39768**	**56674**	**185081**	**9503**	**56678**
增值税	17757	21673	13931	22610	82113	-4141	14502
企业所得税	17643	55773	8113	8884	37642	5066	8953
个人所得税	3729	25029	1878	4785	7587	1247	1832
资源税	54		226	2880	4	15	4132
城市维护建设税	5212	33981	4581	4723	19003	1819	3241
房产税	6223	28410	3470	5293	11051	2301	2350
印花税	5816	33492	5170	4871	19261	2454	1357
城镇土地使用税	433	1128	471	558	651	216	1433
土地增值税	2979	17201	1623	1730	7398	363	3425
车船税							4222
耕地占用税	421	792	305	338	371	163	2954
契税							7641
环境保护税							636
其他税收收入		-49		2			
非税收入	**39582**	**66912**	**30487**	**47363**	**23581**	**20509**	**52432**
专项收入	4168	24211	3485	3903	11417	1777	6219
行政事业性收费收入	6075	25475	13683	9551	3463	4365	12837
罚没收入	19297	3468	7560	5117	4283	1547	5810
国有资本经营收入							
国有资源(资产)有偿使用收入	10028	13758	4759	21506	4408	12753	25396
捐赠收入							60
政府住房基金收入							1950
其他收入	14		1000	7286	10	67	160

11-7 各县(市、区)一般公共预算支出

（2022年）

单位：万元

指标名称	隆安县	马山县	上林县	宾阳县	横州市
一般公共预算支出	**289729**	**379434**	**311066**	**426172**	**546115**
民生支出	244355	331779	263795	359759	430488
一般公共服务	24772	24286	24068	30567	50086
国防	196	210	192	763	41
公共安全	9203	12900	11698	19924	18466
教育	60017	74336	78592	112860	141177
科学技术	750	589	177	298	1777
文化旅游体育与传媒	1928	1840	2165	1973	1656
社会保障和就业	51952	73036	57453	98774	116141
行政事业单位养老	23044	30832	18049	43468	44063
卫生健康支出	22035	19753	24316	38946	52355
节能环保	1229	5588	1584	1548	23797
城乡社区事务	8118	9530	12653	23351	17000
农林水支出	78178	102865	65321	57260	48100
交通运输	2571	10641	2441	4579	8258
资源勘探信息等	2208	1117	3446	2720	37779
商业服务业等事务	1126	518	558	1090	226
金融支出	1782	2056	1495	1314	1899
自然资源海洋气象等	1820	23199	9438	3255	608
住房保障	14326	9406	9003	15660	19393
粮油物资储备管理事务	305	478	94	165	
灾害防治及应急管理	1309	2036	1651	1962	1220
其他支出	222	3	29	696	
债务付息	5668	5012	4672	8418	6100
债务发行费用	14	35	20	49	36

注：武鸣区数据不含广西东盟经济开发区。

11—7续表

单位:万元

指标名称	兴宁区	青秀区	江南区	西乡塘区	良庆区	邕宁区	武鸣区
一般公共预算支出	**199813**	**866774**	**236486**	**348395**	**351883**	**365255**	**405980**
民生支出	161601	454300	185466	305974	278602	261201	330718
一般公共服务	20284	53202	21505	23065	33756	9821	34445
国防	402	404	336	362	1048	204	376
公共安全	12579	30901	14320	16881	16438	3910	16896
教育	47422	130806	61508	98436	92571	69218	120473
科学技术	253	81085	2569	3496	3845	3051	4063
文化旅游体育与传媒	1650	1413	926	723	4157	578	4069
社会保障和就业	40895	57511	35411	66108	39411	38465	79829
行政事业单位养老	19002	26112	12123	35450	20124	19584	26459
卫生健康支出	22664	47095	23478	49587	27873	17659	33308
节能环保	83	1921	1421	609	2030	96839	1638
城乡社区事务	16557	59710	19358	40126	28743	2631	13873
农林水支出	20223	44910	19261	28629	30250	21189	52227
交通运输	515	5276	1258	3094	1943	2104	5776
资源勘探信息等	618	314699	10673	896	15986	86339	3198
商业服务业等事务	186	3566	932	582	25174	345	440
金融支出	2233	11582	1248	40	3248	1411	7332
自然资源海洋气象等	439	1740	660	649	856	388	4784
住房保障	10714	19214	18561	13902	21582	8634	9949
粮油物资储备管理事务		53	123	33	167	100	289
灾害防治及应急管理	1556	1204	2751	1025	1357	743	2069
其他支出		76					
债务付息	535	391	180	146	1436	1621	10888
债务发行费用	5	15	7	6	12	5	58

11-8 全社会金融机构本外币存款余额

（2022年）

单位:亿元

指标名称	存 款	指标名称	存 款
各项存款合计	**13146**	#活期存款	2050
(一)境内存款	**13120**	定期及其他存款	2355
1.住户存款	5522	3.财政性存款	2146
#活期存款	2673	4.机关团体存款	86
定期及其他存款	2848	5.非银行业金融机构存款	961
2.非金融企业存款	4406	**(二)境外存款**	**26**

11-9 全社会金融机构本外币贷款余额

（2022年）

单位:亿元

指标名称	贷 款	指标名称	贷 款
各项贷款合计	**19878**	2.企(事)业单位贷款	14176
(一)境内贷款	**19536**	(1)短期贷款	2293
1.住户贷款	5360	(2)中长期贷款	11085
(1)短期贷款	545	(3)票据融资	753
消费贷款	275	(4)融资租赁	33
经营贷款	271	(5)各项垫款	11
(2)中长期贷款	4815	3.非银行业金融机构贷款	
消费贷款	4311	**(二)境外贷款**	**342**
经营贷款	504		

11-10 全社会金融机构人民币存款余额

（2022年）

单位:亿元

指标名称	存 款	指标名称	存 款
各项存款合计	**13068**	活期存款	2025
（一）境内存款	**13048**	定期及其他存款	2344
1.住户存款	5498	3.财政性存款	2135
活期存款	2660	4.机关团体存款	86
定期及其他存款	2838	5.非银行业金融机构存款	960
2.非金融企业存款	4370	**（二）境外存款**	**20**

11-11 全社会金融机构人民币贷款余额

（2022年）

单位:亿元

指标名称	贷 款	指标名称	贷 款
各项贷款合计	**19456**	2.企(事)业单位贷款	14038
（一）境内贷款	**19398**	(1)短期贷款	2203
1.住户贷款	5360	(2)中长期贷款	11038
(1)短期贷款	545	(3)票据融资	753
消费贷款	274	(4)融资租赁	33
经营贷款	271	(5)各项垫款	11
(2)中长期贷款	4815	3.非银行业金融机构贷款	
消费贷款	4311	**（二）境外贷款**	**58**
经营贷款	504		

11-12 保险业务情况

（2022年）

单位:万元

指标名称	全 市	市 区
各项保费合计	**2989445**	**2771476**
各项赔款及给付合计	**968999**	**898383**
人身险公司部分:		
保费收入	**1863219**	**1748551**
寿险	1444028	1350951
意外险	36912	34590
健康险	382279	363010
各项赔款及给付	**292936**	**277175**
寿险	130015	118716
意外险	11108	10463
健康险	151814	147996
赔款及给付人数(人次)	**699279**	**659342**
赔款及给付件数	**734106**	**690942**
产险公司部分:		
保费收入	**1126226**	**1022924**
财产保险	978922	888628
意外险	56045	49455
健康险	91259	84841
各项赔款及给付	**676063**	**621208**
财产保险	619252	569841
意外险	24174	21986
健康险	32637	29381
赔款及给付件数	**1138004**	**974996**
各类保险公司个数	**372**	**250**
财险公司个数	222	158
寿险公司个数	150	92

11-13 各县(市)保险业务情况

(2022年)

单位:万元

指标名称	隆安县	马山县	上林县	宾阳县	横州市
各项保费合计	**27308**	**23320**	**33734**	**61271**	**72336**
各项赔款及给付合计	**10255**	**9035**	**11613**	**19775**	**19938**
人身险公司部分:					
保费收入	**13792**	**10494**	**14397**	**32911**	**43073**
寿险	12027	8882	12335	26101	33732
意外险	241	313	250	740	777
健康险	1524	1300	1812	6069	8565
各项赔款及给付	**1844**	**1256**	**1966**	**5089**	**5606**
寿险	1161	731	1402	3803	4201
意外险	126	126	42	205	146
健康险	557	399	522	1081	1259
赔款及给付人数(人次)	**8565**	**5384**	**8073**	**10366**	**7549**
赔款及给付件数	**8505**	**5385**	**8074**	**11480**	**9720**
产险公司部分:					
保费收入	**13516**	**12826**	**19337**	**28360**	**29263**
财产保险	10676	11486	16832	25563	25736
意外险	753	615	1353	1594	2275
健康险	2086	725	1152	1203	1253
各项赔款及给付	**8411**	**7779**	**9647**	**14687**	**14332**
财产保险	6416	7224	8828	13726	13217
意外险	253	245	294	582	815
健康险	1742	310	525	379	300
赔款及给付件数	**26739**	**28667**	**32955**	**35927**	**38720**
各类保险公司个数	**18**	**13**	**16**	**37**	**38**
财险公司个数	11	8	10	18	17
寿险公司个数	7	5	6	19	21

十二

广西及省会城市主要统计指标

12-1 广西主要年份国民经济主要统计指标

指标名称	单 位	2018年	2019年	2020年	2021年	2022年
地区生产总值	亿元	19627.81	21237.14	22120.87	24740.86	26300.87
第一产业	亿元	3021.09	3389.67	3645.92	4015.51	4269.81
第二产业	亿元	6692.87	7046.43	7046.84	8187.9	8938.57
#工业	亿元	5101.92	5246.57	5172.76	6074.49	6775.89
第三产业	亿元	9913.85	10801.04	11428.11	12537.45	13092.49
地区生产总值指数(上年=100)		106.8	106.0	103.7	107.9	102.9
第一产业(上年=100)		105.5	105.6	105.4	108.7	105.0
第二产业(上年=100)		103.8	105.5	102.1	107.5	103.2
#工业(上年=100)		104.2	104.0	101.2	109.3	103.1
第三产业(上年=100)		109.3	106.4	104.1	108.0	102.0
社会消费品零售总额	亿元	7663.52	8200.87	7831.01	8538.50	8539.09
全社会固定资产投资指数(上年=100)		110.2	109.2	103.7	107.7	99.7
一般公共预算收入	亿元	1681.45	1811.89	1716.94	1800.15	1687.72
指数(上年=100)		104.1	107.8	94.8	104.8	93.8
一般公共预算支出	亿元	5310.74	5850.96	6179.47	5806.54	5893.32
指数(上年=100)		108.2	110.2	105.6	94	101.5
城镇居民人均可支配收入	元	32436	34745	35859	38530	39703
指数(上年=100)		106.3	107.1	103.2	107.4	103.0
农村居民人均可支配收入	元	12435	13676	14815	16363	17433
指数(上年=100)		109.8	110.0	108.3	110.4	106.5
居民消费价格指数(城市,上年=100)		102.3	103.7	102.8	100.9	101.9

注:1.地区生产总值、农林牧渔业总产值、工业总产值绝对值按当年价计算,指数按可比价计算(以上年为100)。

2.2018年起,公布固定资产投资数据。根据国家要求不公布总量数据,只公布增速。

12-2 各省会城市年末总人口

单位:万人

城市名称	2018年	位次	2019年	位次	2020年	位次	2021年	位次	2022年	位次
南 宁	**725.41**	**16**	**734.48**	**15**	**875.25**	**15**	**883.28**	**15**	**889.17**	**15**
昆 明	685.00	17	695.00	16	846.3	16	850.2	16	860.0	16
成 都	1633.00	1	1658.10	1	2094.7	1	2119.2	1	2126.8	1
贵 阳	488.19	19	497.14	18	598.85	19	610.23	19	622.04	19
西 安	1000.37	7	1020.35	8	1296	3	1316.30	4	1299.59	4
兰 州	375.36	21	379.09	20	437.18	21	438.43	21	441.53	21
乌鲁木齐	350.58	22	355.20	21	405.4	22	407	22	408.24	22
呼和浩特	312.60	23	313.7	22	345.42	23	349.56	23	355.11	23
银 川	225.06	26	229.31	25	286.17	25	288.20	25	289.68	25
西 宁	237.10	24	238.71	23	246.96	26	247.56	26	248.00	26
拉 萨	70.83	27	72.07	26	86.79	27	57.84*		58.12*	
广 州	1490.44	2	1530.59	2	1874.03	2	1881.06	2	1873.41	2
福 州	774.00	13	780.00	14	832	17	842	17	844.8	17
杭 州	980.60	8	1036.00	6	1196.5	6	1220.4	6	1237.6	6
南 京	843.62	9	850.00	10	931.97	11	942.34	11	949.11	11
海 口	230.23	25	232.79	24	287.34	24	290.8	24	293.97	24
沈 阳	831.60	10	832.20	12	907.3	13	911.8	13	914.7	13
哈尔滨	1085.80	5	1076.30	4	1001	9	988.5	9	982.4	9
长 春	751.30	14	753.8*		906.69	14	908.72	14	906.54	14
石家庄	1095.16	4	1039.42	5	1116.79	7	1120.47	7	1122.35	7
太 原	442.14	20	446.19	19	531.85	20	539.10	20	543.50	20
合 肥	808.70	12	818.90	13	937	10	946.5	10	963.4	10
南 昌	554.55	18	560.06	17	625.58	18	643.75	18	653.81	18
济 南	746.04	15	890.87	9	924.36	12	933.60	12	941.50	12
郑 州	1013.60	6	1035.20	7	1261.70	4	1274.20	5	1282.80	5
武 汉	1108.10	3	1121.20	3	1244.77	5	1364.89	3	1373.90	3
长 沙	815.47	11	839.45	11	1006.08	8	1023.93	8	1042.06	8

注:1.带"*"统计口径为户籍人口(不参与排位),其余为常住人口。

2.因2017年各市人口统计口径不统一,故不进行排位。

3.2020年南宁市常住人口数据根据第七次全国人口普查修订数进行相应修订。

12-3 各省会城市地区生产总值

单位:亿元

城市名称	2018年比2017年增长(%)	位次	2019年	位次	2020年	位次	2021年	位次	2022年	位次
南宁	**5.4**	**24**	**4506.56**	**18**	**4726.34**	**18**	**5120.94**	**19**	**5218.34**	**19**
昆明	8.4	9	6475.88	12	6733.79	12	7222.50	13	7541.37	13
成都	8.0	12	17012.65	2	17716.68	2	19916.98	2	20817.50	2
贵阳	9.9	1	4039.60	19	4311.65	19	4711.04	20	4921.17	20
西安	8.2	10	9321.19	11	10020.39	10	10688.28	11	11486.51	11
兰州	6.5	22	2837.36	22	2886.74	22	3231.29	22	3343.50	22
乌鲁木齐	7.6	15	3413.26	21	3337.32	21	3691.57	21	3893.22	21
呼和浩特	3.9	27	2791.46	23	2800.68	23	3121.43	23	3329.10	23
银川	7.2	19	6.6*		1964.37	24	2262.95	24	2535.63	24
西宁	9.0	4	7.5*		1372.98	26	1548.79	26	1644.35	26
拉萨	9.3	2	617.88	25	678.16	27	741.84	27	747.57	27
广州	6.2	23	23628.60	1	25019.11	1	28231.97	1	28839.00	1
福州	8.6	6	9392.30	10	10020.02	11	11324.48	10	12308.23	8
杭州	6.7	21	15373.00	4	16106.00	3	18109.00	3	18753.00	4
南京	8.0	12	14030.15	5	14817.95	5	16355.32	5	16907.85	5
海口	7.6	15	1671.93	24	1791.58	25	2057.06	25	2134.77	25
沈阳	5.4	24	6470.30	13	6571.56	14	7249.68	12	7695.80	12
哈尔滨	5.1	26	5249.40	17	5183.80	17	5351.70	17	5490.10	18
长春	7.2	19	5904.10	14	6638.03	13	7103.12	14	6744.56	16
石家庄	7.4	17	5809.90	15	5935.10	15	6490.30	16	7100.60	15
太原	9.2	3	4028.51	20	4153.25	20	5121.61	18	5571.17	17
合肥	8.5	7	9409.40	9	10045.72	9	11412.80	9	12013.10	10
南昌	8.9	5	5596.18	16	5745.51	16	6650.53	15	7203.50	14
济南	7.4	17	9443.40	8	10140.90	8	11432.20	8	12027.50	9
郑州	8.1	11	11589.70	6	12003.04	7	12691.02	7	12934.69	7
武汉	8.0	12	16223.21	3	15616.06	4	17716.76	4	18866.43	3
长沙	8.5	7	11574.22	7	12142.52	6	13270.70	6	13966.11	6

注:1.因2018年各市GDP总量不公布使用,故用增速代替。
2.2019年带“*”为增速(不参与排位),单位为“%”。

12-4 各省会城市第一产业增加值

单位:亿元

城市名称	2018年比2017年增长(%)	位次	2019年	位次	2020年	位次	2021年	位次	2022年	位次
南宁	**4.3**	**5**	**507.27**	**4**	**534.36**	**4**	**606.76**	**3**	**601.51**	**3**
昆明	6.3	2	270.29	15	312.35	13	333.12	11	326.96	13
成都	3.6	8	612.18	1	655.17	1	582.79	4	588.42	4
贵阳	6.6	1	161.34	18	178.31	18	193.44	18	203.60	18
西安	3.3	10	279.13	14	312.75	12	308.82	14	323.58	14
兰州	6.0	3	51.68	22	57.43	23	62.52	23	65.00	23
乌鲁木齐	2.2	19	27.69	24	27.05	26	28.10	26	30.98	26
呼和浩特	2.1	21	114.21	20	126.46	20	137.14	20	160.55	20
银川	3.6	8	2.0*		75.72	22	83.83	22	91.80	22
西宁	4.2	7	4.2*		57.17	24	58.93	24	62.96	24
拉萨	3.0	15	20.10	25	22.54	27	24.75	27	26.74	27
广州	2.5	17	251.37	16	288.08	16	306.41	15	318.31	15
福州	4.3	5	526.47	3	560.70	3	637.03	1	683.38	1
杭州	1.8	23	326.00	10	326.00	11	333.00	12	346.00	11
南京	0.6	26	289.82	12	296.80	15	303.94	16	315.56	16
海口	4.5	4	71.18	21	79.88	21	85.43	21	99.19	21
沈阳	3.2	11	284.00	13	303.58	14	326.34	13	335.19	12
哈尔滨	-0.1	27	569.50	2	615.80	2	628.20	2	672.10	2
长春	1.7	24	348.10	8	533.82	5	523.74	5	551.32	6
石家庄	3.2	11	449.50	5	498.60	6	504.80	6	558.30	5
太原	0.7	25	42.48	23	32.24	25	44.80	25	48.07	25
合肥	2.2	19	291.90	11	332.32	10	351.05	10	379.20	10
南昌	3.2	11	212.89	17	235.28	17	238.31	17	248.60	17
济南	2.5	17	343.10	9	361.70	9	408.80	9	420.50	9
郑州	2.1	21	140.90	19	156.87	19	181.69	19	185.64	19
武汉	2.9	16	378.99	6	402.18	8	444.21	7	475.79	7
长沙	3.2	11	359.69	7	423.46	7	425.56	8	451.30	8

注：1.因2018年各市GDP总量不公布使用，故用增速代替。
2.2019年带“*”为增速(不参与排位)，单位为“%”。

12-5 各省会城市第二产业增加值

单位:亿元

城市名称	2018年比2017年增长(%)	位次	2019年	位次	2020年	位次	2021年	位次	2022年	位次
南　宁	**2.2**	**27**	**1044.97**	**20**	**1084.32**	**20**	**1198.76**	**20**	**1182.81**	**21**
昆　明	10.0	3	2078.75	15	2102.93	15	2287.71	15	2413.39	16
成　都	7.0	13	5244.62	3	5418.50	3	6114.34	3	6404.12	3
贵　阳	7.9	10	1496.67	18	1552.59	17	1681.34	18	1739.57	18
西　安	8.5	6	3167.44	11	3328.27	11	3585.20	11	4071.56	11
兰　州	4.9	23	945.38	21	933.42	21	1113.91	21	1150.80	23
乌鲁木齐	5.4	21	906.14	22	907.89	22	1039.76	23	1133.43	24
呼和浩特	2.4	26	823.84	23	815.73	24	1052.57	22	1155.82	22
银　川	5.5	20	6.1*		832.62	23	1028.32	24	1261.70	20
西　宁	8.8	5	6.1*		418.72	25	518.22	25	618.50	25
拉　萨	17.4	1	236.14	25	290.44	26	278.08	27	291.25	27
广　州	5.4	21	6454.00	1	6590.39	1	7722.67	1	7909.29	1
福　州	8.4	8	3830.99	8	3840.77	8	4289.80	8	4656.90	8
杭　州	5.8	17	4875.00	5	4821.00	5	5489.00	5	5620.00	5
南　京	6.5	15	5040.86	4	5214.35	4	5902.65	4	6069.64	4
海　口	6.0	16	276.00	24	269.56	27	346.75	26	406.30	26
沈　阳	5.7	18	2178.60	14	2160.41	14	2570.32	14	2885.47	13
哈尔滨	2.7	25	1127.30	19	1144.50	19	1239.20	19	1285.00	19
长　春	7.3	12	2495.40	13	2758.12	12	2960.47	13	2694.97	14
石家庄	4.8	24	1831.70	16	1745.50	16	2107.10	17	2334.10	17
太　原	10.3	2	1518.64	17	1504.19	18	2113.09	16	2466.10	15
合　肥	9.5	4	3415.30	9	3579.51	9	4171.21	9	4394.50	9
南　昌	8.5	6	2653.82	12	2676.89	13	3218.10	12	3484.61	12
济　南	7.8	11	3265.20	10	3530.70	10	3964.10	10	4180.20	10
郑　州	8.1	9	4617.00	6	4759.54	6	5039.29	7	5174.58	7
武　汉	5.7	18	5988.88	2	5557.47	2	6208.34	2	6716.65	2
长　沙	6.8	14	4439.32	7	4739.27	7	5251.30	6	5589.58	6

注：1. 因2018年各市GDP总量不公布使用，故用增速代替。
2.2019年带“*”为增速(不参与排位)，单位为“%”。

12-6 各省会城市第三产业增加值

单位:亿元

城市名称	2018年比2017年增长(%)	位次	2019年	位次	2020年	位次	2021年	位次	2022年	位次
南　宁	**7.8**	**17**	**2954.32**	**17**	**3107.67**	**17**	**3315.42**	**17**	**3434.03**	**18**
昆　明	7.3	23	4126.84	12	4318.51	12	4601.67	12	4801.02	12
成　都	9.0	10	11155.86	2	11643.00	2	13219.85	2	13824.96	2
贵　阳	11.3	1	2381.59	21	2580.75	20	2836.25	20	2977.99	20
西　安	8.3	13	5874.62	8	6379.37	8	6794.26	10	7091.37	10
兰　州	7.4	22	1840.30	23	1895.90	22	2054.86	22	2127.80	22
乌鲁木齐	8.6	12	2479.43	19	2402.38	21	2623.71	21	2728.81	21
呼和浩特	4.6	26	1853.41	22	1858.49	23	1931.71	23	2012.73	23
银　川	9.2	7	6.5*		1056.03	25	1150.81	25	1182.13	25
西　宁	9.4	6	9.3*		897.09	26	971.64	26	962.94	26
拉　萨	4.6	26	361.64	25	365.27	27	439.31	27	429.58	27
广　州	6.6	24	16923.23	1	18140.64	1	20202.89	1	20611.40	1
福　州	9.2	7	5034.84	11	5618.55	11	6397.66	11	6967.95	11
杭　州	7.5	19	10172.00	3	10959.00	3	12287.00	3	12787.00	3
南　京	9.1	9	8699.47	5	9306.80	5	10148.73	5	10522.65	5
海　口	8.1	15	1324.75	24	1442.14	24	1624.88	24	1629.28	24
沈　阳	5.4	25	4007.60	13	4107.57	13	4353.02	13	4475.13	13
哈尔滨	7.5	19	3552.60	14	3423.50	15	3484.30	16	3533.00	15
长　春	7.8	17	3060.60	16	3346.09	16	3618.90	15	3498.27	16
石家庄	10.2	3	3528.70	15	3691.00	14	3878.40	14	4208.20	14
太　原	8.8	11	2467.39	20	2616.82	19	2963.72	19	3057.00	19
合　肥	8.0	16	5702.20	10	6133.89	10	6890.54	9	7239.40	9
南　昌	10.1	4	2729.47	18	2833.35	18	3194.11	18	3470.29	17
济　南	7.5	19	5835.10	9	6248.60	9	7059.40	8	7426.70	8
郑　州	8.3	13	6831.80	6	7086.63	6	7470.04	7	7574.47	7
武　汉	10.1	4	9855.34	4	9656.41	4	11064.21	4	11673.99	4
长　沙	10.7	2	6775.21	7	6979.79	7	7593.85	6	7925.24	6

注：1.因2018年各市GDP总量不公布使用，故用增速代替。
2.2019年带“*”为增速(不参与排位)，单位为“%”。

12-7 各省会城市人均地区生产总值

单位:元

城市名称	2018年	位次	2019年	位次	2020年	位次	2021年	位次	2022年	位次
南　宁	**55901**	**25**	**61738**	**22**	**54669**	**22**	**58241**	**23**	**58883**	**24**
昆　明	76387	20	93853	12	80586	13	85146	15	88193	16
成　都	94782	12	103386	9	85679	10	94622	12	98149	12
贵　阳	78449	18	81995	17	72246	18	77919	20	79872	19
西　安	85114	16	92256	13	79181	14	83689	16	88806	15
兰　州	73042	22	75217	20	66680	20	73807	21	75992	20
乌鲁木齐	88441	14	94813	11	81900	11	90800	13	95511	13
呼和浩特	93200	13	89138	15	81656	12	89828	14	94443	14
银　川	84964	17			69283	19	78794	18	87756	17
西　宁	54400	27								
拉　萨	76700	19	86750	16						
广　州	155491	1	156427	2	135047	2	150366	2	153625	2
福　州	102037	6	120879	5	121015	5	135298	4	146936	4
杭　州	102037	6	152465	3	16207	25	149857	3	152588	3
南　京	152886	2	165681	1	159322	1	174520	1	178781	1
海　口	66042	23	72218	21	63309	21	70999	22	73012	22
沈　阳	75766	21	77777	19	72936	17	79706	17	84268	18
哈尔滨	57837	24	55175	23	51113	24	53517	25	55711	25
长　春	95663	11	78456	18	77634	16	78166	19	74310	21
石家庄	55723	26	52859	24	52992	23	57925	24	63319	23
太　原	88272	15	90698	14	78734	15	95646	11	102922	10
合　肥	97470	9	115623	6	108427	7	121187	8	125798	8
南　昌	95825	10	100415	10	92697	9	104788	9	111031	9
济　南	106302	5	106416	8	110199	6	123075	7	128287	7
郑　州	101349	8	113139	7	94911	8	100092	10	101169	11
武　汉	135136	4	145545	4	131441	3	135251	5	137772	5
长　沙	136920	3			123297	4	130745	6	136397	6

12-8 各省会城市固定资产投资增长速度

单位:%

城市名称	2018年	位次	2019年	位次	2020年	位次	2021年	位次	2022年	位次
南　宁	**11.8**	**6**	**9.9**	**9**	**-2.5**	**23**	**3.1**	**19**	**-17.8**	**25**
昆　明	5.5	23	2.8	17	8.1	9	-7.8	25	-3.1	18
成　都	10.0	13	10.0	8	9.9	4	10.0	7	5.0	11
贵　阳	15.0	3	1.5	21	2.7	20	-7.1	24	-4.2	20
西　安	8.5	18	1.1	22	12.8	1	-11.6	26	10.5	3
兰　州	12.1	5	-4.7	24	3.4	18	7.7	12	-3.5	19
乌鲁木齐	10.0	13	2.0	20	0.3	22	1.4	20	0.3	15
呼和浩特	-26.5	27	5.2	16	-8.5	24	12.3	2	12.6	1
银　川	-21.9	26	-6.2	25	1.1	21	-3.6	21	3.7	13
西　宁	9.0	17	2.6	19	-25.9	27	6.8	13	-18.3	26
拉　萨	13.1	4	-3.1	23	5.3	13	-19.0	27	-37.3	27
广　州	8.2	19	16.5	1	10.0	3	11.7	3	-2.1	17
福　州	11.7	7	9.0	11	9.6	6	5.9	15	5.9	9
杭　州	10.8	11	11.6	4	6.8	10	9.0	8	6.0	8
南　京	9.4	16	8.0	13	6.6	11	6.2	14	3.5	14
海　口	-6.2	24	-15.4	26	9.9	4	8.4	9	-12.7	24
沈　阳	15.3	2	13.2	2	4.1	15	4.1	17	6.1	7
哈尔滨	-7.2	25	7.3	14	2.8	19	4.2	16	-7.6	21
长　春	6.7	21	-19.0	27	8.8	7	11.6	4	-11.8	23
石家庄	6.4	22	6.2	15	-19.9	26	-5.6	22	10.1	4
太　原	26.2	1	10.2	5	11.3	2	7.9	11	0.2	16
合　肥	7.1	20	9.0	11	4.7	14	3.5	18	9.1	5
南　昌	10.9	9	10.2	5	8.8	7	11.1	6	7.6	6
济　南	9.6	15	12.6	3	4.0	16	11.5	5	3.8	12
郑　州	10.9	9	2.8	17	3.6	17	-6.2	23	-8.5	22
武　汉	10.6	12	9.8	10	-11.8	25	12.9	1	10.8	2
长　沙	11.5	8	10.1	7	6.2	12	8.2	10	5.1	10

注:2018年起,固定资产投资统计方法改变,统计口径发生变化,根据国家要求不公布总量数据,只公布增速,不可用2017年总量和2018年增速推算2018年总量。

12-9 各省会城市社会消费品零售总额

单位:亿元

城市名称	2018年比2017年增长(%)	位次	2019年	位次	2020年	位次	2021年	位次	2022年	位次
南 宁	**9.0**	**14**	**2307.4**	**14**	**2180.36**	**17**	**2364.17**	**18**	**2358.75**	**17**
昆 明	10.0	5	3056.6	12	3070.44	13	3386.40	13	3385.26	13
成 都	10.0	5	7478.4	1	8118.50	2	9251.80	2	9096.50	2
贵 阳	8.0	18	1380.4	19	2188.26	16	2546.69	15	2402.11	16
西 安	9.6	10	6.0*		4989.33	7	4963.42	10	4642.11	11
兰 州	7.4	20	1454.9	17	1641.24	19	1757.74	21	1598.20	21
乌鲁木齐	5.0	25	1389.2	18	1043.50	20	1171.86	22	1033.00	23
呼和浩特	5.6	24	1646.5	16	1032.93	21	1104.74	23	1059.81	22
银 川	4.8	26	6.2*		770.87	23	788.69	25	791.62	25
西 宁	6.7	21	592.6	21	573.57	24	621.09	26	531.70	26
拉 萨	14.2	1	322.2	22	369.35	25	399.35	27	353.31	27
广 州	7.6	19	7.8*		9218.66	1	10122.56	1	10298.15	1
福 州	11.3	2	5120.3	7	4225.61	11	4549.41	11	4679.52	10
杭 州	9.0	14	6215.0	3	5973.00	5	6744.00	5	7294.00	4
南 京	8.4	16	6135.7	4	7203.03	3	7899.41	3	7832.41	3
海 口	5.9	23	785.6	20	835.89	22	1056.98	24	1003.05	24
沈 阳	9.2	11	4479.6	9	3637.60	12	3985.10	12	3864.50	12
哈尔滨	4.2	27	5.6*		-11.3*		2380.30	17	2195.90	18
长 春	6.2	22	3.9*		-6.5*		2219.19	19	1907.84	19
石家庄	9.1	12	3545.4	10	2279.60	15	2392.50	16	2436.10	15
太 原	8.1	17	1952.8	15	1655.11	18	1873.90	20	1761.40	20
合 肥	9.1	12	3234.5	11	4513.76	8	5111.68	8	5021.62	8
南 昌	11.1	3	2369.3	13	2452.74	14	2878.74	14	3012.00	14
济 南	10.0	5	5162.2	6	4469.10	10	5126.10	7	4878.10	9
郑 州	9.7	9	4671.5	8	5076.30	6	5389.21	6	5223.14	7
武 汉	10.5	4	7449.6	2	6149.84	4	6795.04	4	6936.20	5
长 沙	9.9	8	5247.0	5	4469.79	9	5111.57	9	5235.56	6

注：1.因2018年各市社会消费品总额不公布使用，故用增速代替。

2.2019年、2020年带“*”为增速(不参与排位)，单位为“%”。

12-10 各省会城市海关进出口贸易总额

城市名称	2018年	单 位	2019年	单 位	2020年	单 位	2021年	单 位	2022年	单 位
南 宁	**738.79**	亿元	**747.79**	亿元	**986.00**	亿元	**1231.92**	亿元	**1510.07**	亿元
昆 明	131.20	亿美元	131.87	亿美元	160.59	亿美元	265.72	亿美元	300.56	亿美元
成 都	4983.20	亿元	5822.70	亿元	7154.21	亿元	8222.00	亿元	8346.40	亿元
贵 阳	34.94	亿美元	41.51	亿美元	60.00	亿美元	74.12	亿美元	88.33	亿美元
西 安	3303.87	亿元	3243.06	亿元	3473.84	亿元	4399.96	亿元	4474.10	亿元
兰 州	133.18	亿元	119.41	亿元	102.50	亿元	141.8	亿元	168.8	亿元
乌鲁木齐	513.50	亿元	512.64	亿元	455.87	亿元	385.45	亿元	513.57	亿元
呼和浩特	116.70	亿元	124.30	亿元	147.00	亿元	159.80	亿元	182.70	亿元
银 川	168.83	亿元	157.60	亿元	62.96	亿元	132.07	亿元	156.60	亿元
西 宁	31.28	亿元	26.38	亿元	16.81	亿元	22.50	亿元	32.41	亿元
拉 萨	40.96	亿元	41.08	亿元	15.95	亿元	36.17	亿元	44.46	亿元
广 州	9810.15	亿元	9995.81	亿元	9530.06	亿元	10825.88	亿元	10948.40	亿元
福 州	2452.75	亿元	2525.80	亿元	2504.80	亿元	3321.5	亿元	3656.9	亿元
杭 州	5245.30	亿元	5597.00	亿元	5934.20	亿元	7369.00	亿元	7565.00	亿元
南 京	4317.20	亿元	4828.15	亿元	5340.21	亿元	6366.83	亿元	6292.13	亿元
海 口	341.17	亿元	331.38	亿元	368.32	亿元	476.4	亿元	605.6	亿元
沈 阳	149.50	亿美元	1072.80	亿元	1028.10	亿元	1416.02	亿元	1406.56	亿元
哈尔滨	209.70	亿美元	251.50	亿元	255.90	亿元	344.58	亿元	387.00	亿元
长 春	1054.60	亿元	995.80	亿元	1027.60	亿元	1179.77	亿元	1107.58	亿元
石家庄	915.50	亿元	1178.80	亿元	1341.10	亿元	1481.20	亿元	1235.10	亿元
太 原	1086.29	亿元	1119.56	亿元	1211.47	亿元	1852.35	亿元	1467.07	亿元
合 肥	308.13	亿美元	2221.20	亿元	2597.25	亿元	3324.8	亿元	3610.95	亿元
南 昌	787.55	亿元	1061.77	亿元	1151.46	亿元	1293.56	亿元	1345.56	亿元
济 南	825.00	亿元	1103.30	亿元	1382.70	亿元	1944.20	亿元	2208.90	亿元
郑 州	4105.00	亿元	4129.91	亿元	4946.40	亿元	5892.10	亿元	6069.70	亿元
武 汉	2146.00	亿元	2440.20	亿元	2704.30	亿元	3359.40	亿元	3532.20	亿元
长 沙	1283.34	亿元	2002.03	亿元	2350.46	亿元	2780.28	亿元	3313.90	亿元

12-11 各省会城市海关出口贸易总额

城市名称	2018年	单位	2019年	单位	2020年	单位	2021年	单位	2022年	单位
南　宁	**355.09**	亿元	**363.91**	亿元	**470.82**	亿元	**581.95**	亿元	**742.68**	亿元
昆　明	37.63	亿美元	36.04	亿美元	77.45	亿美元	144.77	亿美元	142.49	亿美元
成　都	2746.9	亿元	3309.80	亿元	4106.80	亿元	4841.2	亿元	5005.1	亿元
贵　阳	15.15	亿美元	30.45	亿美元	49.60	亿美元	57.98	亿美元	55.37	亿美元
西　安	1957.49	亿元	1730.21	亿元	1776.00	亿元	2361.92	亿元	2801.50	亿元
兰　州	75.6	亿元	71.83	亿元	32.70	亿元	36.80	亿元	65.30	亿元
乌鲁木齐	361.36	亿元	334.36	亿元	288.51	亿元	259.80	亿元	388.78	亿元
呼和浩特	55.9	亿元	63.50	亿元	72.40	亿元	80.60	亿元	93.00	亿元
银　川	127.79	亿元	104.40	亿元	45.27	亿元	109.47	亿元	122.61	亿元
西　宁	10.98	亿元	14.61	亿元	7.05	亿元	9.30	亿元	16.48	亿元
拉　萨	27.24	亿元	34.44	亿元	11.14	亿元	20.84	亿元	41.82	亿元
广　州	5607.58	亿元	5257.98	亿元	5427.67	亿元	6312.17	亿元	6194.80	亿元
福　州	1654.82	亿元	1802.00	亿元	1786.50	亿元	2200.60	亿元	2564.40	亿元
杭　州	3417.1	亿元	3613.00	亿元	3693.00	亿元	4647.00	亿元	5141.00	亿元
南　京	2500.7	亿元	3006.85	亿元	3398.92	亿元	3989.89	亿元	3827.90	亿元
海　口	67.24	亿元	86.33	亿元	110.30	亿元	110.50	亿元	170.80	亿元
沈　阳	342.1	亿元	315.90	亿元	274.40	亿元	484.90	亿元	522.30	亿元
哈尔滨	103.5	亿元	119.80	亿元	136.90	亿元	171.30	亿元	136.30	亿元
长　春	152.5	亿元	148.60	亿元	135.40	亿元	165.93	亿元	208.46	亿元
石家庄	571.6	亿元	655.10	亿元	785.60	亿元	857.10	亿元	803.70	亿元
太　原	663.25	亿元	651.72	亿元	724.71	亿元	1153.14	亿元	971.82	亿元
合　肥	1203.46	亿元	1392.45	亿元	227.96	亿美元	2029.20	亿元	2301.84	亿元
南　昌	451.67	亿元	645.78	亿元	713.11	亿元	897.68	亿元	939.04	亿元
济　南	519.3	亿元	622.50	亿元	755.00	亿元	1174.1	亿元	1431.8	亿元
郑　州	2577.14	亿元	2678.25	亿元	2948.80	亿元	3552.8	亿元	3596.3	亿元
武　汉	1272.7	亿元	1362.30	亿元	1421.70	亿元	1929	亿元	2153	亿元
长　沙	823.15	亿元	1396.43	亿元	1548.72	亿元	1977.46	亿元	2462.50	亿元

12-12 各省会城市一般公共预算收入

单位:亿元

城市名称	2018年	位次	2019年	位次	2020年	位次	2021年	位次	2022年	位次
南　宁	**359.0**	**21**	**370.93**	**20**	**372.25**	**20**	**391.77**	**19**	**392.68**	**20**
昆　明	595.6	14	630.03	13	650.47	13	689.12	13	505.25	15
成　都	1424.2	5	1483	5	1520.4	4	1697.9	4	1722.4	3
贵　阳	903.3	7	417.26	18	398.13	17	426.68	17	402.16	19
西　安	684.7	12	702.55	11	724.13	11	855.96	9	834.09	10
兰　州	253.3	22	233.23	22	247.13	22	276.73	22	221.0	24
乌鲁木齐	458.3	18	472.46	16	392.64	18	377.93	20	314.82	21
呼和浩特	204.7	23	203.12	23	217.1	23	228.92	23	230.87	23
银　川	181.2	24	154.7	25	157.25	25	171.19	25	168.86	25
西　宁	92.9	27	101.79	27	133.51	26	153.9	26	131.72	26
拉　萨	110.1	26	117.04	26	107.26	27	107.45	27	72.47	27
广　州	1632.3	2	1697.21	2	1721.59	2	1883.18	2	1854.73	2
福　州	680.4	13	668.08	12	675.61	12	749.85	12	698.52	12
杭　州	1825.1	1	1966	1	2093	1	2386.6	1	2451	1
南　京	1470.0	4	1580.03	3	1637.7	3	1729.52	3	1558.2	4
海　口	169.9	25	185.34	24	186.05	24	208.32	24	553.2	14
沈　阳	720.6	10	730.3	10	736.08	10	773.02	11	713.67	11
哈尔滨	384.4	19	370.9	21	339.6	21	365.8	21	262.2	22
长　春	478.0	16	420	17	440.4	16	617.09	15	459.69	16
石家庄	519.7	15	569.1	14	605	14	654.1	14	689.8	13
太　原	373.2	20	386.62	19	378.44	19	423.44	18	437.48	18
合　肥	712.5	11	745.99	9	762.9	9	844.22	10	909.25	9
南　昌	461.8	17	476.08	15	483.86	15	484.84	16	457.68	17
济　南	752.8	9	874.2	8	906.1	8	1007.6	8	1001.1	8
郑　州	1152.1	6	1222.53	6	1259.21	5	1223.6	6	1130.79	7
武　汉	1528.7	3	1564.12	4	1230.29	6	1578.65	5	1504.74	5
长　沙	879.7	8	950.23	7	1100.09	7	1188.31	7	1202	6

12-13 各省会城市一般公共预算支出

单位:亿元

城市名称	2018年	位次	2019年	位次	2020年	位次	2021年	位次	2022年	位次
南　宁	**697.9**	**18**	**789.199**	**18**	**822.79**	**18**	**777.60**	**18**	**838.93**	**18**
昆　明	756.8	16	820.86	17	875.1	16	928.16	15	863.27	17
成　都	1837.5	3	2006.80	3	2158.00	3	2237.60	3	2435	3
贵　阳	627.5	20	718.72	19	676.4	19	681.5	19	726.43	19
西　安	1151.6	8	1247.99	8	1352.7	8	1474.94	8	1573.13	6
兰　州	465.7	22	456.66	22	485.7	22	484.59	21	498.8	21
乌鲁木齐	659.8	19	620.28	20	536.9	21	419.59	23	455.77	22
呼和浩特	357.0	24	421.70	23	435.70	23	419.00	24	420.80	23
银　川	370.8	23	346.60	25	335.80	25	292.15	26	352.26	25
西　宁	297.5	26	328.04	26	329.5	26	343.83	25	339.04	26
拉　萨	300.1	25	366.01	24	349.66	24	444.37	22	355.33	24
广　州	2505.8	1	2865.12	1	2953	1	3020.72	1	3014.22	1
福　州	923.4	14	952.17	14	950.2	15	925.73	16	999.91	14
杭　州	1717.1	5	1952.90	4	2070.00	4	2392.60	2	2542.00	2
南　京	1532.7	6	1658.60	6	1754.60	5	1817.73	5	1828.70	5
海　口	237.4	27	265.18	27	305.40	27	274.80	27	332.30	27
沈　阳	964.9	12	1048.20	13	1074.10	13	1032.30	12	1048.90	13
哈尔滨	962.2	13	1101.10	11	1162.20	11	992.10	13	1065.50	12
长　春	894.3	15	896.00	15	1084.10	12	966.49	14	976.67	15
石家庄	994.7	11	1051.40	12	1068.00	14	1096.30	11	1215.20	11
太　原	542.5	21	610.62	21	647.40	20	628.99	20	715.90	20
合　肥	1004.9	10	1122.67	10	1164.80	10	1223.72	10	1380.18	9
南　昌	752.1	17	834.11	16	838.1	17	870.01	17	939.04	16
济　南	1018.3	9	1197.30	9	1288.80	9	1292.70	9	1225.60	10
郑　州	1763.3	4	1910.60	5	1721.30	6	1624.40	6	1456.40	8
武　汉	1929.5	2	2237.10	2	2407.00	2	2219.34	4	2223.15	4
长　沙	1329.5	7	1425.98	7	1480.20	7	1541.59	7	1566.26	7

12-14 各省会城市金融机构存款余额

单位:亿元

城市名称	2018年	位次	2019年	位次	2020年	位次	2021年	位次	2022年
南　宁	**10093.13**	**20**	**10718.32**	**19**	**11498.25**	**20**	**12083**	**20**	**13146**
昆　明	13583.62	13	14909.26	13	16324.65	13	16365.21	14	17740.7*
成　都	37826.00	3	39828.00	3	43654.00	3	47968	3	53189
贵　阳	11418.52	18	11979.46	18	12523.50	19	13441.35	19	14474.58
西　安	21266.72	7	23340.84	7	26045.90	6	28510.03	6	31763.11
兰　州	8814.26	21	8875.50	21	9083.90	22	9577.65	22	10109.12
乌鲁木齐	8477.90	22	8927.50	20	9604.46	21	10322.56	21	11967.06*
呼和浩特	5803.82	23	5918.89	22	6116.10	23	6683.69	23	7753.7*
银　川	3718.57	26	4027.40	24	4488.01	25	4705.68	26	5416.5*
西　宁	3802.21	25	4020.89	25	4371.64	26	4710.75	25	5254.21*
拉　萨	2805.06	27	2888.54	26	3139.28	27	322	27	3569.98
广　州	54788.06	1	59131.20	1	67798.80	1	72848.92	1	80495.07
福　州	14204.30	12	1547.91	27	17738.00	12	19117.34	12	21258.81
杭　州	39810.50	2	45287.00	2	54246.00	2	61044.30	2	69592.00
南　京	34524.86	4	35536.08	4	40056.50	4	44708.68	4	49531.31
海　口	4899.31	24	4949.36	23	5019.40	24	5839.73	24	6399.46
沈　阳	17746.20	9	18869.50	9	19442.50	10	19374.90	11	20855.00
哈尔滨	11616.00	16	12353.10	16	13856.70	17	14655.40	18	16474.00
长　春	11551.20	17	12681.90	15	14230.60	16	15467.25	16	16851.34
石家庄	13315.79	14	15051.70	12	15917.80	14	17951.71	13	19861.1*
太　原	12317.27	15	13117.20	14	14587.60	15	15924.02	15	18288.01
合　肥	15677.27	11	16417.25	11	18675.30	11	20605.68	10	23096.64
南　昌	10733.08	19	12096.80	17	13676.80	18	14757.42	17	16110.30
济　南	17060.10	10	18646.10	10	21065.00	9	23437.00	9	25941.00
郑　州	22710.55	6	24461.23	6	24994.30	7	26281.50	7	29031.9*
武　汉	26331.62	5	28658.90	5	31005.90	5	33775.87	5	35754.03
长　沙	18633.60	8	21048.45	8	23316.80	8	25348.50	8	27882.56

注:2021年及之后各省会城市金融机构存款余额为本外币口径,带*号数据为人民币口径。

12-15 各省会城市金融机构贷款余额

单位:亿元

城市名称	2017年	位次	2018年	位次	2019年	位次	2020年	位次	2021年	位次	2022年
南　宁	**10470.44**	**15**	**12052.13**	**17**	**13964.35**	**16**	**15868.80**	**15**	**18074**	**14**	**19877.66**
昆　明	14789.35	9	16224.73	9	17854.43	10	19740.44	10	22158.78	10	23867.98*
成　都	28359.3	3	32637	3	36464.00	3	41148.00	3	46425	3	53053
贵　阳	10403.12	16	12508.73	15	14141.31	13	15861.80	16	17284.14	16	19293.08
西　安	16954.81	7	19891.6	7	22436.65	7	25792.90	7	29411.25	7	32247.14
兰　州	9643.55	20	11269.24	19	12028.51	19	13167.60	19	14231.83	20	15016.19
乌鲁木齐	6235.78	23	7001.8	23	7817.82	22	8672.11	23	9811.00	22	10602.99*
呼和浩特	7646.00	22	8056.96	22	8599.35	21	8899.60	22	9606.58	23	10559.3*
银　川	4460.31	26	5028.54	26	5359.54	24	5535.00	25	6156.36	25	6444.29*
西　宁	5109.15	25	5468.39	25	5347.69	25	5312.54	26	5487.63	26	5612.7*
拉　萨	2757.11	27	3134.86	27	3303.94	26	3391.35	27	345	27	3593.37
广　州	33312.7	1	40749.32	1	47103.31	1	54387.60	1	60238.74	1	68918.60
福　州	13320.41	12	15364.34	11	2000.54	27	19651.40	11	21484.13	11	23047.71
杭　州	29270.94	2	36598.3	2	42245.00	2	49799.00	2	56274.8	2	62306.0
南　京	25159.48	4	29065.66	4	33585.88	4	38190.00	4	43305.4	4	48760.23
海　口	5600.33	24	5700.68	24	6220.53	23	5770.10	24	6839.17	24	7073.29
沈　阳	13160.6	13	14911.6	12	16811.90	11	18129.00	13	19230.1	13	20777.3
哈尔滨	9968.3	19	11079.8	20	12181.80	18	12653.40	21	13839.9	21	14396.5
长　春	10375.7	17	11488.3	18	13096.40	17	14535.40	18	15907.66	18	17122.05
石家庄	8925	21	10171.75	21	11406.70	20	12781.80	20	14657.28	19	15776*
太　原	11340.29	14	12684.21	14	14063.12	14	15079.90	17	16589	17	18162.14
合　肥	13401.22	11	14196.54	13	15854.83	12	18166.60	12	20322.39	12	23565.55
南　昌	10209.28	18	12124.64	16	14047.32	15	16005.60	14	17620.96	15	18949.13
济　南	14350.3	10	16059.9	10	18768.70	9	20720.20	9	23313.2	9	26112.3
郑　州	17992.4	6	22055.67	6	26476.78	6	28439.40	6	31366.5	6	34337.4*
武　汉	23947.76	5	28270.77	5	32114.31	5	36856.00	5	40825.42	5	44383.81
长　沙	16027.07	8	18360.89	8	21248.71	8	24261.30	8	27235.11	8	29853.42

注:2021年及之后各省会城市金融机构贷款余额为本外币口径,带*号数据为人民币口径。

12-16 各省会城市居民消费价格总指数

（以上年为100）

城市名称	2018年	位次	2019年	位次	2020年	位次	2021年	位次	2022年	位次
南　宁	**102.5**	**4**	**103.4**	**1**	**102.3**	**12**	**101.4**	**5**	**101.7**	**19**
昆　明	101.7	22	102.3	23	103.1	1	100.2	27	101.7	19
成　都	101.4	26	102.8	12	102.5	5	100.5	22	102.4	2
贵　阳	101.7	22	102.7	14	102.4	7	100.5	22	101.9	14
西　安	101.9	19	102.7	14	102.1	17	101.7	1	102.2	9
兰　州	101.7	22	102.2	24	102	19	101.3	7	102.3	7
乌鲁木齐	102.2	13	102.0	27	100.9	27	101.3	7	101.6	23
呼和浩特	102.1	15	102.6	18	102	19	100.9	17	102.1	11
银　川	102.2	13	102.2	24	101.8	23	101.4	5	102.0	13
西　宁	102.7	2	102.5	20	102.7	2	101.3	7	102.5	1
拉　萨	101.1	27	102.2	24	102	19	100.5	22	101.8	17
广　州	102.4	6	103.0	8	102.6	3	101.1	12	102.4	2
福　州	101.5	25	102.5	20	102.4	7	100.6	19	102.4	2
杭　州	102.3	10	103.1	5	102.1	17	101.3	7	102.4	2
南　京	102.4	6	103.1	5	102.4	7	101.5	3	102.2	9
海　口	102.4	6	103.3	2	101.6	25	100.5	22	101.1	27
沈　阳	103.0	1	102.4	22	102.3	12	101.3	7	101.7	19
哈尔滨	102.5	4	102.6	18	101.4	26	100.6	19	101.9	14
长　春	102.0	16	102.9	9	101.9	22	100.5	22	101.9	14
石家庄	102.3	10	102.7	14	102.3	12	100.9	17	101.2	25
太　原	101.8	21	102.7	14	102.6	3	101	15	102.1	11
合　肥	102.0	16	102.9	9	102.3	12	101.7	1	102.4	2
南　昌	102.3	10	102.8	12	102.5	5	101	15	101.8	17
济　南	102.6	3	103.3	2	102.4	7	101.5	3	101.4	24
郑　州	102.4	6	103.1	5	102.3	12	101.1	12	101.2	25
武　汉	101.9	19	103.2	4	102.4	7	100.6	19	102.3	7
长　沙	102.0	16	102.9	9	101.8	23	101.1	12	101.7	19

12-17 各省会城市城镇居民人均可支配收入

单位:元

城市名称	2018年	位次	2019年	位次	2020年	位次	2021年	位次	2022年	位次
南宁	**35276**	**23**	**37675**	**25**	**38542**	**25**	**41394**	**25**	**42636**	**3**
昆明	42988	10	46289	10	48018	11	52523	11	53832	17
成都	42128	11	45878	11	48593	9	52633	10	54897	18
贵阳	35115	24	38240	21	40305	18	43876	18	46242	10
西安	38729	16	41850	16	43713	14	46931	15	48418	13
兰州	35014	25	38095	23	40152	20	43244	21	45277	7
乌鲁木齐	40101	14	42667	14	42770	17	46142	16	46972	12
呼和浩特	46565	7	49397	7	49789	7	53026	9	54616	19
银川	35586	20	38217	22	39416	24	42412	24	44392	4
西宁	32500	27	34846	27	36959	27	39251	27	40197	1
拉萨	35842	19	39686	18	43640	15	49299	14	51591	14
广州	59982	2	65052	2	68304	2	74416	2	76849	26
福州	44457	8	47920	8	49300	8	53421	7	55638	21
杭州	61172	1	66068	1	68666	1	74700	1	77043	27
南京	59308	3	64372	3	67553	3	73593	3	76643	25
海口	36137	18	38977	19	40049	21	43605	19	43535	9
沈阳	44054	9	46786	9	47413	12	50566	12	51702	16
哈尔滨	37828	17	40007	17	39791	23	42745	23	43981	5
长春	35332	22	37844	24	40001	22	43281	20	43240	8
石家庄	35563	21	38550	20	40247	19	43024	22	44745	6
太原	33672	26	36362	26	38329	26	41377	26	43694	2
合肥	41484	12	45404	12	48283	10	53208	8	56177	20
南昌	40844	13	44136	13	46796	13	50447	13	52622	15
济南	50146	5	51913	5	53329	5	57449	5	59459	23
郑州	39042	15	42087	15	42887	16	45246	17	46287	11
武汉	47359	6	51706	6	50362	6	55297	6	58449	22
长沙	50792	4	55211	4	57971	4	62145	4	65190	24

12-18 各省会城市农村居民人均可支配收入

单位:元

城市名称	2018年	位次	2019年	位次	2020年	位次	2021年	位次	2022年	位次
南　宁	**13654**	**24**	**15047**	**24**	**16130**	**24**	**17808**	**24**	**19001**	**23**
昆　明	14895	18	16356	18	17719	19	19507	19	20722	19
成　都	22135	6	24357	6	26432	5	29126	5	30931	5
贵　阳	15648	17	17275	17	18674	17	20565	18	21925	18
西　安	13286	25	14588	25	15749	25	17389	25	18285	25
兰　州	12368	26	13605	26	14652	26	16191	26	17178	26
乌鲁木齐	19623	9	21448	9	22827	9	24878	10	25873	10
呼和浩特	17190	13	18974	13	20489	12	22435	13	23938	12
银　川	14160	23	15282	23	16428	23	18169.8	23	19349	22
西　宁	11504	27	12577	27	13487	27	14948	27	15797	27
拉　萨	14369	21	16216	19	18268	18	21198	17	22756	15
广　州	26020	3	28868	3	31266	3	34533	3	36292	3
福　州	19419	10	21320	10	22669	10	25201	9	26826	9
杭　州	33193	1	36255	1	38700	1	42692	1	45183	1
南　京	25263	4	27636	4	29621	4	32701	4	34664	4
海　口	14886	19	16116	20	17405	20	19267	20	20388	20
沈　阳	16530	16	18124	16	19598	16	21662	14	22352	16
哈尔滨	16934	14	18238	15	19631	15	21512	16	22260	17
长　春	14237	22	15455	22	16636	22	18473	22	18919	24
石家庄	14518	20	15853	21	16947	21	18676	21	19834	21
太　原	16860	15	18377	14	19655	14	21551	15	22822	14
合　肥	20389	8	22462	8	24282	7	26856	7	28727	7
南　昌	17866	12	19498	11	20921	11	22913	11	24218	11
济　南	17924	11	19454	12	20432	13	22580	12	23844	13
郑　州	21652	7	23536	7	24783	6	26790	8	28237	8
武　汉	22652	5	24776	5	24057	8	27209	6	29304	6
长　沙	29714	2	32329	2	34754	2	38195	2	40678	2

注:2015年以前指标口径为农民人均纯收入。

指标解释

主要指标解释

国内生产总值（GDP） 指按市场价格计算的一个国家所有常住单位在一定时期内生产活动的最终成果。国内生产总值有三种表现形态，即价值形态、收入形态和产品形态。从价值形态看，它是所有常住单位在一定时期内生产的全部货物和服务价值与同期投入的全部非固定资产货物和服务价值的差额，即所有常住单位的增加值之和；从收入形态看，它是所有常住单位在一定时期内创造并分配给常住单位和非常住单位的初次收入之和；从产品形态看，它是所有常住单位在一定时期内最终使用的货物和服务价值与货物和服务净出口价值之和。在实际核算中，国内生产总值有三种计算方法，即生产法、收入法和支出法。三种方法分别从不同的方面反映国内生产总值及其构成。

对于一个地区来说，称为地区生产总值或地区GDP。

当年价格 是报告期当年的实际价格，也称现价或现行价格。使用当年价格计算的以货币表现的物量指标，反映当年的实际情况，可用于考核社会经济效益，便于对生产、流通、分配、消费之间进行经济核算和综合平衡。

可比价格 亦称固定价格。指在不同时期的价值指标对比时，扣除了价格变动因素，以确切反映物量的变化。按可比价格计算有两种方法：一种是直接用于产品产量乘其不变价格；一种是指数法换算。

不变价格 用某一时期的同类产品的平均价格作为固定价格，来计算各个时期的产品价值。目的是为消除各个时期价格变动的影响，保证各时期间、地区间的可比性。

指数 指数是一种表明社会经济现象动态的相对数，一般用百分数表示。运用指数可以测定不能直接相加和直

接对比的社会经济现象的总动态；可以分析社会经济现象总变动中各因素变动的影响程度；可以研究总平均指标变动中各组标志水平和总体结构变动的作用。它是在把各个年份的产值换算成可比价格的基础上，根据定基数等于相应各个环比指数的连乘积这个换算关系计算出来的。

发展速度 是表示某一时期内某一指标发展程度的相对数，它是报告期与基期水平之比，一般用百分数表示，即把基期水平定为1（或100%），以报告期的指标数值除以基期指标数值的商乘100%，即得发展速度。由于比较的标准时期不同，发展速度可分为定期发展速度和环比发展速度两种。发展速度的计算公式为：

发展速度=（指标当期数值/指标基期数值）×100%

增长速度 是反映社会经济增长程度的指标，它是报 告期增长量与基期水平之比，又称增长率。其计算公式为：

增长速度=（指标当期数值/指标基期数值-1）×100%或=发展速度-1（或100%）。

平均每年增长速度 我国计算平均增长速度有两种方法,一种是习惯上经常使用的“水平法”，又称几何平均法，是以间隔最后一年的水平同基期水平对比来计算平均每年增长（或下降）的速度；另一种是“累计法”又称代数平均法或方程法，是以间隔年内各年水平的总和同基期水平对比来计算平均每年增长（或下降）的速度。在一般正常情况下，两种方法计算的平均每年增长速度比较接近，但在经济发展不平衡出现大起大落时，两种方法计算的结果差别较大。

国有经济单位 指生产资料归国家所有的各种企业、事业单位，以及各级国家机关、人民团体等单位。

集体经济单位 指生产资料归公民集体所有的各种企业、事业单位。包括农村各种经济组织经营的农、林、牧、副、渔业，乡、村经营的企业、事业单位；城市、县、镇以及街道举办的集体经济性质的企业、事业单位。

私营经济单位 指生产资料归公民私人所有的

单位。包括私营独资企业、私营合伙企业和私营有限责任公司。

联营经济单位 指不同所有制性质的企业之间或者企业、事业单位之间共同投资组成新的经济实体。包括紧密型联营企业，半紧密型联营企业和松散型联营企业。

股份制经济单位 指全部注册资本由全体股东共同出资，并以股份形式投资举办企业。主要包括股份有限公司和有限责任公司。

外商投资经济单位 指外国投资者根据中华人民共和国有关涉外经济的法律、法规，以合资、合作或独资的形式在中国大陆境内开办企业。包括中外合资经营企业、中外合作经营企业和外资企业。

港澳台投资经济单位 指港、澳、台地区投资者参照中华人民共和国有关涉外经济的法律、法规，以合资、合作或独资的形式在大陆举办企业。包括合资经营企业、合作经营企业和独资企业。

三次产业 三次产业的划分是世界上较为常用的产业结构分类，但各国的划分不尽一致。根据国家统计局 《三次产业划分规定》和《国民经济行业分类》(GB/T 4754—2017)，我国的三次产业划分是：

第一产业是指农、林、牧、渔业（不含农、林、牧、渔专业及辅助性活动业）。

第二产业是指采矿业（不含开采专业及辅助活动），制造业（不含金属制品、机械和设备修理业），电力、热力、燃气及水生产和供应业，建筑业。

第三产业即服务业，是指除第一、二产业以外的其他行业。

增加值 是指常住单位生产过程中创造的新增价值和固定资产的转移价值。它可以按生产法计算，也可以按收入法计算。按生产法计算，它等于总产出减去中间投入后的差额；按收入法计算，它等于劳动者报酬、生产税净额、固定资产折旧和营业盈余之和。

劳动者报酬 劳动者报酬是指劳动者因从事生产活动所获得的全部报酬。它包括劳动者获得的各种形式工资、奖金和津贴，既包括货币形式的，也包括实物形式的，它还包括劳动者所享受的公费医疗和医药卫生费、上下班交通补贴和单位支付的社会保险费等。单位支付的社会保险费，就是单位直接支付给负责社会保险的政府单位（一般指劳动部门）的社会保险金或为本单位职工离退休、发生死亡、伤残、医疗保险等而支付的保险费。对于个体经济来说，其所有者所获得的劳动报酬和经营利润不易区分，这两部分统一作为劳动者报酬处理。

生产税净额 指生产税减生产补贴后的差额。生产税指政府对生产单位生产、销售和从事经营活动以及因从事生产活动使用某些生产要素，如固定资产、土地、劳动力所征收的各种税、附加费和规费。具体包括销售税金及附加、增值税、管理费中开支的各种税、应交纳的养路费、排污费和水电费附加、烟酒专卖上缴政府的专项收入等。生产补贴与生产税相反，是政府对生产单位的单方面收入转移，因此视为负生产税处理，包括政策亏损补贴、粮食系统价格补贴、外贸企业出口退税收入等。

固定资产折旧 指一定时期内为弥补固定资产损耗按照核定的固定资产折旧率提取的固定资产折旧，或按国民经济核算统一规定的折旧率虚拟计算的固定资产折旧。它反映了固定资产在当期生产中的转移价值。各种类型企业和企业化管理的事业单位的固定资产折旧指实际计提并计入成本费用中的折旧费；不计提折旧的单位，如政府机关、非企业化管理的事业和居民住房的固定资产折旧则是按照统一规定的折旧率和固定资产原值计算的虚拟折旧。原则上，固定资产折旧应按固定资产的重置价值来计算，但是我国目前尚不具备对全社会固定资产进行重估价的基础，所以暂时只能采用上述方法来计算。

营业盈余 指常住单位创造的增加值扣除劳动者报酬、生产税净额和固定资产折旧后的余额。它相当于企业的营业利润加上生产补贴，但要扣除从利润中开支的工资和福利以及从税后利润中提取的公益金等。

户数 包括家庭户（含单身独居）和集体户。

人口数 指一定时点、一定地区范围内的有生命的个人的总和。

年度统计的年末人口数是指每年12月31日24时的人口数。年度统计的全国人口总数内未包括台湾省和港澳同胞以及海外华侨人数。

人口出生率 指在一定时期内（通常为一年）一定地区的出生人数与同期平均人数（或期中人数）之比，一般用千分率表示。计算公式：

$$人口出生率=\frac{年出生人口}{年平均人口}1000‰$$

式中：出生人数指活产婴儿，即胎儿脱离母体时（不管怀孕月数），有过呼吸或其他生命现象。年平均人数指年初、年底人口数的平均数，也可用年中人口数代替。

出生人数 指活产婴儿，即胎儿脱离母体时（不管怀孕月数），有过呼吸或其他生命现象。

人口死亡率 指在一定时期内（通常为一年）一定地区的死亡人数与同期平均人数（或期中人数）之比，一般用千分率表示。计算公式：

$$人口死亡率=\frac{年死亡人数}{年平均人数}1000‰$$

人口自然增长率 指在一定时期内（通常为一年）人口自然增加数（出生人数减死亡人数）与该时期内平均人数（或期中人数）之比，一般用千分率表示。计算公式：

$$人口自然增长率=\frac{本年出生人数-本年死亡人数}{年平均人数}1000‰$$

或人口自然增长率＝人口出生率－人口死亡率

性别比 反映两性人口间比例的指标，指在总人口中或各年龄组人口中，男性人数与女性人数之比。通常以每100个女性人口相对应的男性人口数来表示。计算公式：

$$性别比=\frac{男性人数}{女性人数}1000‰$$

常住人口 包括：

（一）居住本乡、镇、街道，并已在本乡、镇、街道办理常住户口登记的人；

（二）居住在本乡、镇、街道，户口在外乡、镇、街道，离开户口登记地半年以上的人。

（三）居住本乡、镇、街道，户口待定的人；

（四）原住本乡、镇、街道，在国外工作或者学习，暂无常住户口的人。

住户 指居住在一个住宅内，共同分享生活开支或收入的一群人。居住在同一房间内、不共同分享生活开支的人群，每个人都视为一个住户。住家保姆、住家家庭帮工视为单独的住户。

常住居民 指住户成员中，经常在家居住,或调查期内居住时间超过一半的人员，以及本住户供养的学生。常住居民是住户收支的调查对象。

居民人均可支配收入 指居民可用于最终消费支出和储蓄的总和，即居民可用于自由支配的收入，既包括现金收入，也包括实物收入。按照收入的来源，可支配收入包含四项，分别为：工资性收入、经营净收入、财产净收入、转移净收入。

工资性收入 指就业人员通过各种途径得到的全部劳动报酬和各种福利，包括受雇于单位或个人、从事各种自由职业、兼职和零星劳动得到的全部劳动报酬和福利。经营净收入 指住户或住户成员从事生产经营活动所获得的净收入，是全部经营收入中扣除经营费用、生产性固定资产折旧和生产税净额（生产税减去生产补贴）之后得到的净收入。计算公式具体为：

经营净收入=经营收入-经营费用-生产性固定资产折旧-生产税净额（生产税-生产补贴）

财产净收入 指住户或住户成员将其所拥有的金融资产和自然资源交由其他机构单位、住户或个人支配而获得 的回报并扣除相关的费用之后得到的净收入。计算公式为：

财产净收入=财产性收入-财产性支出

转移净收入 指国家、单位、社会团体对住户的各种经常性转移支付和住户之间的经常性收入转移。包括政府、非行政事业单位、社会团体对居民转移的养老金或退休金、社会救济和补助、政策性生活补贴、救灾款、经常性捐赠和赔偿以及报销医疗费等；住户之间的赡养收入、经常性捐赠和赔偿以及农村地区（村委会）在外（含国外）工作的本住户非常住成员寄回带回的收入等。计算公式为：

转移净收入=转移性收入-转移性支出

居民人均生活消费支出 指居民用于满足家庭日常生活消费需要的全部支出，既包括现金消费支出，也包括实物消费支出。根据用途不同，消费支出可划分为食品烟酒、衣着、居住、生活用品及服务、交通通信、教育文化娱乐、医疗保健、其他用品及服务八大类。

经济活动人口 指在16岁以上，有劳动能力，参加或要求参加社会经济活动的人口。包括：从业人员和失业人员。

从业人员 指年满16周岁，为取得报酬或经营利润，在调查周内从事了1小时（含1小时）以上劳动的人员；或由于在职学习、休假等原因在调查周内暂时未工作的人员；或由于停工、单位不景气等原因临时未工作的人员。

单位从业人员 指报告期末最后一日在本单位工作，并取得工资或其他形式劳动报酬的人员数。该指标为时点指标，不包括最后一日当天及以前已经与单位解除劳动合同关系的人员，是在岗职工、劳务派遣人员及其他从业人员之和。单位从业人员不包括：

（1）离开本单位仍保留劳动关系，并定期领取生活费的人员；

（2）在本单位实习的各类在校生；

（3）本单位以劳务外包形式使用的人员，如：建筑业整建制使用的人员。

就业人员 指年满16周岁，为取得报酬或经营利润，在调查周内从事了1小时（含1小时）以上劳动的人员；或由于在职学习、休假等原因在调查周内暂时未工作的人员；或由于停工、单位不景气等原因临时未工作的人员。

城镇私营和个体从业人员 城镇私营从业人员指在工商管理部门注册登记，其经营地址设在县城关镇（含城关镇）以上的私营企业从业人员。包括：私营企业投资者和雇工。城镇个体从业人员指在工商管理部门注册登记，并持有城镇户口或城镇长期居住，经批准从事个体工商经营的从业人员。包括：个体经营者和在个体工商户劳动的家庭帮工和雇工。

城镇登记失业人员及失业率 指有非农业户口，在一定的劳动年龄内，有劳动能力，无业而要求就业，并在当地就业服务机构进行求职登记的人员。城镇登记失业率指城镇登记失业人数同城镇从业人数与城镇登记失业人数之和的比。计算公式为：

$$城镇登记失业率=\frac{城镇登记失业人数}{城镇从业人数+城镇登记失业人数}\times 100\%$$

职工 指在国有经济、城镇集体经济、联营经济、股份制经济、外商和港、澳、台投资经济、其他经济单位及其附属机构工作，并由其支付工资的各类人员。

合同制职工 指各单位根据国务院国发（1986）77号文件和国务院第99号的规定，通过签订有固定期限劳动合同、无固定期限劳动合同和以完成一项工作为期限劳动合同所使用的职工。包括实行全员劳动合同制单位的全部职工。

国有经济单位职工 指在国有经济单位及其附属机构工作，并由其支付工资的各类人员，国有经济单位职工不包括：返聘的离退休人员、民办教师、在国有经济单位工作的外方人员和港、澳、台人员。

城镇集体经济单位职工 指在城镇集体经济单位及其管理部门工作，并由其支付工资的各类人员。

其他经济单位职工 指在联营经济、股份制经济、外商投资经济、港、澳、台投资经济单位工作，并由其支付工资的各类人员。

职工工资总额 指各单位在一定时期内直接支付给本单位全部职工的劳动报酬总额。

工资总额的计算原则应以直接支付给职工的全部劳动报酬为依据。各单位支付给职工的劳动报酬以及其他根据有关规定支付的工资，不论是计入成本的还是不计入成本的，不论是按国家规定列入计征奖金税项目的，还是未列入计征奖金税的，不论是以货币形式支付的还是以实物形式支付的，均包括在工资总额内。

职工平均工资 指企业、事业、机关单位的职工在一定时期内平均每人所得的货币工资额。它表明一定时期职工工资收入的高低程度，是反映职工工资水平的主要指标。计算公式为：

$$职工平均工资=\frac{报告期实际支付的全部职工工资总额}{报告期全部职工平均人数}$$

职工平均实际工资 指扣除物价变动因素后的职工平均工资。计算公式为：

$$职工平均实际工资=\frac{报告期职工平均工资}{报告期城镇居民消费价格指数}$$

农林牧渔业总产值 农林牧渔业总产值是以货币表现的农林牧渔业的全部产品总量和农林牧渔服务业产值（即对农林牧渔业生产活动进行的各种支持性服务活动的价值）之和。它反映一定时期内农林牧渔业生产总规模和总成果，是观察农林牧渔业生产水平和发展速度，研究农林牧渔业内部比例关系、农林牧渔业与工业、农林牧渔业与国家建设、人民生活比例关系的重要指标，同时也是计算农林牧渔业劳动生产率和农林牧渔业增加值的基础资料。

农林牧渔业增加值 指农、林、牧、渔及农林牧渔服务业生产货物或提供服务活动而增加的价值，为农林牧渔业现价总产值扣除农林牧渔业现价中间投入后的余额。

农用化肥施用量 指在本年度内实际用于农业生产的化肥数量。包括：氮肥、磷肥、钾肥和复合肥。施用量分为按实物量及折纯量两种方法计算。按折纯量计算化肥数量，即把氮肥、磷肥、钾肥分别按含氮、含五氧化二磷、含氧化钾百分之一百折算。复合肥：是指多营养成分或元素组成的肥料，如磷铵等。其折纯量按所含的主要成分来折算。

农作物总播种面积 是指应该在本日历年度内收获农产品的各种农作物播种面积之和。其计算公式为：

农作物播种面积=上年秋冬播作物面积+本年春播作物面积+本年夏播作物面积 =本年春收作物播种面积+本年夏收作物播种面积+本年秋收作物播种面积

粮食产量 指全社会产量。包括国有经济经营、集体统一经营和农民家庭经营的粮食产量，还包括工矿企业家庭办的农场和其他生产单位的产量。粮食：按三大类进行统计，一是谷物，包括稻谷、小麦、玉米、高粱、谷子及其他杂粮，谷物产量一律按脱粒后的原粮（晒干）计算（玉米按脱粒后的干粒计算）；二是豆类，包括大豆、绿豆、红小豆等，按去荚后的干豆计算；三是薯类（包括红薯、马铃薯，不包括芋头、木薯），1963年以前按4公斤鲜薯折1公斤粮食计算，从1964年以后改为按5公斤鲜薯折1公斤粮食计算；按国家制度，2015年开始，薯类按鲜薯重量计算，但在粮食合计中仍按5公斤鲜薯折1公斤粮食计算。2009年以前广西的马铃薯统计在蔬菜中，2009年以后统计在粮食的薯类中；2014年以前的甜玉米按粮食统计，自2014年年报始，甜玉米不在粮食统计中，纳入蔬菜统计。

林产品产量 指从人工栽培的竹木上，不经砍伐竹木的根本而取得的各种林产品产量。包括生漆、棕片、五倍子、松脂、笋干、油茶籽、油桐籽、乌桕子、核桃、板栗等各种林木籽实以及修剪竹木所获得的枝叶（包括荆条、柳条、蒲葵叶5等。不包括桑叶、茶叶和水果。也不包括野生的林产品）。如果某些林产品人工栽培的和野生的混在一起，不易划分，应根据它的主要来源决定其应计入林产品产量还是其他农业的采集野生植物产量，不要两方面都算，以免重复。

水果产量 指农业生产经营者日历年度内生产的乔木类和藤本类水果、多年草本水果及果用瓜。包括园林水果和非园林水果（瓜果类），不包括采集的野生水果。按鲜果产量计算。经脱水、晾干等处理的干果，如干枣、葡萄干、柿饼、橘饼等一律折合成鲜果计算。

园林水果：指农业生产经营者日历年度内在专业性果园、林地及零星种植果树（藤）上生产的水果。包括苹果、梨、柑橘类、热带及亚热带水果和其他园林水果如桃、葡萄、红枣等，不包括采集的野生水果。按实收的鲜果计算产量。经脱水、晾干等处理的干果，如干枣、葡萄干、柿饼、橘饼等一律折合成鲜果计算。

肉类总产量 指调查期内各种牲畜及家禽、兔等动物肉产量总计。猪、牛、羊、马、驴、骡、骆驼肉产量按去掉头蹄下水后带骨肉的胴体重量计算，兔禽肉产量按屠宰后去毛和内脏后的重量计算。猪牛羊禽四个品种肉产量由主要畜禽监测抽样调查获得，马、驴、骡、骆驼、兔肉产量由全面统计获得，其他特种养殖肉产量可用住户调查资料推算获得。

水产品产量 指渔业（捕捞和养殖）生产活动的最终有效成果，包括全部海水和淡水鱼类、甲壳类（虾、蟹）、贝类、头足类、藻类和其他类渔业产品的最终产量。不包括渔业生产过程中的中间成果，如鱼苗、鱼种、亲鱼、转塘鱼、存塘鱼和自用作饵料的产品等。水产品在上岸前已经腐烂变质，不能供人食用或加工成其他制品的，不统计在水产品产量中。

工业 指从事自然物质资源采掘和对工业品原料及农产品原料进行加工和再加工的物质生产部门。具体包括：（1）对自然资源的开采，如采矿、晒盐等，但不包括禽兽捕猎和水产捕捞；（2）对农副产品的加工、再加工，如粮油加工、食品加工、缫丝、纺织、制革等；（3）对采掘品的加工、再加工，如炼铁、炼钢、化工生产、石油加工、机器制造、木材加工等，以及电力、自来水、煤气的生产和供应等；（4）对工业品的修理、翻新，如机器设备的修理、交通运输工具（如汽车）的修理等。

独立核算法人工业企业 指从事工业生产经营活动的单位。独立核算法人工业企业应同时具备以下条件：①依法成立，有自己的名称、组织机构和场所，能够承担民事责任；②独立拥有和使用资产，承担负债，有权与其他单位签订合同；③独立核算盈亏，并能够编制资产负债表。

集体企业 指企业资产归集体所有，并按《中华人民共和国企业法人登记管理条例》规定登记注册的经济组织。是社会主义公有制经济的组成部分。包括城乡所有使用集体投资举办的企业，以及部分个人通过集资自愿放弃所有权并依据工商行政管理机关认定为集体所有制的企业。

国有控股 包括：（1）在企业的全部实收资本中，国有经济成分的出资人拥有的实收资本（股本）所占企业全部实收资本（股本）的比例大于50%的国有绝对控股。（2）在企业的全部实收资本中，国有经济成分的出资人拥有的实收资本（股本）所占比例虽未大于50%，但相对大于其他任何一方经济成分的出资人所占比例的国有相对控股；或者虽不大于其他经济成分，但根据协议规定拥有企业实际控制权的国有协议控股。（3）投资双方各占50%，且未明确由谁绝对控股的企业，若其中一方为国有经济成分的，一律按国有控股处理。

股份制经济 是指以合作制为基础，由企业职工共同出资入股，吸收一定比例的社会资产投资组建，实行自主经营，自负盈亏，按劳分配与按股分红相结合的一种集体经济组织。

联营企业 是指两个及两个以上相同或不同所有制性质的企业法人或事业单位法人，按自愿、平等、互利的原则，共同投资组成的经济组织。包括国有联营、集体联营、国有与集体联营、其他联营等。

有限责任公司 是指根据《中华人民共和国公司登记管理条例》规定登记注册，由两个以上，五十个以下的股东共同出资，每个股东以其所认缴的出资额对公司承担有限责任，公司以其全部资产对其债务承担责任的经济组织。包括国有独资公司以及其他有限责任公司。

股份有限公司 是指根据《中华人民共和国公司登记管理条例》规定登记注册，其全部注册资本由等额股份构成并通过发行股票筹集资本，股东以其认购的股份对公司承担有限责任，公司以其全部资产对其债务承担责任的经济组织。

私营企业 是指由自然人投资设立或由自然人控股，以雇佣劳动为基础的营利性经济组织。包括按照《公司法》《合伙企业法》《私营企业暂行条例》以及《个人独资企业法》规定登记注册的私营独资企业、私营合伙企业、私营有限责任公司、私营股份有限公司和个人独资企业。

轻工业 指主要提供生活消费品和制作手工工具的工业。按其所使用的原料不同，可分为两大类：

（1）以农产品为原料的轻工业，是指直接或间接以农产品为基本原料的轻工业。主要包括食品制造、饮料制造、烟草加工、纺织、缝纫、皮革和毛皮制作、造纸以及印刷等工业；（2）以非农产品为原料的轻工业，是指以工业品为原料的轻工业。主要包括文教体育用品、化学药品制造、合成纤维制造、日用化学制品、日用玻璃制品、日用金属制品、手工工具制造、医疗器械制造、文化和办公用机械制造等工业。

重工业 指为国民经济各部门提供物质技术基础的主要生产资料的工业。按其生产性质和产品用途，可以分为下列三类：（1）采掘（伐）工业，是指对自然资源的开采，包括石油开采、煤炭开采、金属矿开采、非金属矿开采和木材采伐等工业；（2）原材料工业，指向国民经济各部门提供基本材料、动力和燃料的工业。包括金属冶炼及加工、炼焦及焦炭化学、化工原料、水泥、人造板以及电力、石油和煤炭加工等工业；（3）加工工业，是指对工业原材料进行再加工制造的工业。包括装备国民经济各部门的机械设备制造工业、金属结构、水泥制品等工业，以及为农业提供的生产资料如化肥、农药等工业。

根据上述划分原则，修理业中以重工业产品为修理作业对象的划为重工业，反之划为轻工业。

资产总计 指企业过去的交易或者事项形成的、由企业拥有或者控制的、预期会给企业带来经济利益的资源。资产一般按流动性分为流动资产和非流动资产。其中流动资产可分为货币资金、交易性金融资产、应收票据、应收账款、预付款项、其他应收款、存货等；非流动资产可分为长期股权投资、固定资产、无形资产及其他非流动资产等。

流动资产合计 资产满足以下条件之一应归为流动资产：（1）预计在一个正常营业周期中变现、出售或耗用，主要包括存货、应收账款等；（2）主要为交易目的而持有；（3）预计在资产负债表日起一年内（含一年）变现；（4）自资产负债日起一年内，交换其他资产或清偿负债的能力不受限制的现金或现金等价物。包括货币资金、应收票据、应收账款、存货等项目。

负债合计 指企业过去的交易或者事项形成的，预期会导致经济利益流出企业的现时义务。负债一般按偿还期长短分为流动负债和非流动负债。来源于会计“资产负债 表”中“负债合计”项目的期末余额数。

应收账款 指企业因销售商品、提供劳务等经营活动所形成的债权，包括应向客户收取的货款、增值税款和为客户代垫的运杂费等。

存货 指企业在日常活动中持有以备出售的产成品或商品、处在生产过程中的在产品、在生产过程或提供劳务过程中耗用的材料或物料等，通常包括原材料、在产品、半成品、产成品、商品以及周转材料等。

产成品 指企业已经完成全部生产过程并验收入库，可以按照合同规定的条件送交订货单位，或者可以作为商 品对外销售的产品。

营业收入 指企业经营主要业务和其他业务所确认的收入总额。营业收入包括“主营业务收入”和“其他业务收入”。

营业成本 指企业经营主要业务和其他业务所发生的成本总额。包括企业（单位）在报告期内从事销售商品、提供劳务等日常活动发生的各种耗费。包括“主营业务成本”和“其他业务成本”。

销售费用 指企业在销售商品和材料、提供劳务的过程中发生的各种费用，包括保险费、包装费、展览费和广告费、商品维修费、预计产品质量保证损失、运输费、装卸费等以及为销售本企业商品而专设的销售机构（含销售网点、售后服务网点等）的职工薪酬、业务费、折旧费等经营费用。

管理费用 指企业为组织和管理企业生产经营所发生的费用，包括企业在筹建期间内发生的开办费、董事会和行政管理部门在企业经营管理中发生的，或者应当由企业统一负担的公司经费等。

财务费用 指企业为筹集生产经营所需资金等而发生的筹资费用，包括企业生产经营期间发生的利息支出（减利息收入）、汇兑损失（减汇兑收益）以及相关的手续费等。

利润总额 指企业在一定会计期间的经营成果，是生产经营过程中各种收入扣除各种耗费后的盈余，反映企业在报告期内实现的盈亏总额。来源于会计“利润表”中“利润总额”项目的本年累计数。

工业总产值 是以货币表现的工业企业在一定时期内生产的已出售或可供出售工业产品总量，它反映一定时间内工业生产的总规模和总水平。它包括：在本企业内不再进行加工，经检验、包装入库（规定不需包装的产品除外）的成品价值，工业性作业价值，自制半成品、在产品期末初差额价值。工业总产值采用“工厂法”计算，即以工业企业作为一个整体，按企业工业生产活动的最终成果来计算，企业内部不允许重复计算，不能把企业内部各个车间（分厂）生产的成果相加。但在企业之间、行业之间、地区之间存在着重复计算。

轻重工业总产值的划分也是按“工厂法”计算的，即一个工业企业在正常情况下生产的主要产品的性质属于轻工业，则该企业的全部总产值作为轻工业总产值；一个工业企业生产的主要产品的性质属于重工业，则该企业的全部总产值作为重工业总产值。

工业增加值 是指工业行业在报告期内以货币表现的工业生产活动的最终成果。

固定资产原价 固定资产原值指企业在建造、购置、安装、改建、扩建、技术改造某项固定资产时所支出的全部货币总额。它一般包括买价、包装费、运杂费和安装费等。

固定资产净值 是指固定资产原价减去历年已提折旧额后的净额。

利税总额 指企业利润总额、产品销售税金及附加和应交增值税之和。

产品销售收入 指企业销售产品的销售收入和提供劳务等主要经营业务取得的业务总额。

产品销售税金及附加 指企业销售产品和提供工业性劳务等主要经营业务应负担的城市维护建设税、消费税、资源税和教育费附加。

产值利税率 指报告期已实现的利润、税金总额（包括利润总额、产品销售税金及附加和应交增值税）占同期全部工业总产值的百分比，计算公式为：

$$产值利税率（\%）=\frac{利税总额}{工业总产值}\times100\%$$

全员劳动生产率 指根据产品的价值量指标计算的平均每一个职工在单位时间内的产品生产量。是考核企业经济活动的重要指标，是企业生产技术水平、经营管理水平、职工技术熟练程度和劳动积极性的综合表现。目前我国的全员劳动生产率是将工业企业的工业增加值除以同一时期全部职工的平均人数来计算的。计算公式：

$$全员劳动生产率=\frac{工业增加值}{全部职工平均人数}$$

为了使各年度的全员劳动生产率数字可以比较，1990年以前各年的全员劳动生产率均按指数换算成1990年不变价格。

总负债 指企业承担并需要偿还的全部债务。包括流动负债和长期负债、递延税项等，即为企业资产负债表的负债合计项。

（1）流动负债 指企业在一年内或者超过一年的一个营业周期内需要偿还的债务合计，其中包括短期借款、应付及预收款项、应付工资、应交税金和应交利润等。

（2）长期负债 指企业在一年以上或者超过一年的一个生产周期以上需要偿还的债务合计，其中包括长期借款、应付债务、长期应付款项等。

所有者权益 指企业投资人对企业净资产的所有权。企业净资产等于企业全部资产减去全部负债后的余额，其中包括投资者对企业的最初投入，以及资本公积金、盈余公积金和未分配利润，对股份制企业即为股东权益。

移动电话用户 指在邮电部门登记，通过移动电话交换机进入移动电话网、占有移动电话号码的电话用户。用户数量以实际办理登记手续进入邮电部门移动电话网的户数进行计算，一部或一台移动电话统计为一户。

全社会固定资产投资 是以货币形式表现的在

一定时期内全社会建造和购置固定资产活动的工作量以及与此有关的费用的总称，它是反映固定资产投资规模、结构和发展速度的综合性指标，又是观察工程进度和考核投资效果的重要依据。全社会固定资产投资按登记注册类型可分为 国有、集体、个体、联营、股份制、外商、港澳台商、其他等。按照管理渠道可分为：基本建设、更新改造、房地产开发和其他固定资产投资四个部分。

基本建设投资 基本建设指企业、事业、行政单位以扩大生产能力或工程效益为主要目的的新建、扩建工程及有关工作。其范围为总投资500万元以上（含500万元）的基本建设项目。

更新改造投资 更新改造指企业、事业单位对原有设 施进行技术改造（包括固定资产更新）以及相应配套的辅助性生产、生活福利设施等工程和有关工作。其范围为总投资500万元以上的更新改造单位（或项目）。

其他固定资产投资 指全社会固定资产投资中未列入基本建设、更新改造和房地产开发投资的建造和购置固定 资产的活动。

固定资产投资的资金来源 根据固定资产投资的资金来源不同，分为国家预算内资金、国内贷款、利用外资、自筹资金和其他资金来源。2018年起固定资产投资项目到位资金统计范围由计划总投资500万元及以上调整为5000万元及以上项目（不包含房地产开发）。2022年起口径正式更改为计划总投资500万元及以上项目（不包含房地产开发），并在2022年年鉴数据中反映。

（1）国家预算内资金：指中央财政和地方财政中由国家统筹安排的基本建设拨款和更新改造拨款，以及中央财政安排的专项拨款中用于基本建设的资金和基本建设拨 款改贷款的资金等。

（2）国内贷款：指报告期内企、事业单位向银行及非银行金融机构借入的用于固定资产投资的各种国内借款。

（3）利用外资：指报告期内收到的用于固定资产投资的国外资金，包括统借统还、自借自还的国外贷款，中外合资项目中的外资，以及对外发行债券和股票等。国家统借统还的外资指由我国政府出面同外国政府、团体或金融组织签订贷款协议、并负责偿还本息的国外贷款。

（4）自筹资金：指建设单位报告期内收到的，用于进行固定资产投资的上级主管部门、地方和企、事业单位自筹资金。

（5）其他资金来源：指报告期内收到的除以上各种拨款、借款、自筹资金以外其他用于固定资产投资的资金。

固定资产投资按国民经济行业分 建设项目归哪个行业，按其建成投产后的主要产品或主要用途及社会经济活动性质来确定。基本建设按建设项目划分国民经济行业，更新改造、国有单位其他固定资产投资根据整个企业、事业单位所属的行业来划分。一般情况下，一个建设项目或一个企业、事业单位只能属于一种国民经济行业。为了更准确地反映国民经济各行业之间的比例关系，联合企业（总厂）所属分厂属于不同行业的，原则上按分厂划分行业。

固定资产投资按建设性质分 建设项目的性质一般分为新建、扩建、改建、迁建、恢复。基本建设按建设项目划分建设性质，更新改造、国有单位其他固定资产投资等按整个企业、事业单位的建设情况确定建设性质，房地产开发单位、农村投资等投资不划分建设性质。

（1）新建：一般是指从无到有、“平地起家”新开始建设的单位。有的单位原有的基础很小，经过建设后其新增加的固定资产价值超过原有固定资产价值（原值）三倍以上的也算新建。

（2）扩建：一般是指为扩大原有产品的生产能力，在厂内或其他地点增建主要生产车间（或主要工程）、独立的生产线或分厂的企业，事业单位和行政单位在原单位增建业务用房（如学校增建教学用房、医院增建门诊部或病床用房、行政机关增建办公楼等）也作为扩建。

（3）改建：一般是指现有企业、事业单位为了技术进步，提高产品质量，增加花色品种，促进产品升级换代，降低消耗和成本，加强资源综合利用和三废治理、劳保安全等，采用新技术、新工艺、新设备、新材料等对现有设施、工艺条件进行技术改造或更新（包括相应配套的 辅助性生产、生活福利设施）。有的企业为充分发挥现有生产能力，进行填平补齐而增建不增加本单位主要产品生产能力的车间等，也属于改建。

大中小型基本建设项目划分 是根据基本建设项目的建设总规模（设计生产能力或工程效益）或计划总投资，按照《基本建设项目大中小型划分标准》划分的建设项目类型。建设项目总规模或计划总投资划分标准原则上应按照上级批准的设计任务书或初步设计所确定的总规模或总投资为准；没有正式批准设计任务书或初步设计的，按国家或省、自治区、直辖市基本建设投资计划中所列的总规模或总投资划分；上述两条均不具备的，按本年计划施工工程的建设总规模或总投资划分。

施工项目 指报告期内曾进行建筑或安装工程施工活动的建设项目，凡是报告期内施过工的建设项目，不论施工时间长短，均作为施工项目统计。施工项目个数可以反映一定时期固定资产投资的实际规模，与同期建成投产的建设项目个数相比，可以从建设速度的角度反映固定资产投资的效果。根据建设项目施工活动的不同性质，施工项目又分为本年正式施工项目，本年收尾项目和以前年度全部停缓建项目。

全部建成投产项目 工业项目是指设计文件规定形成生产能力的主体工程及其相应配套的辅助设施全部建成，经负荷试运转，证明具备生产设计规定合格产品的条件，并经过验收鉴定合格或达到竣工验收标准，与生产性工程配套的生活福利设施可以满足近期正常生产的需要，正式移交生产的建设项目。非工业项目是指设计文件规定的主体工程和相应的配套工程全部建成，能够发挥设计规定的全部效益，经验收鉴定合格或达到竣工验收标准，正式移交使用的建设项目。

新增生产能力 指通过固定资产投资活动而增加的设计能力或工程效益，它是用实物形态表示的固定资产投资的成果的指标，也是考核投资经济效果的重要依据之一。

房屋建筑面积 指从房屋外墙线算起的各层平面面积的总和，包括可供使用的有效面积和房屋结构（如柱、墙）占用的面积。多层建筑按各层（包括地下室）面积总和计算。

住宅建筑面积 指施工和竣工房屋建筑面积中供居住用的施工和竣工房屋建筑面积。

施工面积 指报告期内施工的全部房屋建筑面积。包括本期新开工的面积、上期跨入本期继续施工的房屋面积、上期停建在本期恢复施工的房屋面积、本期竣工及本期施工后又停缓建的房屋面积。

竣工面积 指在报告期内房屋建筑按照设计要求已全部完工，达到住人和使用条件，经验收鉴定合格（或达到竣工验收标准），正式移交使用单位的各栋房屋建筑面积的总和。

房屋建筑面积竣工率 指一定时期内房屋竣工面积占同期房屋施工面积的比率。它是从房屋建筑施工速度的角度反映投资效果和建筑业经济效益的指标。

新增固定资产 指报告期内已经完成建造和购置过程，并已交付生产或使用单位的固定资产价值。该指标是表示固定资产投资成果的价值指标，也是反映建设进度，计算固定资产投资效果的指标。

建设项目投产率 指一定时期内全部建成投入生产项目个数与同期正式施工项目个数的比率。它是从项目建设速度的角度反映投资效果的指标。

固定资产交付使用率 指一定时期新增固定资产与同期完成投资额的比率。它是反映各个时期固定资产动用速 度，衡量建设过程中投资效果的一个综合性指标。

房地产开发投资 指各种登记注册类型的房地产开发公司、商品房建设公司及其他房地产开发法人单位和附属于其他法人单位实际从事房地产开发或经营的活动单位统一开发的包括统代建、拆迁还建的住宅、厂房、仓库、饭店、宾馆、度假村、写字楼、办公楼等房屋建筑物和配套的服务设施，土地开发工程（如道路、给水、供电、供热、通讯、平整场地等基础设施工程）的投资，不包括单纯的土地交易活动。

商品房建设投资额 是指房地产开发企业（单位）开发建设的供出售、出租用的商品住宅、厂房、仓库、饭店、度假村、写字楼、办公楼、拆迁、回迁还建用房等房屋工程及其配套的服务设施所完成的投资额。

住宅 是指专供居住的房屋，包括别墅、公寓、职工家属宿舍和集体宿舍、职工单身宿舍和学生宿舍等。但不包括住宅楼中作为人防用、不住人的地下室等。

商业营业用房 是指商业、粮食、供销、饮食服务业等部门对外营业的用房，如度假村、饭店、商店、门市部、粮店、书店、供销店、饮食店、菜店、加油站、日杂等房屋。

完成开发土地面积 是指报告期内对土地进行开发并已完成七通一平等前期开发工程，具备进行房屋建筑物施工或出让条件的土地面积。

购置土地面积 是指报告期内通过各种方式获得土地使用权的土地面积。

商品房销售面积 指报告期内出售商品房屋合同总面积（即双方签署的正式买卖合同中所确定的建筑面积），由现房销售建筑面积和期房销售建筑面积两部分组成。

商品房销售额 指报告期内出售商品房屋的合同总价款（即双方签署的正式买卖合同中所确定的合同总价）。该指标与商品房销售面积同口径，由现房销售额和期房销售额两部分组成。

商品房待售面积 指报告期末已竣工的可供销售或出租的商品房屋建筑面积中，尚未销售或出租的商品房屋面积，包括以前年度竣工和本期竣工的房屋面积，但不包括报告期已竣工的拆迁还建、统建代建、公共配套建筑、房地产公司自用及周转房等不可销售或出租的房屋面积。

实收资本 是指企业实际收到的所有投资人投入的资本，包括以实物形式、货币形式、发明创造或技术成果等无形资产投入企业的资本。

建筑业统计单位 指从事房屋、构筑物建造和设备安装活动的法人企业。

建筑业总产值 建筑业总产值是以货币表现的建筑业企业在一定时期内生产的建筑业产品和提供的服务的总和。建筑业总产值包括：

（1）建筑工程产值：指列入建筑工程预算内的各种工程价值。

（2）安装工程产值：指设备安装工程价值，不包括被安装设备本身价值。

（3）其他产值：建筑业总产值中除建筑工程、安装工程以外的产值。包括房屋构筑物修理产值、非标准设备制造产值、总包企业向分包企业收取的管理费以及不能明确划分的施工活动所完成的产值。

竣工产值 指以货币表现的建筑业生产所形成的成品的价值。竣工产值一般是以单位工程为对象，当该工程按照设计所规定工程内容全部完成，达到了设计规定的交工条件，经有关部门检查验收鉴定合格的单位工程价值。竣工产值包括报告期内竣工单位工程从开工到竣工的全部自行完成的价值。如果一个单位工程跨两个年度施工，其竣工价值应当包括上年度完成的价值。竣工产值不包括附属辅助企业或内部核算的其他单位为外单位生产和服务的价值。

房屋建筑施工面积 是指报告期内施工的全部房屋建筑面积，它包括本期新开工的面积、上期跨入本期继续施工的房屋面积、上期停缓建在本期恢复施工的房屋面积、本期竣工的房屋面积以及本期施工后又停缓建的房屋面积。

房屋竣工面积 是指在报告期内房屋建筑按照设计要求已全部完工，达到了使用条件，经检查验收鉴定合格的房屋建筑面积。计算房屋竣工面积，必须严格执行房屋竣工验收标准。

自有机械设备年末总功率 是指本企业（或单位）自有施工机械、生产设备、运输设备以及其他设备等列为固定资产的生产性机械设备年末总功率，按设定能力或查定能力计算。包括机械本身的动力和为该机械服务的单独动力设备，如电动机等。计量单位用千瓦，动力换算可按1马力＝0.735千瓦折合成千瓦数。电焊机、变压器、锅炉不计算动力。

自有机械设备净值 是指本企业（或单位）自

有机械设备经过使用、磨损后实际存在的价值，即原值减去折旧后的净额。

房屋建筑面积竣工率 是指报告期内房屋建筑竣工面积占同期房屋建筑施工面积的比重。

技术装备率 指在报告期末自有机械设备净值与期末从业人数的比重。

动力装备率 指在报告期末自有机械设备总功率与期末从业人数的比重。

产值利润率 指在报告期内每百元产值所实现的利润。它的计算方法是：利润总额除以建筑业总产值。

产值利税率 指在报告期内每百元产值所实现的利税。它的计算方法是”利税总额除以建筑业总产值。

建成区面积 指城区（县城）内实际已成片开发建设、市政公用设施和公共设施基本具备的区域。对核心城市，它包括集中连片的部分以及分散的若干个已经成片建设起来，市政公用设施和公共设施基本具备的地区；对一城多镇来说，它包括由几个连片开发建设起来的，市政公用设施和公共设施基本具备的地区组成。因此建成区范围，一般是指建成区外轮廓线所能包括的地区，也就是这个城市实际建设用地所达到的范围。

城市现状建设用地面积 指报告期末对应有关城市建设用地实际情况的面积。城市建设用地面积指城市内的居住用地、公共管理与公共服务设施用地、商业服务业设施用地、工业用地、物流仓储用地、道路交通设施用地、公用设施用地、绿地与广场用地。

年底自来水生产能力 指年底城建部门管理的自来水厂和自备水源的社会单位取水、净化、送水、出厂输水干管等环节的实际生产能力。

年底供水管道长度 指从送水泵到用户水表之间所有管道的长度。

全年供水总量 指公用自来水厂和自备水源的社会单位全年的供水总量，包括有效供水量及损失水量。

生活用水量 指居民日常生活与公共福利设施的用水量。包括居民、饮食店、旅馆、医院、理发店、浴池、洗衣店、游泳池、商店、学校、机关、部队等单位的用水量。

城市人口用水普及率 指城市用水的非农业人口数（不包括临时人口和流动人口）与城市非农业人口总数之比。计算公式：

用水普及率 =（城市用水的非农业人口数÷城市非农业人口数）×100%

全年供气总量 指全年售给各类用户的全部煤气量。包括工业用量、 家庭用量和其他用量。

城市用气普及率 指使用煤气（包括人工煤气、液化石油气、天然气）的城市非农业人口数（不包括临时人口和流动人口）与城市非农业人口总数之比。计算公式：

$$城市煤气普及率 = \frac{城市用气的非农业人口数}{城市非农业人口总数}$$

年底实有铺装道路长度 指除土路外，路面经过铺装宽度在3.5米以上的道路，包括高级、次高级道路和普通道路。

城市下水道总长度 指所有排水总管、干管、支管及暗渠、检查井、连接井进出水口等长度之和。

城市污水日处理能力 指污水处理厂每昼夜处理污水量的设计能力。

年末实有公共汽（电）车 指年底可参加营运的全部车辆数，包括年底营运车辆数和库存查封未参加营运的车辆，不包括非营运车辆，如架线车、油罐车、工程车、货车及其他专用车辆和借人的客运车辆。

城市园林绿地面积 指城市公共绿地、专用绿地、生产绿地、防护绿地、郊区风景名胜区的全部面积。

公共绿地 指供游览休息的各种公园、动物园、植物园、陵园以及花园、游园和供游览休息用的林荫道绿地、广场绿地。不包括一般栽植的行道树及林荫道的面积。

能源生产总量 指一定时期内全国（地区）一次能源生产量的总和，是观察全国（地区）能源生产水平、规模、构成和发展速度的总量指标。一次能源生产量包括原煤、原油、天然气、水电及其他动力能（如风能、地热能等）发电量。不包括低热值燃料生产量、生物质能、太阳能等的利用和由一次能源加工转换而成的二次能源产量。

能源消费总量 指一定时期内全国（地区）物质生产部门、非物质生产部门和生活消费的各种能源的总和，是观察能源消费水平、构成和增长速度的总量指标，能源消费总量包括原煤和原油及其制品、天然气、电力。不包括低热值燃料、生物质能和太阳能等的利用。能源消费总量分为三部分，即终端能源消费量、能源加工转换损失量和损失量。

（1）终端能源消费量 指一定时期内全国（地区）物质生产部门、非物质生产部门和生活消费的各种能源在扣除了用于加工转换二次能源消费量和损失量以后的数量。

（2）能源加工转换损失量 指一定时期内全国（地区）投入加工转换的各种能源数量之和与产出各种能源产品之和的差额。它是观察能源在加工转换过程中损失量变化的指标。

（3）能源损失量 指一定时期内能源在输送、分配、储存过程中发生的损失和由客观原因造成的各种损失量。不包括各种气体能源放空、放散量。

社会消费品零售额 指企业（单位、个体户）通过交易直接售给个人、社会集团非生产、非经营用的实物商品金额，以及提供餐饮服务所取得的收入金额。个人包括城乡居民和入境人员，社会集团包括机关、社会团体、部队、学校、企事业单位、居委会或村委会等。

批发零售贸易业商品购、销、存总额 指以各种经济类型的批发、零售贸易业（不包括个体）为总体的商品购、销、存。

商品购进额 指从本企业以外的单位和个人购进（包括从国外直接进口）作为转卖或加工后转卖的商品金额（含增值税）。本指标反映批发和零售业从国内外市场上购进商品的总价。商品购进包括：（1）从工农业生产者、批发和零售业、住宿和餐饮业、出版社或报社的出版发行部门和其他服务业等企事业单位和个体经营户购进的商品；（2）从机关、社会团体购进的商品；（3）从海关、市场管理部门购进的缉私和没收的商品；（4）从居民收购的废旧商品等。

不包括：（1）企业为本单位自身经营用，不是作为转卖而购进的商品，如材料物资、包装物、低值易耗品、办公用品等；（2）未通过买卖行为而收入的商品，如接受其他部门移交的商品、借入的商品、收入代其他单位保管的商品、其他单位赠送的样品、加工回收的成品等；（3）经本单位介绍，由买卖双方直接结算，本单位只收取手续费的业务；（4）销售退回和买方拒付货款的商品；（5）商品溢余；（6）期货交易商品。

商品销售额 指对本单位以外的单位和个人出售的商品金额（包括售给本单位消费用的商品，含增值税），在批发和零售业中，本指标反映在国内市场上销售商品以及 出口商品的总价。商品销售包括：（1）售给个人和社会 集团消费用的商品；（2）售给农业、工业、建筑业、服务业等国民经济各行业用于生产、经营用的商品，包括售予批发和零售业作为转卖或加工后转卖的商品；（3）对国（境）外直接出口的商品。不包括：（1）未通过买卖行为付出的商品，如因机构变动移交给其他企业单位的商品、借出的商品、归还受其他单位委托代保管的商品、付出的加工原料和赠送给其他单位的样品等；（2）促销返券所销售的、不计入营业收入的商品；（3）经本单位介绍，由买卖双方直接结算，本单位只收取手续费的业务；（4）未发生所有权转移的商品预付卡销售，如加油卡；（5）汽车维修、电话卡销售等服务性经济活动；（6）购货退回的商品；（7）商品损耗和损失；（8）出售本单位自用的废旧物资。（9）期货交易商品；（10）自来水供应企业、电力企业、天然气供应企业提供的水、电、气。

批发额 指售给国民经济各行业用于生产、经营用的商品金额。

零售额 指售给个人用于生活消费和社会集团用于公共消费的商品金额。

期末商品库存额 对于批发和零售业法人单位

和个体经营户，是指报告期末取得所有权的全部商品金额（含增值税）；对于批发和零售业产业活动单位，是指报告期末实际在库且归属法人具有所有权的全部商品金额（含增值税）。这个指标反映批发和零售业的商品库存情况，以及对市场商品供应的保证程度。

库存商品包括：（1）存放在本单位（如门市部、批发站、采购站、经营处）的仓库、货场、货柜和货架中的商品；（2）挑选、整理、包装中的商品；（3）已记入购进而尚未运到本单位的商品，即发货单或银行承兑凭证已到而货未到的商品；（4）寄放他处的商品，如因购货方拒绝付款而暂时存在　购货方的商品；（5）委托其他单位代销（未作销售或调出）尚未售出的商品；（6）代其他单位购进尚未交付的商品。不包括：（1）所有权不属于本单位的商品，如商品已作销售但买方尚未取走的商品，代替他人保管、运输、加工的商品，代其他单位销售（未做购进或调入）而未售出的商品；（2）委托外单位加工的商品（包括本单位所属加工厂和其他生产单位加工生产尚未收回成品的商品）；（3）外贸企业代理其他单位从国外进口，尚未付给订货单位的商品；（4）代国家储备部门保管的商品。

亿元以上商品交易市场　指年成交额在亿元及以上的商品交易市场。商品交易市场是指经有关部门和组织批准设立，有固定场所、设施，有经营管理部门和监管人员，若干市场经营者入内，常年或实际开业三个月以上，集中、公开、独立地进行生活消费品、生产资料等现货商品交易以及提供相关服务的交易场所，包括各类消费品市场、生产资料市场等。

连锁总店（总部）　负责连锁企业资源（商号、商誉、经营模式、服务标准、管理模式等等）的开发、配置、控制或使用等功能的企业核心管理机构。连锁经营是指经营同类商品或服务，使用统一商号的若干店铺，在同一总店（总部）的管理下，采取统一采购或特许经营等方式，实现规模效益的组织形式，包括直营连锁、特许连锁和自愿连锁三种形式。

直营连锁是指连锁店铺由连锁公司全资或控股开设，在总部的直接控制下，开展统一经营的连锁经营形式；

特许连锁是指拥有注册商标、企业标志、专利、专有技术等经营资源的企业（特许人），以合同形式将其拥有的经营资源许可其他经营者（被特许人）使用，被特许人按合同约定在统一的经营模式下开展经营，并向特许人支付特许经营费用的连锁经营形式；自愿连锁是指若干个店铺或企业自愿组合起来，在不改变各自资产所有权关系的情况下，以同一个品牌形象面对消费者，以共同进货为纽带开展的连锁经营形式。

营业额　指住宿和餐饮业单位在经营活动中，因提供服务或销售商品等取得的全部收入（含增值税），收入主要来源于提供客房、餐费服务、商品销售和其他服务，如商务服务。不包括多产业法人企业附营的其他行业产业活动单位的餐费收入、商品销售收入等各项收入。

客房收入　指住宿和餐饮业单位在经营活动中因提供住宿服务取得的收入（含增值税）。不包括多产业法人企业附营的其他行业产业活动单位的客房收入。

餐费收入　指本单位为顾客提供就餐服务取得的收入（含增值税）。包括：经烹饪、调制加工后出售的各种食品，如主食、炒菜、凉拌菜等的收入。不包括多产业法人企业附营的其他行业产业活动单位的餐费收入。

商品销售额　指对本单位以外的单位和个人出售的商品金额（包括售给本单位消费用的商品，含增值税）。在住宿和餐饮业中，本指标反映住宿和餐饮业单位出售商品的销售总额（含增值税），不包括法人企业附营的其他行业产业活动单位的商品销售额。

游客　指任何为观光游览、休闲度假、探亲访友、保健疗养、购物娱乐、学习交流、会议培训或开展经济、文化、体育、宗教等活动，离开常住国（或常住地）到其他国家（或地区），其连续停留时间不超过12个月，并且在其他国家（或地方）的主要目的不是通过所从事的活动获取报酬的人。游客不包括因工作或学习在两地有规律往返的人。游客按出游地分入境游客和国内游客；按出游时间分为过夜游客和一日游游客。

入境游客 指报告期内中国（大陆）观光游览、休闲度假、探亲访友、保健疗养、购物娱乐、学习交流、会议培训或开展经济、文化、体育、宗教等活动的外国人、港澳台同胞等游客（即入境旅游人数）。统计时，入境游客按每入境一次统计1人次。入境游客包括入境过夜游客和入境一日游游客。

国内游客 指报告期内在中国（大陆）观光游览、休闲度假、探亲访友、保健疗养、购物娱乐、学习交流、会议培训或开展经济、文化、体育、宗教等活动的中国（大陆）居民，其出游的目的不是通过所从事的活动谋取报酬。统计时，国内游客按每出游一次统计1人次。国内游客包括国内过夜旅游者和国内一日游游客。

旅游消费 游客在旅游过程中（由游客或游客的代表为游客）支付的一切旅游支出。应包括游客在整个游程中行、游、住、食、购、娱，以及为亲友、家人购买纪念品、礼品等方面的支出，不包括以营利为目的的购物，购买房、地、车、船等资本性投资，赠亲友的现金及给公共机构的捐赠。地方旅游收入包括入境游客收入和国内游客收入。

国际旅游（外汇）消费 入境游客在中国（大陆）境内旅行、游览过程中用于交通、参观游览、住宿、餐饮、购物、娱乐等全部花费。

国内旅游消费 指国内游客在国内旅行、游览过程中用于交通、参观游览、住宿、餐饮、购物、娱乐等全部花费。

城乡集市贸易成交额 指在农村集市和城市集市上买卖双方（包括农民、非农业居民、机关、团体、工商企业、个体商贩）成交的全部商品金额，是反映集市贸易规模的综合性指标。

批零贸易业法人机构 指独立核算批发零售贸易业、餐饮业法人企业。独立核算法人批发零售贸易企业、餐饮企业应同时具备以下条件：

（1）依法成立，有自己的名称、组织机构和场所，能够承担民事责任；

（2）独立拥有和使用（或授权使用）资产，承担负债，有权与其他单位签订合同；

（3）会计上独立核算，并能编制资产负债表。

批零贸易业网点 指本批发零售贸易企业（单位）设立的从事批发、零售贸易业务的自然单位[包括本企业（单位）自身]，凡具有独立固定的营业场所，配备一定的业务人员，不论单位大小，不论是否单独核算，均按自然网点计算，即有一个点就算一个网点。不包括同一营业场所内各柜组以及派出的流动推销小组，流动售货车等。

居民消费价格指数 是反映一定时期内居民所消费商品及服务项目的价格水平变动趋势和变动程度的相对数。居民消费价格水平的变动率在一定程度上反映了通货膨胀（或紧缩）的程度。编制居民消费价格指数的目的，在于分析消费品价格和服务价格变动对社会经济和居民生活的影响，满足各级政府制定政策和计划、进行宏观调控的需要，以及为国民经济核算提供参考依据。

商品零售价格指数 是反映市场商品零售价格的变动趋势和变动程度的相对数。编制商品零售价格指数，其目的在于掌握商品价格的变动趋势，为国家宏观调控和国民经济核算提供参考依据。

工业生产者出厂价格指数 反映工业企业产品第一次出售时的出厂价格的变化趋势和变动幅度。

工业生产者购进价格指数 反映工业企业产品作为中间投入产品的购进价格的变化趋势和变动幅度。

对外借款 是我国利用外资的主要部分。包括我国通过外国政府贷款，国际金融组织贷款，外国银行商业贷款，出口信贷以及对外发行债券，股票等方式，从境外筹措的资金。

进出口总额 海关进出口总额指实际进出我国国境的货物总金额，它可用以观察一个国家在对外贸易方面的总规模。进出口总额统计范围包括：对外贸易实际进出口货物，来料加工装配进出口货物，国家间、联合国及国际组织无偿援助物资和赠送品，华侨、港澳台同胞和外籍华人捐赠品，租赁期满归承租人所有的租赁货物，进料加工进出口货物，边境地方贸易及边境地区小额贸易进出口货物，中外合资、合作、外商独资企业进出口货物和公用物品，到、离岸价格在规定限额以上的进出口货样和广告品（无商业价值、无使用价值和免费提供出口的除外），从保税仓库提取在中国境内销售的进口货物，以及其他进出口货物。我国规定出口货物按离岸价格统计，进口货物按到岸价格统计。

外商直接投资 指外方投资者在我国境内通过设立外商投资企业、合作企业、与中方投资者共同进行石油、天然气和煤层气等资源的合作勘探开发以及设立外国公司分支机构等方式进行投资。外方投资者可以用现金、实物、无形资产、股权等投资。该数据自2022年由商务部直接提供。

对外承包工程 根据《对外承包工程管理条例》，对外承包工程是指中国的企业或者其他单位承包境外建设工程项目的活动。对外承包项目分为十一大类：房屋建筑项目、工业建设项目、制造加工设施建设项目、水利建设项目、废水（物）处理项目、交通运输建设项目、危险品处理项目、电力工程建设项目、石油化工项目、通讯工程项目、其他。

组织财政收入 指由全区各级财政、税务部门组织增收的各项财政收入。包括按照现行财政体制规定留归我区地方财政的收入和上划中央财政收入。

一般公共预算收入 即通常所指的“地方财政收入”，2011年以前统称为“一般预算收入”，它是指按照现行分税制财政体制，全区各级财政、税务部门组织征收的财政收入中属于我区可自主支配的财政收入，主要包括:增值税（50%分享部分）、企业所得税（40%分享部分）、个人所得税（40%分享部分）、契税、耕地占用税等地方独享税收收入，以及专项收入、行政事业性收费收入、罚没收入、国有资本经营收入、国有资源（资产）有偿使用收入、捐赠收入、政府住房基金收入等非税收入。

一般公共预算支出 即以前统称的“一般预算支出”或“公共财政预算支出”，一般指某一级政府本身当年的实际支出。一般公共预算支出按照其功能分类，包括一般公共服务支出，外交、公共安全、国防支出，农业、环境保护支出，教育、科技、文化、卫生、体育支出，社会保障及就业支出和其他支出；按照其经济性质分类，包括工资福利支出、商品和服务支出、资本性支出和其他支出。

信贷资金 国家银行用于发放贷款的资金叫信贷资金。中国人民银行信贷资金的来源有各项存款、对国际金融机构负债、流通中货币、银行自有资金及当年结益等。信贷资金的运用有各项贷款、黄金占款、外汇占款、财政借款及在国际金融机构中的资产等。

存款 机构或个人在保留资金或货币所有权的条件下，以不可流通的存款凭证为依据，暂时让渡或接受资金使用权所形成的债权或债务。

贷款 机构或个人在保留资金或货币所有权的条件下，以不可流通的贷款凭证或类似凭证为依据，暂时让渡或接受资金使用权所形成的债权或债务。

城乡居民储蓄存款余额 包括城镇居民储蓄存款和农民个人储蓄存款两部分。不包括居民的手存现金和工矿企业、部队、机关团体等集团存款。储蓄存款余额，是指城乡居民存入银行及农村信用社储蓄的时点数（存入数扣除取出数的余额），如月末、季末或年末数额。

保险金额 又叫承保额、保额，是指保险人承担赔偿或者给付保险金责任的最高限额。它是保险合同上的最高责任额，也是计算保费的依据。

保费 又叫保险费。是保险人根据保险合同的有关规定，为被保险人取得因约定危险事故发生所造成的经济损失补偿（或给付）权利，付给保险人的代价。包括财产险和人身险储金收入。

赔款 保险事故发生后，经查证确属保险责任范围以内的保险标的损失，保险人根据保险合同的规定履行赔偿义务，给予被保险人的款项叫做赔款。赔款可分为已决赔款和未决赔款两种。

铁路旅客运量 指一定时期内使用铁路客车运送的旅客人数。铁路旅客运量的计算方法：不论票价多少或行程长短，均按单程计算为一人次；不足购票年龄免购客票的儿童，不计算运量；月、季票按每月往返各21人次计算。

铁路旅客周转量　指一定时期内使用铁路客车运送的旅客人数与运输距离的乘积之和。计算公式为：

旅客周转量（人公里）=∑（实际运送的每一乘客×该旅客出发站与到达站间距离）=实际运送的旅客人数×旅客平均运程

铁路货物运量　指使用铁路货车实际运送的货物重量。

铁路货物周转量　指一定时期内使用铁路货车完成的

货物运量与运送距离的乘积之和。计算公式为：

货物周转量（吨公里）=∑（每批货物重量×该批货物的运送距离）=实际运送货物吨数×货物平均运程

公路客运量　指公路运输企业及由其组织的其他单位在一定时期内实际运送的旅客人数。公路客运量的计算方法：不论乘车路程远近和票价的多少，以客票为依据，“人”为计量单位；不足购票年龄的免票儿童不计算客运量。

公路旅客周转量　指一定时期内由各种公路运输工具实际运送的旅客人数与相应的运送距离的乘积之和。计算公式为：

旅客周转量（人公里）=∑（实际运送的每一旅客×该旅客出发站与到达站间距离）

公路货运量　指一定时期内由各种公路运输工具实际运送到目的地并卸完的货物数量。反映公路货运量的指标有发送货物吨数、到达货物吨数和运送货物吨数。

公路货物周转量　指一定时期内由各种公路运输工具实际完成的货物运量与相应的运送距离的乘积之和。计算公式为：

货物周转量（吨公里）=∑（每批货物重量×该批货物的运送距离）

水路客运量　指水运企业及由其组织的其他单位在一定时期内实际运送的旅客人数。

水路旅客周转量　指水运企业和由其组织的其他单位在一定时期内实际运送的旅客人数与相应的运送距离的乘积之和。

水路货运量　指在一定时期内由各种水运工具实际运送的货物数量，包括内河、江海、远洋货运量。

水路货物周转量　指一定时期内由各种水路运输工具实际完成的货物运量与相应的运送距离的乘积之和。

港口货物吞吐量　指经由水路进、出港区范围，并经过装卸的货物数量。按货物流向分为进港吞吐量和出港吞吐量，按货物的贸易性质分为内贸和外贸吞吐量。按货物的类别分，可根据现行的交通行业标准《运输货物分类和代码》分类。

民用航空客运量　指公共航空运输飞行所载运的旅客人数。成人和儿童各按一人计算，婴儿不计人数。每一特定航班的每一旅客只计算一次。唯一例外的是，乘坐定期航班既经过国内航段又经过国际航段的旅客，同时计算一个国内旅客和一个国际旅客。不定期航班运送的旅客每一特定航班（同一航班）只计算一次。

民用航空货邮运量　指公共航空运输飞行所载运的货物、邮件重量，货物包括外交信袋和快件。原始数据以吨位计算单位，保留一位小数。每一特定航班（同一航班）的货邮只计算一次，不能按航段重复计算。但对于既经过国内航段、又经过国际航段运输的货邮，则同时统计为国内货邮和国际货邮。不定期航班运输的货物每一特定航班（同一航班）只计算一次。

电信业务总量　指以货币形式表现的电信企业为社会提供各类电信服务的总数量。计算方法为各类电信业务的实物量分别乘以相应的不变单价，求出各类电信业务的货币量后加总求得。该指标反映了一定时期电信通信业务发展的总成果，是观察电信通信业务发展变化总趋势的综合性指标。

邮政行业业务总量　指以货币形式表现的邮政企业为社会提供各类邮政通信服务或其他服务的总数量。计算方法为各类邮政通信服务业务的实物量分别乘以相应的不变单价，求出各类业务的货币量后加总求得。该指标反映了一定时期邮政通信业务发展的总成果，是观察邮政通信业务发展变化总趋势的综合性指标。